徳川実紀研究会編

徳川実紀索引

幕末篇

吉川弘文館 刊行

序

『徳川実紀索引』「人名篇」上・下巻は、それぞれ昭和四十七年・四十八年に刊行された。その経緯については、上巻の序に詳述されているから、ここでは省略に従う。それから四年の歳月を経たいま、『続徳川実紀』第三・四・五篇の人名索引と事項索引とが公刊されるに至った。

人名・事項ともに、網羅索引ではないこと、また幕政史研究に重点を置いて選択・編修をおこなったことは、前巻と同じである。全部を網羅すると、本文と匹敵するようなかさ高なものになり、机辺に備えて常用とするに適しないからである。前巻が世に出て、利用して下さった方々から、さまざまな批評をいただいたが、大海のような本文のなかから、小さな針をひろいあげるてだてが得られたと、おおむね好評であったのは、編修関係者一同にとってよろこばしいことであった。

本書の刊行により、人名については『徳川実紀』の全巻をカバーしたことになり、『徳川実紀』をつねづね利用しておられる方々に重宝していただけることと思う。

編修関係者一同、周到な計画と細心の注意とを以て製作にあたったが、相手が大部の編纂書である上に、選択索引のこととて、なお不適切な点や誤りをおかしたところも少なくないと思う。利用者各位の御叱正を願ってやまない。

終りに臨み、外国人名のカッコ内綴字については、外務省史料館の原口邦紘氏を煩わし、できるかぎり挿入したが、不確かなものは省略した。同氏の労に感謝したい。なお長い歳月を要したにもかかわらず、私どもの仕事を終始温情を以て支援された吉川弘文館の御厚意に衷心より感謝の意を表する次第である。

本書の刊行は、昭和五十一年度文部省科学研究費補助金（研究成果刊行費）によるものである。

昭和五十二年一月

徳川実紀研究会代表
編修責任者　進士慶幹

凡例

一、本冊には新訂増補国史大系本『続徳川実紀』第三・四・五篇に記載されている人名と事項とを収めた。

人名の部

一、本索引は、正篇人名索引と同じく、常用漢字を用いた（事項の部も同じ）。漢字の画数の数え方、あるいはその先出・後出については、『新漢和辞典』（三省堂版）の「音訓索引」の排列順によった。なお、漢字音の五十音順については、新訂増補国史大系本『尊卑分脈索引』のそれによっている。

一、苗字は通例の訓読み、あるいは特殊な慣習による読みの五十音訓に排列した。但し第一字には同字を集め、第二字以下の読みの五十音順に従う。

例

（読み）	（画数）	（苗字）
せんごく	3	千石
せんだ	3	千田
せんごく	5	仙石

せんば	5	仙波
ちぐさ	3	千種
ちば	3	千葉
ちむら	3	千村

また、相良（さがら）・相馬（そうま）は「さ」と「そ」に、篠山（ささやま）・篠原（しのはら）は「さ」と「し」に排列されているので、一を引いて得られないときは他について求められたい。

一、名前は諱を音読みで、通称は通例の音訓読みで排列した。第一字に同字を集め、第二字以下の音訓順に排列したのは、苗字の場合と同じである。

一、法号、その他各種の称号は音読みとし、第一字に同字を集め、第二字以下の音順に排列した。

例

（音読み）	（画数）	（称号）
せんかい	9	専戒
せんこう	9	専弘
せんこういん	9	専光院
せんぽう	9	宣峯
せんゆう	9	宣祐
せんおう	13	詮応
せんさつ	13	詮察

一、前条の称号はその音読みにしたがって、苗字の音訓読み・慣例読みのあいだに排列した。

例

(音訓読み)	(画数)	(苗字その他)
せきや	14	関屋(苗字)
せつこうおう	7	浙江王
せつさい	11	雪斎
せつねん	11	雪念
せつしゆに	13	摂取尼
せのお	8	妹尾(苗字)
せりさわ	7	芹沢(苗字)

一、諱の下に(　)を附して受領名や通称あるいは他の諱を記してあるのは、

1　本文に(　)内の受領名などで記されている場合

2　それを附して置いた方が人物の識別その他利用に便である場合

であり、これはまた、称号についても同じである。

一、見出しの人名の下に篇数と頁数とを示す。丸でかこった漢数字は『続徳川実紀』第三・四・五篇の篇数である。その下の算用数字は頁数である。

一、同一人で多くの事歴を有する場合には、主要な事歴には小見出しを附して利用の便に供し、その他のものは／印を置き、その下に一括列挙した。

一、↓印は、その下に示す項目を見よの意である。↓印の下の片仮名は、その音訓の箇所を見よの意である。

一、見出しの人物の母・妻・子供などについては、その人の左隣りに、見出し人名を冠した「母」(「継母」「養母」なども)「室」「女」(むすめ)などの見出しを掲げ、称号や篇数・頁数を示した。

一、検索の便をはかり、毎頁各段の始めに苗字・称号等を掲げた。

一、皇室・公家・将軍家その他について、敬称の使い分け(例えば、薨・卒・死など)はしなかった。

一、将軍の事歴は、それぞれの実紀全篇にわたるので、本索引では、誕生・将軍宣下・婚儀・歿・葬儀・法要などの個人的閲歴に止めた。正室・側室・子女は、検索の便を考慮して、それぞれの将軍の項にまとめて排列し、見よ項目、あるいは篇数・頁数を示した。但し、将軍の家族については、本来掲載すべき箇所のほかに、側室は本文掲載の篇数・頁数の順に、子女は生年順にそれぞれ排列した。

一、三家・三卿は、実紀本文中では徳川姓、あるいは屋形号で記されているが、各家の系列を明確にし、一方、徳川の項に集中・錯綜するのをふせぐため、すべて屋張・紀伊・水戸、田安・一橋・清水の称を用いて示した。

一、松平姓のうち、奥平(中津)・戸田(大垣)・依田は、その苗字で示した。会津松平(保科)家は松平の項に排列した。

一、松平の家号を与えられた諸家は、実紀本文中に松平なにがしと記述されているが、利用の便をはかって、もとの苗字で示した。次に、松平の家号を与えられた家の苗字の一覧表を掲げる。

浅野(安芸広島)	池田(因幡鳥取)
浅野(安芸広島新田)	池田
池田(備前岡山)	池田(播磨山崎)

黒田（筑前福岡）
榊原（越後高田）
島津（薩摩鹿児島）
菅沼
伊達（陸奥仙台）
戸田（信濃松本）
鍋島（肥前佐賀）
蜂須賀（阿波徳島）
堀
本庄（丹後宮津）
前田（加賀金沢）
前田（越中富山）
前田（加賀大聖寺）
毛利（長門萩）
柳沢（大和郡山）
柳沢（越後黒川）
柳沢（越後三日市）
山内（土佐高知）

事項の部

一、事項は現行名辞の音・訓による五十音順に排列した。排列にあたり、同種同類の国名・官職名等の連なる場合、原則として共通の部分を省略したが、必ずしも原則どおりに省略できないものもあった。諒承されたい。

一、御広敷・御台場・一橋御門・薬園御用出役のように「御」字をつけたまま見出し項目に立てたもの、また、御鷹匠・大御番とはせず、鷹匠・大番のように「御」字を省いて、見出し項目を立てたものが混在している。従って例えば「御書物奉行」を引いて得られないときは「書物奉行」について求められたい。

一、「御」字の読みについて、御家人は「こ」の項に収め、御目見は「お」の項に収めるというように、便宜に従った。なお、「お」と「こ」との両方に見出し項目を立てたものもある。

一、出役を「でやく」のほかに「しゅつやく」からもひけるよぅにし、絞油を「しめゆ」のほかに「しぼりあぶら」からもひけるよぅにしたこと、前条と同じである。

一、「絵踏」といぅ大系本の記述を「踏絵」とする如く、今日の歴史用語にいいかえて見出し項目を立てたものもある。

一、↓印は、その下に示す項目を見よの意である。↓印の下の片仮名は、その音訓の箇所を見よの意である。

一、書籍名などは『　』でくくった。

人名の部　目次

人名の部　目次

休　四二
求　四二
清　四二
京　四二
恭　四三
教　四三
金　四三

く

ク　四三
グ　四三
九　四三
久　四三
喰　四四
陸　四四
日　四四
草　四四
櫛　四四
葛　四四
朽　四四
国　四四
窪　四四
熊　四五
倉　四五
栗　四五
紅　四五
黒　四五
桑　四六

け

桂　四六
景　四六
馨　四六
賢　四六
憲　四六
顕　四六
玄　四六

こ

コ　四六
ゴ　四六
こ　四六
小　四六
久　四八
木　四八
古　四八
巨　四八
児　四八
高　四八
五　四八
後　四八
鯉　四九
上　四九
公　四九
広　四九
光　四九
甲　四九
孝　四九
幸　四九
香　四九
神　四九
高　四九
河　四九
郷　四九
柑　四九
国　四九
近　四九
駒　四九
菰　五〇
近　五〇
権　五〇

さ

佐　五一
三　五二
西　五二
最　五二
斎　五二
坂　五三
酒　五三
相　五五
境　五五
堺　五五
榊　五五
向　五五
鷺　五五
桜　五五
笹　五五
篠　五六
佐　五六
察　五六
里　五六
真　五六
猿　五六
沢　五六
三　五六
算　五六

し

シ　五六
四　五六
志　五六
信　五六
清　五六
設　五七
妓　五七
慈　五七

す

せ

そ

た

ち

は

ひ

ふ

へ

ほ

ま

正　一〇六
増　一〇六
益　一〇六
増　一〇六
又　一〇六
町　一〇六
松　一〇六
黛　一二四
丸　一二四
万　一二四
満　一二四

み

み　一二四
三　一二四
水　一二五
壬　一二五
未　一二五
見　一二五
美　一二五
癸　一二五
御　一二五
箕　一二五
水　一二五
溝　一二七
三　一二七
満　一二七
蜜　一二七
水　一二七
皆　一二七
湊　一二八
嶺　一二八
箕　一二八
簑　一二八
宮　一二八
妙　一二八

む

ム　一二八
无　一二八
牟　一二八
武　一二八
向　一二八
村　一二九
室　一二九

め

メ　一三〇
目　一三〇
米　一三〇
明　一三〇
毛　一三〇

も

モ　一三〇
百　一三〇
茂　一三〇
最　一三〇
毛　一三〇
杢　一三〇
望　一三〇
元　一三〇
本　一三〇
桃　一三〇
守　一三一
森　一三一
諸　一三一
門　一三一

や

ヤ　一三一
や　一三一
八　一三一
矢　一三一
屋　一三一
家　一三一
柳　一三一
薬　一三二
安　一三二
保　一三二
柳　一三二
梁　一三二
柳　一三二
藪　一三二
山　一三二

ゆ

ユ　一三六
由　一三六
湯　一三六
友　一三六
勇　一三七
結　一三七
弓　一三七

よ

ヨ　一三七
与　一三七
余　一三七
依　一三七
要　一三七
溶　一三七
横　一三七

人名の部

あ　（ア・あ・安・足・阿）

あ

アーダムス(Adams, H. A. アメリカ将官) ㊂129 135 147
アルムスドロング(Armstrong, J.) ㊂437
アンジン(Adams, W. 三浦按針) ㊂148
あと(水戸領百姓下女) ㊃176
安芸少将 →浅野長興(紀伊守)
安香正次郎 ㊂245
安積文九郎 ㊃92
祐助 ㊂110 154 419 ㊃39 92
安部岩之丞(岩之助) ㊂807 ㊃58 ㊄68
右馬太郎 ㊃766
馬太郎 ㊃869
勝三郎 ㊃60
信乾(式部) ㊂813 846 ㊃58
信発(摂津守) ㊄20 32 317 328
信宝(虎之助・摂津守) 二条定番㊃388。参勤㊂408 461 800 838 ㊃136 240 364 376。大坂加番㊂473 510／㊂10 60 158 161 753 760 ㊃406 567
関次郎(内記) ㊃947 ㊄396
忠兵衛 ㊃30
安部主殿 ㊃765
足立為三郎 ㊄198
阿久沢蔵之助 ㊃148 151
鉎次郎 ㊃137 152
阿倍四郎五郎(阿部・安倍) ㊃947
信太郎 ㊂567
進太郎 ㊂253 467 ㊄194
阿部数馬 ㊂823
勝之助 ㊃142
鑑一郎 ㊃109
金八 ㊃482
銀太郎 ㊃239
邦之助 ㊄315 368 392
経之助 ㊂215
継太郎 ㊄67
左門 ㊃126
進太郎 ㊃809
正外(兵庫・越前守・豊後守) 人払御用㊃680 683 686 698 705 709 711 717 721 722 727 729 730 732 739 743 746 775～777 781 783／㊂290 601 608 ㊃194 274 360 624 750 784 786 787 789
正者(播磨守) ㊂10 382 466 ㊃376 624
正者妹 ㊃233
正教(賢之助・伊予守) ㊂381 408 412 468 503 514 745 ㊃97
阿部
正譽(忠四郎) ㊂54 ㊃344 482
正弘(伊勢守) 江戸城本丸、西丸御殿向取締㊂3。大筒台場新規築立御用掛㊂18 235。海岸防禦筋御用㊂113。講武所創建御用㊂291 306。久能山東照宮・三河大樹寺普請御用㊂384。老中病免願㊂384。歿㊂385 389／㊂29 54 82 159 168 235 243 263 274 294 315 319 326 332 340 343 352 359 362 369 381 385
正恒(倫三郎・駿河守・因幡守) 参勤㊂277 341 407 474 545 614 796 ㊃376／㊂204 408 ㊃16 87 103 396 ㊄316
正順(式部) ㊄318
正身(駿河守) ㊂204
正静(長吉郎・美作守) 白河城召上㊄196／㊃624 ㊄295 332 358 392 399
正知(大膳・兵部) ㊂279 794
正知女 ㊃199
正徳(隠岐守) ㊂747
正方(璋次郎・鍗次郎・主計頭) ㊃97 166 374 808 924 925 928 ㊄329
詮太郎 ㊃306
銓吉 ㊃233

あ　（阿・合・愛・青・赤）

阿部悌太郎　㊃126
伝八郎　㊃132
直之丞　㊃621
直之助　㊄22
隼人　㊂365 411
隼之助　㊂823
平吉　㊃134
合川和三郎　㊄389
合原義直（猪三郎・左衛門尉）　外国奉行・イギリス在留㊄34。陸軍奉行並㊄203。
大目付㊄370／㊂427 470 ㊃6 28 43 106 389
愛知国之助　㊂711
青木五十五郎　㊃213
一咸（甲斐守）　㊂214
義処（新五兵衛）　新番頭㊂252 499／㊂4 22 94 202 597
義北（備後守・筑前守）　㊂597 ㊃261 458
儀大夫　㊃207
貢一　㊃84
幸右衛門　㊃85 147
重義（源五郎）　㊃373
重義大伯母　㊃37
淳太郎　㊃37
青岱　㊂513
青木太三郎　㊃41
大学大允　㊂69
鉄之助　㊃213
伝之丞　㊂223
寅之助　㊂843 ㊃458
八太郎　㊂657 778 ㊃487 667 831 ㊄66
平次郎　㊃51
孫兵衛　㊂104
又四郎　㊄358
弥十郎　㊂832
勇五郎　㊃869
陽蔵　㊃539 ㊄175
青柳内匠　㊄118
勇五郎　㊃870
青山伊豆守　㊃654 660
角之助　㊃144
金左衛門　㊂141 ㊃29 90 193
欽之助　㊂311
源之進　㊃691
幸敬（備前守）　㊂542 ㊃180 188
幸哉（大膳亮・大蔵大輔）　領地判物朱印御用㊂43 166 265 330 ㊃16 33 197 252 288。寺社奉行加役㊂785。大関和七郎一件吟味㊃145／㊂822 ㊃10 15～17 376 378
青山
幸宣（峰之助）　㊃642 ㊄218
幸知（主水）　㊂828 ㊄156 358
鉿太郎　㊃133
権六　㊃151
左源太　㊂112
三右衛門　㊃668
三右衛門女　㊃159
善左衛門　㊃401 404 ㊄93
主税　㊂4
忠敏（左京大夫・因幡守）　二条城警衛・火之番・京都火消㊃398 491。石清水行幸警衛㊃583／㊂225 ㊃281 376 602 612 ㊄316
忠良（下野守）　㊂225 233 ㊃82 281
仲　㊂688 ㊃937 ㊄66
内記　㊄5
伴右衛門　㊃80
彦三郎　㊃80
弥惣右衛門　㊂141 224 832
録平（讃岐守）　㊂661 ㊃98 181 205 209 254
赤井喜三郎　㊃553
孝之助　㊃143
善太郎　㊂218

あ（赤・縣・秋・精・芥・明・浅）

赤井藤太郎 ㊂253
　万寿之助 ㊄175
　孫四郎 ㊃624 ㊄175
赤石力三郎 ㊄198
赤江勇太郎 ㊃940
赤木唯五郎 浦賀奉行支配組頭㊃44／㊂150 ㊃83 ㊄38 134 137
赤城新右衛門（新左衛門） ㊂93 340 367 ㊃388
赤林熊之丞 ㊂220
赤松範静（八郎・左京・播磨守） ㊂369 ㊃797 ㊄156 274 413
　範忠（左衛門尉・播磨守） 外国奉行㊂616。神奈川奉行㊂617。講武所奉行㊃512。御側御用取次㊄72／㊂223 416 522 789 815 ㊃392 519 536 567 802 ㊄413
　秀次郎 ㊃50
　勇太郎 ㊃50
縣 勇記 ㊃645
秋保清讃 ㊃184
秋田映季（万之助） ㊄219
　喜秀（安房守） ㊂744 ㊃178 374 639 646
　主馬 ㊄115
　秀疇（筑後守） ㊃675
　元次郎 ㊄5
秋月幾三郎 ㊄5
　金次郎 ㊂444 778 ㊃325 433
　種殷（佐渡守・長門守） ㊂554 ㊃358 372 416 442
　種樹（政太郎・右京亮） ㊃433 472 534 674 ㊄209 210 325
　豊三郎 ㊂838
　豊次郎 ㊃325
秋元右近 ㊃633
　孝七郎 ㊄97
　志朝（但馬守） 参勤㊂28／㊂258 341 407 474 475 545 557 567 577 614 796 ㊃15 274 375 504 638 645 646
　繁太郎 ㊃633
　隼人 ㊄40
　礼朝（但馬守） ㊄309 316
秋山永四郎 ㊃49
　内蔵助 ㊃49
　三四郎 ㊃134
　正光（主殿・安房守） ㊂203 638 652 742
　清三郎 ㊂110 ㊃59
　鉄太郎（下総守） ㊄221 284 347 372
　兵三郎 ㊂660 ㊃407 669
　文蔵 ㊂427
　杢兵衛 日光東照宮・霊屋諸堂社修復㊃29 90 193／㊃388 ㊄17 95
秋山元三郎 ㊃55
　了円 ㊃88
　了甫 ㊃88
精姫（有栖川宮韶仁親王女・家慶養女） ↓有馬慶頼室
芥川藤五郎 ㊃118
　半次郎 ㊃133
　兵作 ㊃118
明楽八五郎 ㊂29
　八郎右衛門 ㊂627 ㊃394
　茂正（大隅守） ㊂29
浅井愛之助 ㊃213
　栄之進 ㊄97
　栄之助 ㊄117
　敬三郎 ㊃213
　健次郎 ㊂810 ㊃345
　左一郎 ㊂576
　七三郎 ㊃124 145
　新三郎 ㊃84
　新太郎 ㊃89 105 109
　平右衛門 ㊄85
　平十郎 ㊃940
　守之助 ㊃105
浅岡市右衛門 ㊃60

あ　（浅・朝）

浅岡彦四郎　㊄107
浅香三左衛門　㊃652
　直光（伝一郎）　㊂92 265 ㊃393 532 ㊄280
　直庸（伝四郎・伊予守）　㊂207 ㊃340 532
浅川文三郎　㊃931
浅田宗伯　㊃24 28 948 ㊄112 410
浅沼市兵衛　㊃188
　三郎兵衛　㊃81
浅野猪三郎　㊂801
　啓十郎　㊂83
　慶熾（上総介・安芸守）　㊂321 486 554 555 556
　慶熾室（利姫、尾張斉荘女）　㊂321
　氏綏（一学・学）　㊂125 170 280 346
　氏祐（次郎八・一学・伊賀守・美作守）　相続㊂346。目付㊂736。海陸備向・軍制取調御用㊃90。講武所御用㊃170。外国貿易税則改訂期限御用㊃306。大目付㊃351。神奈川奉行㊃418。差控㊃445。外国奉行・フランス国在留㊄34。勘定奉行勝手方㊄45。陸軍奉行並・同奉行㊄173 179。若年寄並・若年寄㊄179 366。国内御用取扱㊄367 382／㊂585 747 780 821 845 ㊃116 198 283 284 315 327 382 392 429 ㊄344 404 418 422
浅野順三郎　㊂801
　斉粛（備後守・安芸守）　㊂181 486 587 ㊃178 267 ㊄387
　斉粛室（末姫、家斉女）　↓泰栄院
　長訓（茂長、近江守・安芸守）　少将㊂840。長州征伐㊃808 809 919 920 960 963 986 ㊄18／㊂10 555 558 588 745 850 ㊃371 487 630 731 757 889 893 908 912 916 917 946。家士㊂311 ㊃730
　長厚（近江守）　㊃808 919
　長興（茂勲、為五郎・紀伊守・近江守）　京都警衛㊃585。議定㊄337 339／㊂555 588 ㊃358 416 487 541 584 602 ㊄335 337
　長祚（中務少輔・和泉守・備前守）　寄合肝煎㊃344。町奉行㊃418／㊂228 499 529 540 580 613 615 618
　長発（隼人）　㊃485 ㊄221
　中務少輔　㊄217
　弥一郎　㊃137 145 218
　安太郎　㊄131 191
　六之助　㊃41
浅羽五十郎　㊂688
　甲次郎　㊃209
　武兵衛　㊃22
朝岡幸三郎　㊄198
朝岡助九郎　㊃137
　清左衛門　㊃93 124 145
朝倉右門　㊃902
　国太郎　㊃142
　俊徳（勘四郎・式部少輔・播磨守）　小納戸頭取㊃433。御側御用取次㊃796。人払御用㊃868 879 880。留守居㊄401／㊂712 ㊃293 407 442 567 667 802 ㊄52 331
　俊徳女　㊃38
　藤十郎　目付㊄352／㊃768 814 922 ㊄362 418
朝日千助　㊂77
朝比奈織之丞　㊄409
　釜三　㊃32 ㊄80
　権右衛門　㊃117
　権太郎　㊃117
　権之助　㊃154
　三左衛門　㊃154
　昌広（伊賀守・甲斐守・山城守）　外国奉行・同惣奉行並㊄4 166 211／㊂516 ㊃429 ㊄214 357 371
　昌寿（甲斐守）　西丸留守居㊂522。長崎奉行㊃40。作事奉行㊃342／㊃82 228 295 331 429
　助太郎　㊃32

あ　（朝・芦・飛・渥・跡・姉・油・天）

朝比奈伝十郎　㊃173
　伝兵衛　㊃173
　平八郎　㊃388
　兵八郎　㊂696㊃380㊄72
　鎔作　㊃870 872
　六左衛門　㊂178
芦沢水之助　㊃123
芦田源三郎　㊃447
芦名重次郎　㊃27
芦野釆女助　㊂839㊃426 631
　鐗之助　㊂378
　貞次助　㊂262
　民部　㊂378
　雄之助　㊄195 312
飛鳥井雅久（大納言）　㊂76
　雅典（侍従・三位・中納言）　蹴鞠判物㊂76。参向㊃774 949 950／㊂69 74㊃573 584㊃711 786
渥美鎌次郎　㊃109
　豊次郎　㊂827㊄76
跡部越前守　歩兵頭並㊄102 372／㊃777 888 937㊄55 65
　熊太郎（跡都）　㊂583 778 810
　綱熊　㊃41
跡部鋼之助　㊃487
　左京　㊃667㊄165
　相模守　㊄165
　正賢（茂右衛門）　㊂1
　宗之助　㊂657
　辰五郎　㊃117
　孫三郎　㊃117
　良弼（伊賀守・甲斐守・遠江守）　留守居㊂4 802。講武所創建御用㊂291。町奉行㊂308 428。和宮降嫁御用㊂820㊃102 140。京都御使㊂838㊃90 150 217。御側・御留守居兼帯㊃357 358。政治向改革取扱㊃383／㊂55 467 491 496 731㊃38 84㊄7 229 394 398
　良弼女　㊃158
姉小路公知（少将）　将軍対面㊃448 456 593。用談登城㊃590。殺害㊃598 599／㊃420 425 469 574 584 589
油小路隆晃（中将）　㊃574
天笠鉢太郎　㊂18
天野愛之助　㊂252
　岩次郎　㊃142
　栄次郎　㊃133
　勘次郎　㊂659
天野勘七郎　㊄106
　貫一　㊃538
　帰一（加賀守）　㊄129 348 372
　玖之丞　㊂770
　欽之丞（鈞之丞）　㊃159㊄185
　高三郎　㊂269
　駒之丞　㊃537
　貞之丞　㊂572
　三十郎　㊃133
　釤之丞　㊄165
　鐘蔵（将曹）　㊃581
　成次郎　㊃209
　宗歩　㊂66 81 233 238 557
　民七郎　㊂324 748 794㊃664㊄156 165
　鋳之助　㊃163
　伝左衛門　㊂408
　東馬　㊃824 910㊄68
　藤馬　㊃880
　豊三郎　㊄118
　鈖之丞　㊄289
　弥五右衛門　㊂269
　保之進　㊄133
　芳之丞　㊄198
　利三右衛門　㊄197

あ　（天・甘・雨・荒・新・有）

天□源右衛門　㊃137
甘利為徳（八右衛門）　㊂403 434
　謙次郎　㊃871 872
　徳太郎　㊃412
雨宮貴作　㊃32
　桓次郎　㊂215
　権左衛門　㊃666
　鶴三郎　㊃32
　六蔵　㊂281
荒井郁之助　㊃224 412 ㊄187 351
　伊勢守　㊃777
　勘次郎　㊃214
　金助　㊄203
　好太郎　㊄203
　小右衛門　㊃207
　小三郎　㊃214
　甚之丞（和泉守）　㊂84 ㊃45 ㊄55 66
　甚之丞妹　㊃110
　助太郎　㊃974
　清兵衛　㊂277 498 ㊃31 54 224
　筑後守　㊄416
　藤次郎　㊃132 413
　平大夫　㊂350
荒尾駿河　㊂164 ㊃71
荒尾成允（石見守・土佐守）　長崎御用㊂48 159 168。海防掛㊂161 170。長崎奉行㊂170 198 354 477 574。田安家老㊂847。砲薬製所創建御用㊃93／㊂4 22 94 748 749 816 848 ㊃33 52 190
　成憲（平八郎）　㊂733 ㊃190 417
　半蔵　㊃941
　平次郎　㊃38
荒岡政右衛門　㊃646
荒川鉄太郎　㊃897
　七右衛門（秀八郎）　㊂718 ㊄35
　紋次郎　㊂427
荒木吉右衛門　㊃429
　作之丞　㊂400
　小三郎　㊃942
　済三郎　㊄409 424
　平八郎　㊂460
新井鉞次郎　㊂485 ㊃155
　鑽之助　㊃155
　鑑次郎　㊄159
　金次郎　㊃153
　謙二　㊄46
　源八郎　㊃134 ㊄65 134
　孝太郎　㊃162 516
新井丈一　㊂355 ㊃146 188
　新蔵　㊃33 122 172
　忠次郎　㊃140
　孫三郎　㊃153
　靭負　㊃768
有賀半弥　㊃96
有壁銀次郎　㊂596 641 778 ㊃891 ㊄66
　孫右衛門（孫左衛門）　㊃182 206 230
有沢能登　㊂77
有栖川殿　㊂330
有栖川殿女　㊂2
有栖川宮熾仁親王　総裁㊄337 339／㊄402 403 406 414 424
　熾仁親王女（線姫〔イトヒメ〕、家慶養女・水戸慶篤室）　→線教院
　熾仁親王女（登美宮、慶喜母）　㊄1
　韶仁親王女（精姫〔アキヒメ〕、家慶養女）　→有馬慶頼室
有田銀之助　㊃554
　鉎之助　㊃726 ㊄67
有馬強之丞　㊂215
　銀次郎　㊃449
　九郎兵衛　㊃496
　蔵人　㊃964

あ　（有・安）

有馬慶頼(中務大輔)　長州征伐㊃809 889 958／㊂181 589 ㊃288 372 ㊄332
慶頼室(精姫、有栖川宮韶仁親王女・家慶養女)　㊂8 479 631 639 ㊃307
広衆(氏弘、兵部大輔)　日光名代㊂251 255 ㊃1 298 303 607 644 654／㊂73 633 709 ㊃392 502 574 602
氏郁(兵庫頭・備後守)　参勤㊂28 138 208 259 341 364 407 474 545 614 ㊃20 68 136 152 274 281 376
氏弘(兵庫頭)　㊃620 638 649 ㊄393
純正(左京)　㊃261 420
純全(式部)　使番㊃3。目付㊃952／㊃639 646 809 889 ㊄99
尚邦(勇五郎)　㊂352
則篤(敬三郎・帯刀・阿波守・出雲守)　長崎御用㊃5 346。作事奉行・宗門掛㊃332 418。小姓組番頭㊃465／㊂552 733 747 845 ㊃393 467 468 486 512 567 595 ㊄52
直克(富之丞)　↓松平直克(大和守)
常次郎　㊃420
道純(左衛門佐・遠江守)　若年寄㊃516。外国御用㊃540。蝦夷地開拓改革㊃550。軍制取調㊃550。老中㊃639／㊂555 782 ㊃337 378 427 521 542 556 605 ㊄316

有馬豊丸　㊃351
内記　㊄322
彦之進　㊃352
兵庫　㊃449
鉚太郎　㊃496
安西鐘三郎　㊂349
鐘次郎　㊃239
惣助　㊂214 282 349 ㊃15 111
忠三郎　㊄96
久次郎　㊂365 ㊃85 388
弥右衛門　㊂207
六郎　㊃134
安藤喜三郎　㊂366
鍬次郎　㊃143
九郎左衛門　㊄395
内蔵助　㊂843 ㊃153
熊吉　㊃153
源五左衛門　㊂427
弘三郎　㊃612
左京　㊃889 909
三左衛門　㊂133
次誠(与十郎・駿河守)　㊂209 210 371 638 ㊃718 ㊄98
治右衛門　㊃769 809 ㊄135

安藤信時(小膳)　㊂747 ㊃34 666
信正(信睦、対馬守)　若年寄㊂522。老中㊂690 ㊃299。外国御用㊂691 826 834 ㊃40。軍艦操練・大船製造・京都警衛・大坂台場築立御用㊂732 737。勝手掛㊂844 845。隠居・慎真・永蟄居㊃355 441／㊂413 428 524 543 576 618 693 719 743 778 781 793 795 824 ㊃257 270
信正女　㊃37
信民(鏻之助)　㊃355 376 441
信勇(理三郎)　㊃610 ㊄218 316 327
惣兵衛　㊂287 ㊃47 232
長守(長門守)　㊂285
鎮次郎　㊂366
伝九郎　㊃212 ㊄5
伝蔵　㊂367 405 ㊃25 116
主殿　㊃133
飛驒守　㊂546 578
益太郎　㊃133
裕次郎　㊃212
鏐夫郎　㊄346
安間純之進　↓ヤスマ

（イ・五・井・生・伊）

い

インソイト（ペリー艦隊医師）(三)135

五十嵐情次郎 (四)131
五十川静 (四)187
五十幡豊三郎 (五)251
　鋤三郎 (五)251

井伊直安（重麿・兵部少輔・右京亮）(五)344 358 399 808

直経（兵部少輔）813 816 922

直憲（愛麿・掃部頭）長州征伐(四)755 776 798 808 813　266　~815 822 919 ~922　(四)277 305 322 372 440 704 705 782 955 959 960　(五)339 348

直充（兵部少輔）383 374 435

直憲室（釧姫、尾張茂徳大叔母）26

直弼（掃部頭）家定臨邸(三)2。内海警衛(三)153。京都警衛伝(三)311。ハリス登城(三)233。京都造営手伝(三)157 431 630。大老(三)488 735。江戸城本丸普請御用取扱638。減封(四)440。水戸勅諚取計(四)474／

年暦 (四)765
新八 (三)704
(三)62 427 463 489 519 644 658 669 681 696 714 719 745 750

井出正仲（藤馬）(三)592
　兵作 (四)297 (五)82
　万蔵 (三)592
井浦慎左衛門 (四)207
井口善之助 (四)930
井島東太郎 (四)18
井関亀吉 (四)940
　信太郎 (五)71
　親経（下総守）(三)181 203
　親賢（次郎右衛門・下総守）(三)679 (四)381 671
　正英 (三)294
井田栄助 (三)648
　正英 (五)71
井筒屋善次郎 607 751
井戸覚弘（対馬守）応接(三)171。浦賀御用(三)124 224。ペリー応接(三)185 245 253／(三)145 173 308 366 471 513。下田条約全権(三)174。下田御用
　金平 892
　弘道（石見守）(四)68 405
　信人 479
　弘道（石見守）(五)22 63 90 91 196
　新右衛門 (五)107
　鉄太郎 (三)479
　直次郎 (四)32
　孫七郎 (四)32

井戸良好（大内蔵・隼人）(三)513 585 748 (四)824 889 959

生駒大内蔵 72
　三郎 家士(四)21 156 246 279 393

徳太郎 (五)942

伊阿弥駿河（畳大工）筑後（筑俊、畳大工）(三)96 (四)46 193 229 375 453

伊石安次郎 (四)940

伊木甲五郎 80
　冬蔵 80

伊佐新次郎 (三)258 78

伊三郎（三河町勇八召仕）733

伊三郎（巣鴨仲町利兵衛店長吉忰）(三)67

伊沢政義（美作守）浦賀奉行(三)91。下田奉行224。ペリー書翰(三)173。アメリカ人応接(三)171 権174。ロシア応接掛(三)223。大目付(三)298 547。外国御用立会心得(三)550。神奈川開港取扱(四)81／備向・軍制取調御用(四)121 145。海陸

立輔 (五)56 81
盤庵 (四)616 719 721
盤安 254
銕庵 (三)425 428 549 583 624 745 780 829 846 (四)170 429 436 567

い　（伊・猪・意・揖・飯）

伊勢平五郎（平左衛門）　㊂590　㊃388
伊丹鏡之助　㊃118
　桃之丞（挑之丞）　㊂269　㊃91　㊄265　294
　左十郎　㊄150
　左兵衛　㊂613　㊄150
　貞之丞　㊂68
　三郎右衛門　㊂269
　鐘之助　㊃207
　成之助　㊃169
　秀太郎　㊃612　㊄5　34　135
　文次郎　㊃118
伊東貫斎（伊藤、紀伊家医師・奥医師）　㊂408　412　561　㊃254　408
　金之助　㊂770
　健三郎　㊃652
　玄伯　㊃73　175
　玄朴（鍋島家医師・奥医師）　㊂513　561　678　㊃242
　成一郎　㊃209
　清右衛門　㊄100
　長寿（鋠次郎）　㊂842　㊃171　↓伊東播磨守
　長春院　㊃254　408　446　521
　長裕（若狭守）　㊂494　842
　哲之助（哲之丞）　㊃52　188　388　800　920
伊東播磨守　㊃373　㊄329　↓伊東長寿
　祐相（左京大夫・修理大夫）　㊂382　㊃372　620　621　㊄218
　祐相女（伊達）　㊃110
　瑤川院　㊃951　㊄368
伊藤岩一郎　㊃196
　印嘉　㊃200　224
　英之丞　㊂602
　鉞次郎　㊃163
　喜兵衛　㊃131　230
　源之丞　㊃80
　五郎助　㊄119
　左源太　㊃11
　三大夫　㊄169
　七内　㊄70
　松和　碁手相　㊂66　232　454　557　836　㊃200／㊂81　238　㊄101　305
　清三郎　㊃220　222
　宗印　碁手相　㊂66　232　557　836　㊃200／㊂81　238　㊃224　㊄101　305
　鉄蔵　㊃158
　遠江守　㊄349
　留次郎　㊄187
　益太郎　㊃80
伊藤又一郎　㊂228
　竜之助　㊄190
伊奈熊蔵　㊂355
　忠慎（主計）　㊃3
伊庭久右衛門　㊂83
　軍兵衛　㊃128　232　㊄78　265
　惣太郎　㊂287
　八郎　㊃731　827
　彦一郎　㊂417
　彦十郎　㊃480
　満輔　㊂600
　保五郎　㊂156
伊吹市左衛門　㊃279
　左京　㊂39　123　714　㊃5　507　621　㊄377
伊与田三左衛門　㊃134
猪飼平三郎　㊂572
意安法師（吉男）　㊂827
揖斐主膳　㊃54
　政恒（与右衛門）　㊂125　126　573　846　㊃478
飯泉喜内　㊂649　739　㊃444〜446
飯久保由之助　㊃208
　源次郎　㊃57
飯島泰助　和宮・天璋院御用人㊃674／㊂83　84　845　㊃56　413

い　（飯・家・庵・生・池）

飯島辰五郎（庄三郎）㊁二五九　㊃三五　一四五
飛驒守　㊄一二七　三二五
文大夫　㊄一〇二
飯塚信濃守（孫右衛門）㊃六六七
鉄次郎　㊄二〇七
弥右衛門（孫右衛門）㊃四五
廉作　三九〇
飯田岩次郎　㊄一一七　㊃四二六　四九二　七四二　九一九　㊄九一　二六四
鍬次郎　㊄七九
鍬之助　㊄五五四
健太郎　㊄五三九
小十郎　㊄五三八
繁次郎　㊄一一七
庄蔵　㊃二八七
徳之助　㊃一一七
政之助　㊃六〇八
基蔵　一一二
飯高源次郎　㊂八七
飯波信太郎　㊃二〇八
飯村儀十郎　六四六
金助　㊄九六
飯室源左衛門　㊃一五四
庄左衛門　㊂八四二　㊄一二六
大助　五五四

飯室平八郎　㊃一五四
孫太郎　㊃一二六
孫兵衛　㊃二八六　六一　四九四　㊄六六
飯□勘三　㊃一二一
弥兵衛　㊄一一七
家有伴之助　㊃九四二
庵原徳次郎　㊄一五九
森平　㊃九四二
弥太郎　㊃七〇三　二二三　六七三
生島三左衛門　㊃二〇七
文左衛門　㊃四〇八
生田善十郎　㊄八四
丈助　㊃一八八
祐九郎　㊄一〇二
生野松寿　㊄二〇八
池田岩之丞　㊃五六三　一一二　二四一　二九七
池尻吉兵衛　七九一
英七郎　㊄一〇四
衛守　六五
活平　㊄五九　二三七　六二一
喜通（弾正・兵部）㊃四　二七六　㊃三六二　三七五
慶政（内蔵頭）㊃五〇四　/㊂一三九　㊃二六九　三七二　五三五
　大坂海岸警衛㊂五〇四。安房上総備場御用㊂六三。
慶徳（因幡守・相模守）武蔵本牧警衛㊂

池田
六三　一五三。品川御殿山下台場警衛㊂二三二。
大坂海岸警衛㊂五〇四。京都警衛㊃五九九。長州征伐㊄八〇九
上洛供奉願㊃
一八一　三七一　四五二　五九二　㊄二八　三三九
八八九　九四三　九五三　/㊂一七　一二八　二二四　三一七　四二七　五六四　六八三　七一〇　七四五　八〇九
健次郎　㊃八五
左京　㊃四〇四
左平次　㊂一一一
四郎次郎　㊃一二七
貞阿弥　㊃七一二　二二九　三九三
鋑三郎　㊃二九七
信太郎　㊃四九七
瑞仙　㊃二三三
正樹（錥三郎・鑓三郎）㊃五九七　㊄六五　一一五
政詮（章政、内匠頭・信濃守）㊃一〇九　㊃三七三。
家士　㊂一一二
政礼（昇丸）㊃三七二
政和（内記）㊃五二〇　五九七
清緝（靱負）㊃五六四
清直（淡路守）㊃四九四　五六四
祖助　㊃一一九
武郎　㊄七八
弾正　㊂三五三
仲立（伊勢守）㊃四九四　六〇二　㊃一三九　一六一　二〇二　三七三

い　(池・石)

池田長休(甲斐守)　尾州上使㊂271 272。留守居過人㊂281。講武所御用向主役㊂282 287 291 306 578 746。和宮降嫁御用㊂820 ㊃240。側衆㊃99／㊂180 467 469 481 528 551 749 816 829 848 ㊃360
長発(可軒・修理・筑後守)　系図清書㊃208。外国御用立会・貿易御用㊃395 496。学政更張・小学校取建御用㊃534／㊃171 175 322 418 457 464 465 469 513 ㊄147 211
長溥(筑後守)　㊂104
長裕(元之助・大隅守・摂津守)　㊂753 ㊃102 146 360 617 780 ㊄55 65 435
鎮次郎　㊃119
友之丞　㊂497
直之丞　㊄96
日升丸　㊃507
松之助　㊂771 ㊃60
茂政(修政、九郎麿・備前守・侍従)　相続㊃535。京都警衛㊃585。用談登城㊃588 590 596。長州征伐㊃808 889 920／㊃546 574 576 584 588 591 593 ㊄140 339
弥八郎　㊂111
頼誠(瑞吉・右近将監・伊予守・伯耆守)　奥詰銃隊頭㊄125／㊂718 ㊃146 407 566 779
池田
頼方(播磨守)　町奉行㊂547。神奈川開港取扱㊂552 745。町会所貸付積金取扱㊂564。勘定奉行㊂587。飯泉喜内一件取計・差控㊃446／㊂103 227 350 366 428 473 540 734 746 846 ㊃88 422 ㊄34
力蔵　㊄198
池永享次郎(亨次郎)　㊃14 112
池野好謙(貞一郎・勇一郎・山城守)　勘定吟味役㊃40。外国御用㊃496／㊂92 ㊃113 218 426 435 486 628 813 819
池谷鉉之助　㊃155
錠太郎　㊃155
半之丞　㊄102
石井幾之助　㊃84
釜吉　㊃84
寛之助　㊄86
熊三郎　㊂834
内蔵允　㊂564
玄貞　㊃477
源左衛門　㊃680
太兵衛　㊄86
平助　㊂111
兵助　㊃131
石井又左衛門　㊃189
弥五右衛門　㊄270
石尾氏則(織部)　㊂393
宣太郎　㊂215
寅太郎　㊂393
彦四郎　㊂347 ㊃122 254
石神彦五郎　㊂340
石川阿波守　㊄301
惟治(周二)　㊃36 77 395 404 435 ㊄399
市左衛門　㊄91
岩司　㊃461 ㊄166
蟎之助　㊃135
桜所　㊃356
勝之助　㊄80
兼太郎　㊃80
金阿弥　㊂648 712 ㊃229
金右衛門　㊂134
熊之助　㊃144
内蔵允　㊃92
玄貞　㊃408 959
源八郎　㊃80
香雲院　㊄382 417
権之丞　㊃145
左近将監(備後守)　㊃407 448 582 ㊄66

い　（石）

石川佐渡　㊃85
作次郎　㊂83
貞市　㊂84
貞之助　㊃25
次助　㊃144
治左衛門　㊄76
重之助　㊂10
銃之助　㊄44
俊徳（鎮三郎）　㊂539
将監　㊂806 ㊃448
将之輔　㊄118
新助　㊃53 112 241
新之丞　㊃72
正敬（又四郎）　組合銃隊頭㊄5／㊂371 658 748 ㊄50 394
成章（栄吉・左内）　㊂371 590 770 ㊃233 388 859 ㊄70
清大夫　㊂109
静之助　㊃92
善右衛門　㊂508
壮次郎　㊃34 847
総管（若狭守）　大坂加番㊂346 545 ㊃16 111 396。陸軍奉行並㊄45。若年寄・陸軍奉行㊄146。国内御用取扱㊄367／
石川
㊂341 614 617 706 796 ㊃21 376 504 638 649 ㊄389
総修（保之助）　㊃461
総邦（祥作、伊予守）　㊂847
総禄（主殿頭）　恩貸金㊂238。卒㊃461／㊂344 537 822 835 ㊃374
太助　㊂499 ㊃236 412
竜之丞　㊂472
忠右衛門　㊃87
忠左衛門（能登守）　㊂597 673 ㊃407 668
忠左衛門（近江守）　㊃668 780 ㊄55 66
忠之助　㊃92
忠敏（太郎右衛門・将監）　㊂207
長左衛門　㊄80
藤四郎　㊄198
堂之助　㊃9 206
富太郎　㊂282
友之助　㊂22
八十郎（六左衛門）　㊃55 768 809 862 ㊄289
彦八　㊃92
槇之助　㊃620
熊民　㊄187
与三郎　㊃92
与七郎　㊃92
利政（謙三郎・河内守・駿河守）　㊃516 ㊄
石川
6 35 212 275 345 387
立三　㊃46
屋庄次郎　㊂607 751
石河右膳　㊄63
甲斐守　㊄63
数馬　㊂208
政平（土佐守）　大船・船製造御用㊂58。金吹立御用㊂106。大坂近海・伊勢海岸見分㊂247 254。側衆・御用取次㊂381 487／㊂6 159 197 200 202 205 514
太八郎　㊂171
貞大（美濃守）　㊂206
貞明（壱岐守）　㊂554 ㊃666
鎗次郎　㊃767 ㊄69
若狭　㊄382
石倉小三郎　和宮御用達㊃91 206。京都御使㊃92 218／㊂220 ㊃59 ㊄127 206
石黒作右衛門　㊂200 201
石坂庄八郎　㊃82
宗元　㊃73
宗哲　㊂561 ㊃408 ㊄382 417
石崎熊次郎　㊃143
鉄三郎　㊂18
豊三郎　㊃52

い

石崎八郎
（四）882

石塚浅太郎
（四）160

富蔵
（五）160

石田好右衛門
（五）137

宗太郎
（四）80

石谷鉄之丞（銕之丞・安芸守）使番（五）289 /（三）657 778 （五）146 254 407 446 777 780 971 （五）55 65 105

鉄之助
（五）72 68

穆清（因幡守・長門守・大和守）大坂町奉行（三）272。町奉行（三）496 564。神奈川開港取扱（三）552 745。教律取調御用（四）357 /（五）115 174 302 428

300。講武所奉行（四）326 350 380 446 717 （五）77 500 746 834 835 392 639 847

石野翁之助
（四）134 554

咸次郎
（五）97

建助
（四）41

十之丞
134

則常（式部・民部・筑前守）
（四）38 271 387 （四）3 392 639 847

錬太郎
（五）537

忠次郎
（五）48

石場斎宮
（三）277 182 393 847 134 137

九右衛門
（三）117 154

（石・泉・磯・板）

石原正美（清一郎）（三）260 （四）53 218 241

清左衛門
（三）260

平左衛門
（五）136

平十郎
（五）67 117

石丸熊次郎
（四）73 135

石巻勝太郎
（四）212

権六郎
（四）212

周助
（五）39

周防
（五）189

福蔵
212

八十作
（三）282

録太郎
（三）558

石村定助
（三）192

石渡合之助
（四）62

金之助
（五）68

泉屋吉次郎
（四）607 751

泉谷新左衛門
（四）126

新次郎
（四）126

磯合之助

磯野豊後守
（四）66

元次郎
（五）66

磯部大蔵
（五）557

板倉左衛門佐
（三）187

勝殷（主計・主計頭）参勤（三）474 （四）20 135 274 375。大坂加番（三）587。新宿関門勤番

板倉

勝顕（内膳正）（五）218 /（三）370 475 503 146 166 180 （五）46 115 173

勝弘（鉄五郎・摂津守）（五）411 475 376 646 大坂加番（五）16 103。江戸市中巡邏（四）642 317 /（三）558

勝尚（甲斐守）（五）38 376 210 /（三）20 316

勝静（周防守・侍従・阿波守・伊賀守・松曵）奏者番・寺社奉行（四）406 587。老中（五）287 799 373。韓使聘礼（四）307。外国掛（五）299 / 302。海陸備向・軍制取調（四）315 319。勝手掛（四）366 /（五）上洛 391 519 567 569 574 584 589 595 601 602。人払御用（五）563 601 793 418。799 143 799 302 14。898 906 933 939 950。日光法会惣奉行（四）628。軍事御用向（四）856。フランス公使応接（四）939。国内御用取扱（五）367 / 4

806 814 824 829 830 851 852 855 860 861 868 877 879 893 897

605 952 966 62 355。

甚太郎
（三）731

勝明（伊予守）（五）28 258 341 370 133 558

勝全（越中守・摂津守）（五）348 355 380 382 390

876 880 956 10 15 407 428 531 537 540 292 324 567 609 674 864 871

接（四）531 537 540。国内御用取扱（五）292 324 567 609 674 864 871

板橋鉄五郎
（三）598

紀吉
（五）115

一五

板本恒太郎　㊃539
板谷桂意　㊃522
一尾市之丞　㊃232
　美満作　㊄414
一条斉敬（関白）　㊃956
　忠香（左大将・左大臣）　㊂67 71 76 77 158 ㊃584
　忠香女（美賀、慶喜室）　→貞粛院
一条崎弥太郎　㊃230
一場初太郎　㊃131
市岡主計　㊃891
　左大夫　㊃934 935
　正次郎　㊃92
　正寿（太左衛門）　㊂313 ㊃92
市川国三郎　㊃134 413
　繁太郎　㊃754
　十郎　㊂803
　庄之丞　㊃220
　丈助（文助）　㊃821
　篤之助　㊄96
　文助（丈助）　㊃869
　孫之丞　㊃121
　孫之助　㊄18 48 95
　安太郎　㊃25
市野錦三郎　㊂271
　左兵衛　㊂271
市橋信一郎　㊂843
　長賢（伝七郎）　目付㊂329／㊂541 547 778 ㊃382 394
　長和（下総守・壱岐守）　㊂494 554 558 ㊃372
市兵衛（赤坂表伝馬町）　㊃19
市村住之助　㊃874
　長之助　㊃29
一色純一　㊃552 ㊄77 218
　直温（邦之輔・摂津守・山城守）　海防掛㊂170。軍制改正㊂196。部屋住番入志願者異同糺㊂296。大船製造・軍艦繰練御用㊂473。堺奉行㊂475。勘定奉行公事方㊃9 478。外国奉行㊃178。大坂・兵庫・西宮御用㊃423／㊂4 55 94 226 291 294 304 317 471 481 ㊃146 175 179 181 481 521 607 ㊄133
　直記（丹後守）　㊃620 673 ㊄5 151
　仁右衛門（仁左衛門・半左衛門）　講武所頭取㊂329 746 ㊃290。講武所調物頭取㊃47 231 234／㊂482 733 744 ㊃393 567 ㊄77
　靱負　㊃11
糸原勘三郎　㊂135 795 ㊃286
糸原啓之助　㊂770 ㊃286 891 892 ㊄66
到津中務　㊂478
線姫（有栖川宮熾仁親王女・家慶養女・水戸慶篤室）　→線教院
稲垣鉞之丞　㊂830
　見年（欽之丞）　㊂747 795 830
　三次郎　㊃138 398
　太清（若狭守）　日光祭祀奉行㊃58 152 156 164。海軍奉行並㊄303。築地海軍所警衛㊄349／㊂794 ㊃22 114 918
　太知（安芸守・長門守）　若年寄㊂544 766 776／㊂507 515 518 590 794
　長明（信濃守・摂津守）　大坂加番㊂545 ㊃342／㊂28 247 346 386 600 ㊃374 822 857 ㊄84
　長和（平右衛門・平左衛門）　㊄84 347 348 393
　藤九郎　㊃3
　藤左衛門　㊃27
稲田九郎兵衛　㊃594
稲葉栄之助　㊂460
　観通（伊予守）　江戸城西丸普請御用㊂109 111／㊂304 308 ㊃373 458
　紀伊守　㊄63 395
　久通（伊織・右京亮）　㊃458 661
　左司馬　㊃36 45

稲葉淳之助 ㊃821
錠次郎 ㊂807
正厚(隼人・主水・紀伊守) ㊂838 ㊃153 245 620
正巳(兵部少輔・兵部大輔・幾余翁) 講武所奉行上席㊃108。若年寄㊃287 823。若年寄格・海軍御用取扱㊃938。外国掛㊃333 381 481。海陸備向・軍制取調取扱㊃367 488 550。西洋医学館取扱㊃424。陸軍奉行㊃969。老中格㊄123 153 375。海軍総裁㊄143 162 212。国内御用取扱㊄367／㊂475 608 ㊃13 103 231 297 391 432 519 574 602 605 ㊄135 144 284
正師(金之丞) ㊂207 838 ㊃153
正善(備後守) ㊄257 317 328 334
正邦(民部大輔・長門守・美濃守・侍従) 京都七口警衛㊂233。奏者番㊂547。石清水行幸警衛㊃583。京都所司代㊃603。老中㊃641 893 ㊄391。外国御用取扱㊄43。国内事務総裁㊄204 212 367。昭徳院一回忌法事総奉行㊄209 246。陸軍御用取扱㊄286／㊂225 344 537 ㊃375 567 587 596 602 659 660 893 895 903 905 906 911 933 938 970 ㊄9 52 57 114
清次郎 ㊂601 ㊃847 868

稲葉大膳 ㊂460
辰之助 ㊃94
恒之丞 ㊃452
鍋之助 ㊃132
犬塚九左衛門 ㊃143
井上猪三郎 ㊃914 938
因碩 ㊂65 81 232 238 557 ㊃200 224 ㊄101 305
鉛太郎 ㊂302 482
勝之丞 ㊃154
義斐(元七郎・主水正・備後守) 人払御用㊃847 851 860 874 899。外国奉行㊄119／㊃694 741 793 798〜800 862 ㊄119 153 285 433
啓次郎 ㊃862 ㊄221 372
玄蕃 ㊂311 ㊃254
源次郎 ㊂266 ㊃255
左大夫 秘事御筒伝授㊂32 482／㊂95 156 226 302 766
左大夫(銀太郎・左太夫) 相続㊂766。大砲組頭㊃964／㊃231 290 393 567 ㊄78
三之助 ㊃30 189
修理 ㊄74 221
寿三郎 ㊂215
収蔵 ㊃154
紹太郎 ㊂286

井上新右衛門 ㊂212 255
助大夫 ㊂711 ㊃408
正兼(伊予守) 参勤㊂341 348 407 474 545 614 796 ㊃20 274 376。天狗党乱㊃635 649 662／㊂475 ㊃135 ㊄21 48 88
正巳(辰若丸・辰次郎) ㊄48 88 317 393
正順(宮内) ㊄174 317 329
正常(源三郎・越中守) ㊃139 638 ㊄93 322 426
正直(新左衛門・新右衛門) ㊂257
正直(河内守) 奏者番㊂547。寺社奉行㊃34 378。老中、外国御用・勝手入用掛・溜詰格㊃413 546 823 ㊄189 207。上京御用㊃638。人払御用㊃847 850 851 860 861 868 879 893／㊂352 355 ㊃350 421 427 452 493 498 542 605 609 638 659 864 876 880 895 ㊄4 7 94 189 210 272
正武(寿一郎・志摩守) ㊃263 850 ㊄115 289 364 413 ㊃649 ㊄174
正和(筑後守) 参勤㊂259 341 614 ㊃376／㊂210
清直(新右衛門・信濃守) 下田条約㊂376 377。ハリス応接㊂380 389 394 396 445。日米通商条約㊂505。外国奉行㊂515 583 ㊃357／㊂388 411 431 458 552 577 590 639 846 ㊃81 300 451 496 ㊄9
誠太郎 ㊃151

い　（井・猪・稲・今・入・岩）

井上宋太郎　㊃208
　早右衛門　㊃205
　筑前守　㊃620
　鉄之助　㊃432 538
　虎之助　㊃432
　八郎　㊂287 ㊄365 401
　彦太郎　㊃519
　兵庫頭（兵庫）　㊄74 113
　政五郎　㊃553
　又次郎　㊂95 156 226
　弥三郎　㊄133
猪子左大夫　㊄200
　兵助　㊄200
猪俣英次郎　㊂141 230
稲生庄五郎　㊂744 ㊃394
　正興（出雲守・伊勢守・肥前守・出羽守）　㊂41 ㊃201 ㊄115
　正興（出羽守・豊前守・山城守）　留守居㊂496／㊂40 357 401 520 848 ㊃201
今井一郎左衛門　㊄246
　右左橘　㊂847 ㊃419 624
　好徳（主計）　㊂687 777
　善十郎　㊃142
　辰次郎　㊃77
今井伝一郎　㊃105
　杜翁　㊃168
　彦次郎　㊂807
　備五郎　㊄81
　益之助　㊃105
今大路左京大夫　㊂597
　左近　㊂597 ㊃613
今川忠恕（要作）　代官㊂272。支配所㊂409 ㊃31。
　河川普請御用㊃77／㊄17 95 113
　範叙（刑部大輔・駿河守）　日光名代㊂501 518 ㊃1 2 12 503 520 ㊄250 252／㊂73 158 170 798 ㊄394 418
今城定国（中将）　㊃201 237 645
今出川実順（菊亭、中納言）　㊃199 201 237
　実順妹（美賀、慶喜室）　↓貞粛院
今西孝三郎　㊂427
今福伊織　㊂129
今堀千五百蔵　㊂287 ㊄98 99
　登代太郎（摂津守）　奥詰㊃60。遊撃隊頭並・同隊頭㊄52 218／㊃738 745 835 ㊄51 99 284 346
今村乙吉　㊄81
　亀吉　㊄95
入江繁蔵　㊃222 921
入江進八郎　㊂286
　清十郎　㊂598
　清兵衛　㊂597
　文郎　㊄102
　楽水　㊂817
岩井与左衛門　㊂137
岩上久米右衛門　㊄86
岩城隆永（但馬守）　㊂143 144 275
　隆喜（伊予守）　㊂143
　隆政（修理大夫）　㊂311 558 ㊃180
　隆邦（鷹之助・左京大夫）　㊃180 373 491 642 ㊄201 393
岩倉具視（少将・前中将）　㊃202 237 ㊄337 339
　具定　㊄410 420
岩佐郷蔵　㊂575 ㊃169 177 ㊄66
　摂津守　和宮降嫁御用㊂821。天璋院御用㊃205。和宮用人㊃209。勤仕並寄合㊃344／㊂605 823 829 ㊃59 254 284 285
　伴右衛門　㊃30
岩崎吉太郎　㊄189
　甚兵衛　㊃942
　又左衛門　㊃940
　良助　㊃646
岩下金平　㊄198

い・う　(岩・祝・印・因・ウ・卯・宇・鵜)

岩下大之丞　㊄198
岩瀬兜五郎(岩瀬兜太郎カ)　㊃285
　兜太郎(岩瀬兜五郎カ)　㊃198
　敬三郎　㊃310
　氏善(内記・伊予守)　㊂604 ㊃122 124 130 310
　氏善女　㊃37
　氏忠(市兵衛)　㊃198 285
　氏忠孫女　㊃86
　繁三郎　㊃66 120
　修理　㊃531
　忠震(修理・伊賀守・肥後守・鷗所)　徒頭㊂44。目付㊂127。軍制改正御用㊂196。下田取締御用㊂243 257。韓使聘礼㊂401。長崎御用㊂453。京都御使㊂466 468 489。日米通商条約調印㊂505。外国奉行㊂515／㊂92 168 195 226 291 296 317 354 360 467 536 577 ㊃531
　内記　㊄134
　弥十郎　㊂339
岩田鍬三郎　美濃郡代㊂128 ㊄233。河川普請御用㊃77／㊂145 ㊃53
　三蔵　㊄36 214
　通徳(半太郎・半五郎・織部正)　京都見廻役並㊄188。遊撃隊頭㊄321。大目付・日光奉行兼帯㊄431／㊃62 310 885 946 ㊄20 43 46 289
　恒十郎　㊃49
　平蔵　㊄73
　弥五郎　㊃975 ㊄417
　弥十郎　㊃49
岩谷健一郎(敬一郎)　㊃646
岩波力次　㊃297 763
岩橋十次郎　㊃930
岩間翁助　㊃154
　忠左衛門　㊃134
　徳太郎　㊃154
　半十郎　㊂67
　久次郎　㊃646
岩松満次郎　㊂34 119
岩村寛八　㊃208
　昌右衛門　㊃672 ㊄98
　甚八郎　㊃191
　鉄五郎　㊃191
　松太郎　㊄98
岩本正遠(大隅守)　㊂742
祝薗惣右衛門　㊄197
印東新十郎　㊃930
因碩(碁師)　↓井上因碩

う

ウイリアム・エル・マルセイ　↓マルシイ
ウイリヤムス(Williams, S. W.　アメリカ人通詞)　㊂135 171
卯八(陸尺)　㊄382
宇佐美留太郎　㊃552
　兵庫　㊂380
宇田川平七　㊃250 408 ㊄65
宇都野鍾之助(宇津野、鐘之丞)　㊄404 428
　辰之助　㊃207
宇都宮弥三郎　㊂371 540
宇能与右衛門　㊄417
宇野倉吾　㊃940
宇兵衛(南品川宿旅籠屋)　㊃176
宇山英則(宇作)　㊃930 931
鵜飼弥一　㊃66 120 ㊄315
　金次郎　㊄85
鵜沢源之助　㊂755 845 ㊃206
　鐘三郎　㊃208
鵜殿犀助　㊂778
　十郎左衛門　㊄289
　団次郎　㊄371 372

う　（鵜・上・植・牛・臼）

鵜殿長鋭（甚左衛門・民部少輔・鳩翁）　家定将軍宣下御用掛㊂34。アメリカ国御用㊂124 145 171 173 174 185 224 387 407 445。軍制改正御用㊂196。学問所見廻㊂244。講武所創建御用㊂291。部屋住番入願者、異同糺㊂296。韓使聘礼㊂298 401。琉球人参府御用㊂471。駿府町奉行㊂495 517／㊂4 6 22 93 109 155 202 226 228 294 304 317 401 468 577 ㊃486 532 534
長徳（十郎左衛門）　使番㊂44。先手㊂604。火附盗賊改㊂620 744／㊂289 292 306 482 778
平七　㊄126
陸太郎　㊄153
上杉恵丸　㊂197
勝道（駿河守）　㊂304 546 ㊃373 ㊄74
悳丸　㊃79
斉憲（弾正大弼・米沢少将）　上洛㊃404 569 574 584 602。京都警衛㊃585／㊂243 273 317 494 745 ㊃20 248 372 395 577 ㊄351
斉憲室　㊃353
斉憲女（相良為知室）　㊃86
巳一郎　㊃82
巳三郎　㊃79 289
茂憲（喜平次・式部大輔）　㊂809 815 850 ㊃73
上田鑠助　㊃154
義苗（豊之助）　㊂746 801
鈴次郎　㊂598
三郎　㊃39
弾正　㊃154
主殿助　㊂801
友助　㊄35
主水　㊃960
上野勝次郎　㊃214
久次郎　㊃214
銀次郎　㊂807
啓次郎　㊃213
景信（新三郎・親三郎）　㊂8 223 279 747 ㊃624
幸三郎　㊃188
七大夫　㊃80 668 ㊄70
条太郎　㊄68 392
録之助　㊃213
上野田吉五郎　㊃912 913
上原鐗五郎　㊃134
金之丞　㊂412
助右衛門　㊃555
滝之助　㊃144
友三郎　㊂412 ㊃766 ㊄383
上松左大夫　㊄270
上松与右衛門　㊃683
上村清兵衛（遠江見附宿）　㊂131 ㊃690
植野六郎右衛門　㊃902
植村梅之助　㊃134 ㊄68 149 383
家興（大蔵）　㊂25
家保（熊之助・駿河守・出羽守）　㊂25 59 179 214 ㊃374 619 653。家士㊂311
嘉兵衛　㊄95
喜平　㊂498
喜兵衛　勘定㊂349／㊃16 79 111 127 140 ㊄17
厚一郎　㊃172
鋼太郎　㊂771
左近　㊂218
主膳　㊃554
千之助　㊂770 ㊄79
帯刀　㊂287 ㊄78
弥三郎　㊄78
牛込忠左衛門　㊄64
臼井宇兵衛　㊂414
亀六郎　㊃73
喜内　㊂719 797 ㊃345
才三郎　㊂761
淳三郎　㊃48
臼杵源十郎　㊃210 249

う・え（薄・堆・内・梅・浦・裏・海・エ・ゑ・江）

薄井卯四郎 ㊃131 ㊄84
　富三郎 ㊃155
　門吉 ㊃155
堆橋主計 ㊃71
内河新太郎 ㊂148
　留守之助 ㊄107
内田猪三郎 ㊃51
　官次 ㊃921
　吉十郎 ㊃222
　正学（主殿頭） ㊃880
　正縄（加賀守） ㊃620 649
　正徳（主殿頭） 大坂加番・同在番㊂411 783 ㊃161 166。大番頭㊂732。軍艦奉行㊃364／㊂36 89 208 546 574 614 736
　恒次郎 ㊂822 ㊃413 ㊄188 365
　鎗一郎 ㊃51
　又八郎 ㊃869 870
　弥太郎 ㊃143
　芳次郎 ㊃84
　米吉 ㊃145
内野隆蔵 ㊂427
内山伊三郎 ㊂83
　七兵衛 留守居番㊃505／㊂83 355 570 ㊃198 414
内山善三郎 ㊂355
　珍三郎 ㊃73
　俊次郎 ㊃213
　浜次郎 ㊃198
　半次郎 ㊃193
　彦次郎 ㊃76
　彦六 ㊃213
内海多次郎 ㊃114 951
梅沢守義（孫太郎） ㊄377 397 403 417
　貞助 ㊄187
梅田三郎右衛門 ㊂110 295 366
梅渓通善（中将） ㊃584
梅之坊（亀井戸天神社僧） ㊂589
梅原靫負 ㊂104
梅村東十郎 ㊃178
　八郎兵衛 ㊂290
　鎦之助 ㊃241
梅若六郎 ㊃220
浦　靫負 ㊂144
浦上数馬 ㊂209
浦野石見介 ㊂198 199
　鏞之進 ㊃201
裏松左兵衛 ㊂237
海野作十郎 ㊃51
海野善次郎 ㊃51

え

エム・セ・ペルリ（Perry, M. C.） ↓ペリー
エリサ・エ・ソセ（アメリカ人） ↓リセ
エールスハテン（コールスハラン、アメリカ人） ㊂135
エルヂン（Elgin イギリス国使節） ㊂513 519
エルレリツ（Eldridge エルレツハイホ、アメリカ人） ㊂135
ゑい（品川宿旅籠宇兵衛抱） ㊃176
江川英敏（英竜、太郎左衛門） 講武所教授方頭取㊂287。韮山型船製造㊂301 583。鉄砲方㊂357。上納金取扱㊃53。小筒製造㊃107。隠居㊃489／㊂306 482 ㊃232 304 394。組者㊃517
　英敏姉 ㊃233
　英竜（太郎左衛門・担庵） 台場普請㊂18 168。鉄砲方㊂160 192／㊂10 83 131 171。
　左金吾 ㊃958
　太郎左衛門（籌之助） ㊃489 684 ㊄350。手附㊃526。支配所農兵㊃683 684
江崎庄左衛門 ㊃691

え・お　（江・海・永・英・栄・榎・円・遠・ヲ・小）

江津宗之進　㊂556
江連堯則(加賀守)　㊄345 431
　小市右衛門　㊃95
　真三郎　㊂770 ㊃208
江幡吉左衛門　㊄81
江原義忠(桂助)　㊂354 777 ㊃342
　鑢次郎　㊃105 ㊄68
　健次郎　㊃142
　銑三郎　㊄426
　親長(飛驒守)　㊂44 106
　武之助　㊂351
　鋳三郎　㊄395
　藤三郎　㊃878
　徳次郎　㊃770
　孫三郎　㊃105
江見幸之助　㊃11
江守整造　㊃94
海老原錆四郎　㊄35
　武次　㊃129
　弥三郎　㊃39
永寿院(千重姫、田安斉匡女・松平武成室)　㊂688
英樹院　㊄162 165
英徳院　→一橋慶昌
栄助(芝新門前町)　㊃67
榎本亭造　㊃972
　木作　㊃930
　筑後　㊃51
　道章(対馬守)　㊄355 398 419
　備後　㊃51
　武揚(釜次郎・和泉守)　軍艦頭並㊄217。海軍副総裁㊄366／㊄338 382 424 427
　藤之丞　㊄84
　保之助　㊄118
榎原太兵衛　㊃931
円阿弥　㊂108 ㊄129
円察(表坊主)　㊃234
円哲(奥坊主)　㊃920
遠藤岩之助　㊃428
　胤城(但馬守)　大坂加番㊃619。長州征討㊃929。陸軍奉行並㊄89。奏者番㊄166。江戸市中巡邏㊄317／㊃672 861 ㊄324 351 358 399
　胤統(但馬守)　海岸防禦筋御用向㊂121。講武所創建御用並取扱㊂291 306 741。久能山東照宮・三河大樹寺普請御用㊂384。養君御用取扱㊂498 519。外国御用㊂612 844 845。ハリス登城㊂630。京都警衛・大坂台場築立・蝦夷地開拓取扱㊂732。若年寄勝手方㊂740。江戸城本丸普請㊂760 815 839／㊂3 18 44 54 155 168 211 235 304 311 319 363 467 481 549 574 741 757 769 820 826 ㊃56 63 113 114
遠藤
　鎌太郎　㊄85
　治部三　㊃941
　条五郎　㊃230
　新六郎　㊃428
　恒太郎　㊄67
　杢　㊃615

お

ヲースン(アメリカ人)　㊂135
小笠原鋳之助(監物・中務・石見守)　㊂807 ㊃215 516 667 ㊄39 221 232 284 347 372
　出雲　㊃940
　卯之助　㊂787
　右京　㊄112
　甲斐　㊃940
　刑馬　㊃5
　熊太郎　㊃182
　監物　㊃5

小笠原賢蔵 ㊄73
源七郎 ㊂80
源助 ㊃201
広業（甲斐守・讃岐守・摂津守） 対馬御用派遣㊃115 116 281 296。人払御用㊃694 733 784 799 848 851。勘定奉行㊃905 ㊄98／㊂711 ㊃99 116 317 407 421 667 946 ㊄17 53 147 419
三郎左衛門（三郎右衛門） ㊃622
三之丞 ㊃132
七右衛門 ㊃333
庄三郎 ㊄221 372
荘三郎（庄七郎） ㊃539
鍾次郎 大的㊂80 122 252 279 324 467 567 ㊃10 218 262。犬追物㊂737 756 757 762 765 767 769／㊂454 460 482 ㊃47 232 290 422
常昭（平兵衛） ㊂67 80 207 255 269
信学（豊後守・美作守） ㊂41 734 ㊃457
信学女 ㊃233
信好（帯刀・彦大夫・彦太夫） ㊂498 521 ㊃261 809 909 ㊄134
信名（若狭守） ㊂734
政民（順三郎・志摩守） ㊂131 735 795 ㊃392 415 417 ㊄6 232

小笠原内匠 ㊃940
頼母 ㊂484
忠嘉（直之進・右近将監・伊予守） ㊂179 332 340 463 623 745 824
忠幹（棟幹・貞幹、信濃守・大膳大夫・左京大夫） 相続㊂824。封地凶作・恩貸金㊃120。小倉城焼失㊃958／㊂271 275 311 347 ㊃10 374 567 809
忠徴（左京大夫） ㊂10 153 179 182
長遠（弥八郎・河内守） 京都見廻役㊄203／㊂849 ㊃81 ㊄5 150 215 381
長儀（肥前守） ㊂849
長行（数七郎・敬七郎・図書頭・壱岐守） 奏者番㊃350。若年寄㊃368。外国御用㊃406。学問所・蝦夷地開拓・海陸備向・軍制取調掛㊃418。大坂表警衛見分㊃463 467。長州征討㊃800 856 859 860 901 915 926 927 958 966 967。老中格・老中㊃391 603 604 764 796 ㊄37 70 71 380。人払御用㊃793 795～798 801 802 806 811 814 817 824 830 851 852 855。勝手掛・外国御用取扱㊄91。外国事務総裁㊄202 204 212。法令御用㊄103。海軍御用㊄284。国内御用取扱㊄367／㊂418 443 478 ㊃395 452 454 566

小笠原 569 578 601 786 787 792 799 807 829 860 ㊄39 356 382
長功（忠三郎・刑部・織部・伊勢守） ㊂753 ㊃440 670 784 ㊄150 163 392
長国（佐渡守） 長崎御用㊂144 ㊃281／㊂378 418 514 ㊃374
長穀（加賀守） 二条在番㊂475 608。側衆㊂646。留守居㊄270／㊂647 ㊃350 477 489 602 ㊄371
長守（左衛門尉・左衛門佐） 大坂加番㊂133 187 587 800 ㊃653／㊂514 555 ㊃374
長常（長門守・筑後守） 甲府勤番支配㊂90 139。浦賀奉行㊂347。京都町奉行㊂499。大目付㊂804。勘定奉行・勝手掛㊂839。京都御使㊃87 161。外国貿易税制再議御用㊃306。町奉行㊃326／㊂351 484 510 846 ㊃86 418 439 ㊄74
貞正（鍗次郎・近江守） 大坂加番・在番㊂473 510 ㊃111 453。大番頭㊃109／㊂745 781 ㊃809 926 939 941
貞寧（益之助） ㊂179
貞孚（幸松丸） 長州征討㊃809 926 928 939／㊂824 ㊃123 374
友之丞（大和守） ㊃964 ㊄167 221
豊松丸 ㊂166 169

小笠原鍋次郎 ㊂484
八左衛門 ㊃940
半十郎 ㊂67
兵五郎 ㊃158
平兵衛 ㊂568 654 ㊃219 ㊄350
孫七郎 ㊂67 269
六五郎 ㊃457 ㊄5 285 294
小川栄次郎 ㊃519
金之助 ㊃754
玄叔 ㊂661 ㊃254 430
小十郎 ㊃182 230
左七郎 ㊂104
重助 ㊄81
清右衛門 ㊃90
仙寿院 ㊂508
仙春院 ㊂678 ㊃430
太兵衛 ㊄82
泰助 ㊄76
達太郎 ㊃66 402
忠左衛門 ㊃223
藤三郎 ㊃67
孫八郎 ㊃197
又太郎 ㊃151
小倉勝之助 ㊃223
小倉熊太郎 ㊂110 ㊃219
銈之丞(内蔵允) ㊃45 408
孝太郎 ㊃212
十兵衛 ㊃285
鈴之進 ㊃212
正義(九八郎・但馬守) 神奈川御用㊃90。和宮下向御用・京都御使㊃116 137 150 152 217／㊂41 469 733 747 845 ㊃287 339 645
正焰(式部) 家定将軍宣下御用㊂109。家茂将軍宣下御用㊂583。留守居番次席㊂839／㊂80 367 567 850 ㊃46 285
長季(侍徒) ㊃202 237
小栗伊右衛門 ㊂307 ㊃393 398 413 463
鋼太郎 ㊃159 169
政長(右膳) ㊂207
政寧(右膳・下総守・長門守) 勘定奉行㊃798。関東筋廻村㊄87。免職・勤仕並寄合㊄372。官位召上、登城禁止㊄381／㊃54 72 160 301 316 324 567 569 584 847 851 905 ㊄6 94 304
総七郎 ㊃109
忠一郎 ㊃463
忠高(又一) ㊂213
忠順(又一・上野介・豊後守) アメリカ
小栗
国御使㊂813 832。外国奉行㊂825。対馬御使㊃63 65。箱館御使㊃103。勘定奉行・勝手方㊃326。町奉行㊃380。歩兵奉行㊃451／㊂324 690 747 846 ㊃120 285 360 370 ㊄304 331 357
鉄之丞 ㊃45
徳三郎 ㊃11
半右衛門 ㊄103 118
又一 ㊃306
小沢小太郎 ㊃109
留吉 ㊄85
小田英之助 ㊃137
繁之助 ㊃936 ㊄161
慎蔵 ㊄85
直三郎 ㊂197
直太郎 ㊂160 214 ㊃87 161 ㊄305
隼人 ㊂77
又七郎 ㊂268
又蔵 ㊃137 152
小田井蔵太 ㊄402
小田切鋼一郎 ㊃669
清十郎 ㊂18
直恭(出雲守・土佐守) ㊂290 545
直道(愛之助) 犬追物㊂737 756 757 762 765 766 769

お　（小・尾）

小田切　／㊂545 687 777 ㊃539
　彦十郎　㊃107
小田村素太郎　↓揖取素彦
小谷作内　㊂540 621
小長井　↓コナガイ
小貫鋳五郎　㊄79
小野岡右衛門（岡之助）　㊃103 106
　喜一郎　㊃388 666
　喜右衛門　㊃942
　久内　㊃386 ㊄107
　薫畝　㊃233
　広胖（友五郎・内膳・内膳正）　アメリカ国御使㊂775 833 ㊄44 73 234／㊃113 209 ㊄244 285 372 390 418
　権之丞　㊃919
　左大夫　㊃65 413
　佐左衛門　㊃106
　佐渡守　㊃386
　佐兵衛　㊃106
　七郎　㊃207
　仁太郎　㊂822
　助九郎　㊂220 628 ㊃55
　整三郎　㊂821 ㊃150 217 393
　仙蔵　㊃86 218
小野忠貞（次郎右衛門）　㊂220 628 ㊃394
　豊十郎　㊂255
　彦安　㊂92
　又一郎　㊃33
　苓庵　㊃210
小野田久五郎　㊃930
小野寺金弥　㊂172
小幡左衛門　㊂771 ㊃60
　次郎助　㊃134
　大和介　㊂52
小花和金之助　㊃117
　正度（正助・内膳正・兵部）　㊂470 733 778 ㊃209 317 482
　靱負　㊃117
小浜弾正　㊂269
　半左衛門　㊃134
　盛之助　㊂269
　隆寿（熊之助）　㊂41 748 796 839 ㊃105
　録之助（禄之助）　㊂796 ㊃105
小尾栄次郎　㊃50
　鎌之助　㊃219
　銀次郎　㊃50
小俣景行（稲太郎・伊勢守）　永々目見以上㊂404。大関和七郎一件吟味㊃145。腰
小俣　物奉行㊃350。奈良奉行㊄63／㊂213 259 ㊃35 64 733 ㊄147
小山一太郎　㊃25
　小四郎　㊂290
　太郎左衛門　㊃200 234 301 ㊄78 218
　代助　㊃7 145 ㊄95
　門太郎　㊄81
　八千蔵　㊄198
　弥五右衛門　㊄198
　多門舎人　㊃144
尾形繁右衛門　㊃927
尾崎豊後　㊃42
尾島重五郎　㊂843
　信子（大和守）　㊂682
尾関右門　㊃651
　信楠　㊃930
尾本久作　㊃539 ㊄218 392
　久策　㊂287
尾張家士　㊃755
　義宜（元千代）　㊂817 828 ㊃657 726 ㊄248 289 420
　慶勝（慶恕、中納言・大納言・前中納言・前大納言）　政事向輔翼㊃592 593。内談・人払御用㊃597 603 700。参内㊃602。正二位㊃661。書籍献上㊃887／

尾張　㊂117 247 428 506 513 801 817 ㊃307 310 388 422 451 464 566 796 848 ㊄335～337 339 355 434
慶勝実父（松平義建）　㊃361
慶勝女　㊂817
茂徳（義比・茂栄、摂津守・中納言・大納言・玄同）　内談・人払御用㊃700 719 721 784 793 795～797 799 810 842。一橋家相続㊄126 133。慶喜恭順歎訴㊄414。本所引籠㊄434／㊂428 514 522 548 801 817 ㊃211 212 215 272 318 371 388 396 542 712 723 764 792 820 822 848 ㊄44 228 249 404 406 435。家老㊂842
茂徳大叔母（釧姫）　↓井伊直憲室
男谷勝三郎　㊂811 ㊃753 ㊄68 117
信友（精一郎・下総守）　講武所㊂292 306 ㊃47 231 290／㊃407 435 459
越智主馬　㊂832 ㊃161
緒方洪庵　㊃356 477
織田織之助　㊃503
金之助　㊂266
権兵衛　㊂599
信愛（謙次郎・対馬守・宮内大輔・中務大輔）　陸軍奉行並㊄22。海軍奉行並㊄146／㊂307 345 352 683 698 ㊃1 389 392 400 ㊄370 395
織田信学（兵部少輔・左近将監）　㊃372 ㊄15 393
信恭（大蔵大輔）　㊂34 55 73 182
信敬（出雲守）　㊂159
信重（市蔵・和泉守）　㊄210 252 383
信成（万寿九郎・筑前守）　駿府加番㊃362／㊂813 ㊃74 373 ㊄201 352 358 399
信民（舒丸・山城守）　㊂159 494 ㊃110 373
信裕（淡路守）　㊂182 222 269
信裕（衛守・伊賀守・上野守）　㊂572 ㊃231 234 290 415 638 ㊄115
人太郎　㊂90
長易（主水・摂津守・豊前守）　㊂60 494 604 813 ㊃373 ㊄329
豊寿満丸　㊂269
直吉　㊃763
平一郎　㊃135
大井卯三郎　㊃109
主計　㊂482 552
亀太郎　㊃75
健輔　㊄80
権六　㊃208
左近　㊃125
三郎助　㊃12 107
庄右衛門　㊃125
大井信道（十太郎・美濃守・丹後守）　目付㊂552。神奈川御用㊃41 196。外国御用立合并貿易筋取扱㊃203。日記浜掛・医学館・学問所㊃359。人足寄場掛㊃368。外国御用㊃496／㊂342 478 ㊃57 77 360 370 392 395 428 437 458 462 464 468 478 ㊄147
銈一郎　㊂807
大炊御門家信（大納言）　㊃584
大石源左衛門　㊃653
四郎左衛門　㊃344 653
資三郎　㊂282
大岡右近（修理）　㊃769 ㊄73
卯之助（鉚之助）　㊃45 625
鉞次郎　㊃769 809 909 ㊄135
作左衛門　㊂374
清謙（豊後守）　海陸備向・軍制取調御用㊃81／㊂404 ㊃231 290 489
清成（孫太郎・主水）　㊂454 786 ㊃225 489 671
忠愛（越前守）　㊂456
忠貫（正太郎・主膳正）　㊃274 ㊄358
忠敬（愛致、鉄吉・越前守）　大坂加番㊂783。大番頭㊃415／㊂456 600 752 ㊃149 696 ㊄196 393
忠恕（兵庫頭）　参勤㊂36 89 208 407 461 546 574 614

大岡　主殿頭　838　㊃376　642　㊂344　587　㊄240　642　→大岡

恒之丞　㊃13
主殿頭（大岡兵庫頭忠恕カ）　㊂239
平助　㊃112
兵蔵　㊂87
孫右衛門　㊃408　669
勇之助　㊄4　12
靱負　㊄198
大川守之助　㊄625
大河原忠左衛門　㊃154
八十郎　㊄154
鎗吉　32
大木栄之丞　32
鋳太郎　㊃553
尚次郎　㊄118
大久保市郎右衛門兵衛　㊄80
鋭次郎　359　360
岩三郎　㊃807
隠岐守（又蔵）　㊃943。小姓㊂597　㊃916。／小姓頭取㊃
遺物御用取扱㊄105／㊂508　㊃
勘解由　㊃254　407　971　㊄55　57　90
要人　㊃123　134

大久保亀次郎　㊂552
菊三郎　㊄68
久助　㊄55
久太郎　㊃62　51
求馬　㊃132　623　221
教寛（隼人・能登守）　380　㊂455　563　746　㊃5　226　379
教義（長門守・出雲守）　㊃491　614　736　796　㊄20　136。参勤㊂138　208　258　341　番㊃159　274／㊂24　34　736　㊃162　567　918　㊄167。大番頭・二条在
教興（兵庫）　㊂180　196　851　㊃421　㊄350　373
犬追物㊂737　756　757　762　765　766　769／

大久保志津馬　㊂785
次左衛門（大輔）　㊃505　㊄45
式部　5
下野守（清次郎・壱岐守・備前守）　671　㊃255　322　407　476　667　777　㊄55　57　65　144　㊂508
重五郎（重三郎）　㊃74　87
重太郎　㊃807　844
準之助　733
新右衛門（市郎兵衛）　㊂94　126　127　㊃278　310
新五右衛門（新五左衛門・帯刀）　㊃247　408
信弘（市郎右衛門）　753
新八郎　909　946　315
摂津守　135　㊃285
宗次郎　㊃108　212
荘次郎　761
但馬守　432
忠愛（与三郎）　747
忠一（権右衛門・肥前守）　㊂821　149。上洛御用・御供㊃392　425　和宮降嫁御用
忠誨（駿河守）　428　533　542／㊂371　764　696　139　521　6　53　94　㊃95　参勤交代㊂138　208　266　341　407　474
忠懿（加賀守）　614／㊄103　304

大久保忠寛（右近将監・越中守・伊勢守・一翁）
徒頭㊂145。目付㊂170。大坂近海・伊勢海岸見分㊂248 272。蕃書調所総裁㊂303。長崎奉行㊂329。駿府町奉行㊂353。禁裏附㊂495。外国奉行㊃176。伊豆・小笠原島開拓御用取扱㊃195。外国貿易税則改訂期限御用取扱㊃306。大目付兼帯㊃309。御側御用取次㊃339。講武所奉行・免職差控㊃428 445。『万国公法』㊃885。会計（司農）総裁㊄366。若年寄御国内事務取扱㊄378。慶喜処遇歎願㊄404。海江田信義面会㊄420。江戸鎮撫㊄428／㊂230 292 296 314 418 502 503 557 618 ㊃149 314 327 340 391 431 840 845 855 864 865 ㊄382 425
忠幹（近江守）　㊂609
忠虎（内蔵助・伊賀守・備後守）　㊂460 ㊃146 410 620 641 673 ㊄188
忠行（信濃守）　㊂764
忠行（甚右衛門・駿河守）　㊃19 22 33 340 620
忠行（半五郎）　㊃666
忠恒（雄之助・筑後守）　大坂御用・目付㊃94 123 453 496。火附盗賊改㊃478 479／㊂687 777 ㊃25 451 ㊄377 380

大久保忠順（淡路守）　㊂583 ㊃666
忠順（三九郎）　㊄316 393
忠恕（嘉平次・主膳・主膳正・豊後守）
犬追物㊂737 756 757 762 765 766 769。免職・寄合・官位召上登城禁止㊄379 380。伏見戦争㊄346～348 355／㊂744 ㊃34 94 172 179 314 327 334 358 676 832 836 ㊄251 271 419
忠恕妹　㊃159
忠宣（四郎左衛門・紀伊守）　駿府加番㊃76 150 362 396／㊂778 821 ㊃458 694 ㊄246 381 390
忠宣姪　㊃159
忠董（喜右衛門・土佐守）　先手頭・火附盗賊改㊂731 740 744 ㊃34／㊂733 ㊃199 217 418 453 ㊄259
忠董女　㊃233
忠美（佐渡守）　参勤交代㊂258 341 407 474 545 614 ㊃376／㊂210 ㊃638 645 649
忠富（甚四郎）　㊂660 ㊃462 666 ㊄51
忠豊（因幡守・志摩守）　㊂172 175 416 419 507 544 691 722 ㊃322 432
忠模（豊後守）　㊂288 523
忠予（八郎左衛門）　㊂557 747 ㊃360
忠良（彦左衛門・大隅守）　㊂94 121 126 150 ㊃159 331

大久保忠礼（加賀守）　甲府城代㊄251。薩藩脱走浪士追討令㊄343／㊃274 364 374 681～683
藤右衛門　㊂812 ㊃61
俊之助　㊃208
虎之助　㊄156
肥後守　㊂778
飛驒　㊃123
彦左衛門　㊃892 ㊄67 354
彦大夫　㊄35
彦之允　㊃537
彦八郎　㊂711
平太郎　㊄115
兵九郎　㊃891 909 ㊄135
牧右衛門　㊃79 158 229
孫市　㊄81
万吉　㊂609
矢九郎　㊃494 666
弥祐　㊃97 107
祐助　㊃621
与右衛門　㊄259
錬三郎　㊂703
大草吉左衛門　㊃31
高堅（主膳）　小普請組支配㊃122。寄合肝

大草 煎㊂260。西丸目付㊂552／㊂306 733 747
780 845 ㊃429
左京 ㊃31
三郎 ㊃778 921 ㊄104
三吉 ㊃429
次郎右衛門養女 ㊃87
主膺 ㊂292
太郎左衛門 ㊂744 ㊃54 141 218
主殿 ㊂482
弥三郎 ㊂122 280 688
大熊鐸之助 京都御使㊃150 217。勤仕並寄合㊄310／㊃147 206 230 ㊄5 26
頼母 ㊂490
大蔵五十五郎 ㊃220
八右衛門 ㊃220
文太郎 ㊃220
孫大夫 ㊃220
大河内鎌蔵 ㊃161
金兵衛 ㊃79
善十郎 ㊂657 ㊃408 ㊄66
孫太郎 ㊃79 133
松之助 ㊄117
杢之助 ㊄107
流之助 ㊃55

大越源次郎 ㊃214
貞五郎 ㊃641
雄三郎 ㊃214
大坂嘉右衛門 ㊃710
大崎太郎兵衛 ㊂112
大沢乙次郎 ㊃134
勝太郎(主馬) ㊂657 ㊃233 408 626 667 768
基寿(七助・采女・采女正・右京大夫) 伊勢名代㊃1。水戸浪士騒擾警衛㊃646。京都御使㊄60。高家肝煎㊄76／㊂736 749 763 796 ㊃2 110 398 602 633 637 641 ㊄82
基昭(右京大夫) ㊂103
基暢(右京大夫・民部大輔) 伊勢・日光名代㊂251 257 ㊃58。京都御使㊂501 ㊃88 94 115 156／㊂41 103 104 128 344
邦四郎 ㊃105 ㊄66
栗太郎 ㊃386
郡四郎(大沢邦四郎カ) ㊃891
顕一郎 ㊄72 285 311 346 347
源次郎 ㊃662 ㊄253
財三郎 ㊄229
四郎 ㊄229
乗哲(筑前守・豊後守) 作事奉行・宗門

大沢 改㊂338 468。勘定奉行・公事方㊂565。講武所奉行㊂690。大目付・道中奉行・日記掛㊂802 ㊃122 330。一橋家老㊃343／㊂154 169 170 578 701 ㊃350 403 ㊄72
信宝(肥前守・豊前守) ㊂629 ㊃407 576 667
信豊(相模守) ㊂38
仁十郎 ㊃554
甚之丞 ㊄218
宗隆 ㊄360
八之丞 ㊃386
兵庫助 ㊄226
平三郎 ㊃142
万三郎 ㊃105
弥三郎 ㊃11
大島雲四郎 ㊂793
義直(兵庫・肥前守) ㊂178 ㊃623 672
義彬(備後守) ㊂223
幸八郎 ㊃520
東一郎 ㊄106
丹波守 ㊂793
主税 ㊃528
東一郎 ㊃397
六郎兵衛 ㊃206
大瀬岩太郎 ㊃154

お （大）

大瀬鉦四郎 ㊃154
大関増徳(能登守) ㊃139 175
　増裕(肥後守) 講武所奉行㊃298。軍制改正御用㊃481／㊃392 420 451 493 567 638 649 ㊄146 367
　勇之助 ㊄67
　和七郎 ㊃120 145
大田原勝清(太田原、鉎丸、一清) ㊃484 638 642 645 649 ㊄219
　帯刀 ㊃420
　富清(飛驒守) 大坂加番㊂473 510 ㊃342／㊂22 223 308 ㊃373 429 484
大滝間一郎 ㊃101
大竹伊兵衛 ㊃6 69 77 ㊄177
　庫三郎 ㊃161
　源太郎 ㊄96
　左馬三郎 ㊂409
　次郎助 ㊂214
　将監 ㊄148
　勝昌(左馬太郎・佐馬太郎) ㊂65 229 ㊃54 ㊄359
　仁兵衛 ㊂150
　安太郎 ㊃87
　靭負 ㊂143
大武勝助(藤助) ㊂119 ㊃219 414 501 754
大館安次郎 ㊃149
大谷久蔵 ㊄107
　志摩 ㊃172
　豊後 ㊃122
大津勝太郎 ㊃197
大塚久次郎 ㊃138
　敬助 ㊃207
　敬之助 ㊃214
　新七 ㊄85
　善之助 ㊃107
　豊三郎 ㊃214
　八郎兵衛 ㊃940
　孫左衛門(弥左衛門・孫右衛門) ㊂228 ㊃345 480 666 ㊄272
大槻俊斎 ㊂817
　彦造 ㊃942
大戸金右衛門(金左衛門) ㊃30 85 91 193
　芳太郎 ㊃189
大音帯刀 ㊃160
大友金五郎 ㊄83
　金左衛門 ㊄84
大鳥圭介 ㊄285 371 395
大浪太兵衛 ㊂553
大西常三郎 ㊃930
大貫増助 ㊃141
大野岩之丞 ㊃942
　亀三郎 ㊃662
　重左衛門 ㊃52 172
　重之助 ㊃125
　常之助 ㊃125
　鉄次郎 ㊃32
　藤十郎 ㊂499 ㊃29 90 193 388
　藤助 ㊃32
　平作 ㊃520
大橋雲平 ㊃49
　錦之助 ㊃767 ㊄68
　久兵衛 ㊂557
　源兵衛 ㊂487
　駿一郎 ㊃153
　捨五郎 ㊃49
　宗金 ㊄101 305
　宗桂 ㊂66 81 233 238 ㊃101 200 224 305
　宗軒 ㊃224
　宗全 ㊂66 81 233 238 557 ㊃200
　宗珉 ㊂66 81 233 238 454 557 ㊃200
　宗与 ㊄101 305
　宗□ ㊂836

大橋孫左衛門
　宥之助　㊂二二六
　　　　　㊂一五一
　与惣兵衛　㊃一五三
大林芳三郎
　鐐英　㊃二〇〇
　　　　㊃二二四
　　　　㊃一四三
大原左近　㊃七七五
　重徳（左衛門督・少将）
　　㊃三二四
　　　三二七
　　　三二九
　　　三三〇
　　　三三七
　　　三三九
　　　三五三
　　　三五五
　勅使参向㊃三一六／

俊実（侍従）
　彦松　㊄四一二
　　　　四二四
弥三郎　㊂五五七
簾次郎（簾三郎）　㊂二五三
大久俊之丞　㊂一一九
　　㊄五六八
　　五七二
　　八二一
　　㊄一二九
　　三七二
　　㊄二一九
平十郎　㊂一一九
大平伊十郎　㊂九三
鉱次郎（備中守）
　三五郎　㊄一三四
　　㊂二〇一
　　八一三

大藤左京　㊄一一〇
　　四七
　　一九四
　　二九三
　　七八三
大前釖四郎　㊃七四五
大村純煕（丹後守）
　　㊂三七八
　　㊃三七三
　純煕妹　三七
　益次郎　→村田蔵六
　利七郎　四一
大森卯之助　㊃一九〇

大森鉄五郎（越五郎）
　金五郎　㊃四六
　　一三一
　　一九二
　　一九三
　　二二九
金八郎　㊂八四三
　㊃五〇五
　九五八
祐之丞　㊃九九
虎九郎　㊃一五三
　㊃二九〇
平矩（善次郎）
　㊃一五九
　一九七
　二一四
弥右衛門　㊃二九〇
大屋文左衛門　㊃三一一
芳薫（図書・頼母）
　㊂七四七
　七六八
　八九七
　九〇七
大谷木勝之助　㊂六〇〇
　吉之丞　㊄三〇八
藤左衛門　㊂六〇〇
安左衛門（安右衛門）和宮降嫁御用㊂八三二。和宮広敷番頭㊃九一、二〇六。京都御使㊄九一、二一七／㊃四一四　二三〇　四九三　六二四　㊄三九八

大山兼三郎
　㊄三九〇
将監　㊄一一一
大和田伯記（外記）　㊃六四六
太田栄之丞　㊃四一〇
嘉平次　㊂七一一
　七九三
源平次　㊂八〇
元済　㊄八〇
元礼　㊃六七八
　八〇
源三郎　㊂二一九
　三四八
　七九一
資功（摂津守・備中守）
　㊂一六八
　一九四
　一九八
　二四三
　七四五
　㊃

太田　二九五
資始（道醇、備中守・備後守）家茂将軍宣下御用㊂五二五。老中㊂六一二／
　㊂五〇六
　五一五
　五二一
　五三八
　五四一
　五五九
　五七三
　六〇一
　六一八
　㊃五九五
　五九九
　六〇九
資師（内蔵頭）　㊂一五一
　二六九
　七三三
　㊃四一〇
資順（伊三郎・遠江守・筑前守・筑後守）
　㊂四一
　四〇四
　六一六
　六九六
　七六四
　㊃一六六
　七五二
　㊄七〇
資美（摠次郎・総次郎）
　㊂二一四
　二六九
　㊃二九五
　三七六
　㊄三四三
資芳（播磨守）　㊃四〇四
資寧（隠岐守）　㊂七三一
　七四〇
　㊃一〇九
　一七三
　㊄五
資泉（運八郎）　㊃四一
秀司　㊃五五五
十兵衛　㊃一八一
正七郎　㊃四一
鉦吉　㊃一七三
新之丞　㊃八三一
　六八
清三郎　㊃六七
清兵衛　㊃六七
専吉　㊄二九一
善大夫　㊄一三五
大太郎　㊃一一七
丹波守　㊂二九一
主税　㊃一一七
忠三郎　㊃七九三
　㊄六七

お　（太・正・多・近・岡）

太田伝八郎　㊂711
　子之助　㊃107
　平左衛門　㊃207 230
　万之丞　㊂807
　靭負　㊃182
　要平　㊃207
　力太郎　㊃831 864 937 ㊄66 153
　林幸（主計頭）　㊂102
　六四郎　㊃131
正親町公述（少将）　㊃584
　公董（少将）　㊃574
　実光女（雅子）　↓新待賢門院
正親町三条実愛（前大納言）　㊄337 339
多　美濃守　㊂75
近江屋五郎兵衛　㊂296
岡　岩之助　㊄198
　孝知（三郎四郎）　㊂646 821 ㊃150 217
　三十郎　↓岡部三十郎
　四郎左衛門　㊂104
　祝門　㊂112
　鉄三郎　目付㊄401。水戸表御用㊄406 407。彰義隊御用㊄413／㊂598 ㊄92 113 396 403
　藤一郎　㊃222
　富之助　㊄198
岡　勇左衛門　㊃519
　良節　㊂514
　櫟仙院　㊂514
岡口内蔵三郎　㊄85
岡崎真之丞　㊃940
　藤左衛門　㊂598 ㊃185 ㊄361 392
岡沢清閑　㊃155
岡田英次郎　㊃126
　栄次郎　㊂771
　斧五郎　㊄366
　勘七郎　㊃125
　金三郎　㊃126
　恵次郎　㊃537
　顕次郎　㊃169
　左一郎（豊後守）　㊄221 284 405
　貞太郎　㊂434
　三郎兵衛　㊃119
　治助　㊂18
　繁太郎　㊃239
　庄大夫　㊃124
　昌雲　㊃234
　常阿弥　㊂84
　新五郎　㊃107
　善五郎　㊃125
岡田善宝（将監）　㊂735 746
　高一郎　㊃214
　主税　㊄89
　忠養（利喜次郎・利喜太郎・安房守・備中守・備後守）　勘定吟味役㊃141 353。製鉄所奉行並㊄166。勘定奉行並㊄292／㊂18 196 359 455 ㊃217 218 ㊄280 333 387
　恒太郎　㊃119
　鉄次郎　㊃214
　鐢之助　㊄402
　又十郎　㊂229
岡野甚三郎　㊃151
　知道（大学頭）　㊂96 496 ㊃295
　虎之助　㊃62 68
　雄之丞　㊃295 622
　隆益　㊂84
岡部猪三郎　㊃163
　鍈次郎　㊄83
　勘解由　㊂269
　鎌之丞　㊂359
　寛次（三右衛門・三左衛門・右近・石見守）　㊃610 782 862 899 900 927 ㊄184 346 381
　金之助　㊂596
　熊太郎　㊄144

お（岡・沖・興・荻・奥）

岡部熊之丞 ㊂269
　献蔵 ㊃765 ㊄82
　三十郎 ㊃121
　鍋太郎 ㊄411
　忠大夫 ㊂111
　長寛（筑前守） ㊂261 475 ㊃169 374
　長常（駿河守・右兵衛尉） 長崎御用㊂412 414。外国奉行㊃199。蒸気機関建立御用㊃306。大目付・道中奉行㊃337 359。上洛御用・供奉㊃370 392 436。一橋慶喜差添㊃402 459 461。外国御用㊃496／㊂41 177 231 280 503 ㊃187 338 351 354 428
　長直（吉次郎・加賀守） ㊂261 493 ㊃91 93 621 ㊄63
　長発（美濃守） ㊂214 261
　長富（因幡守） ㊂671 673 696 715 ㊃255 628
　長保（全之進・日向守） ㊂151 792 ㊃102 297 ㊄115
　直之丞 ㊃947
　中務 ㊄105
　隼人 ㊂111
　範之助 ㊃610
　備次（匠内） ㊂324 747 ㊃539
　兵庫 ㊂761 800 ㊃179
岡部兵部 ㊂367
　豊常（土佐守・備後守） ㊂228 588 739 ㊃446
　六三郎 ㊂267
岡松久徴（伊予守） ㊂170 648 751 791 ㊃90 296 850 ㊄5
　錦太郎 ㊂752
岡見留次郎 ㊃96
岡邨為次郎 ㊃73
岡村甲斐介（甲斐） ㊂76 596
　三一郎 ㊂657
　昇太郎 ㊃960
　信太郎 ㊂557
　直（丹後守） ㊂625 ㊃285
　直女 ㊃38
　弥左衛門 ㊃64
岡本堅次郎 ㊃151
　玄治 ㊂842
　左馬介 ㊂159 166
　司郎 ㊃942
　昌之助 ㊂110
　信太郎（新太郎） 学問教授・甲府出張㊂137 266 267。学政更張・小学校取建御用㊃534／㊂313 ㊃165 345 530
　新之丞 ㊃189 ㊄95
　徳太郎 ㊄86
岡本端太郎 ㊃190
　能登介（岡村、能登） ㊃205 238 572
　彦五郎 ㊄86
岡山勘四郎 ㊃39
沖　五左衛門 ㊃174
　十左衛門 ㊃174
　忠右衛門 ㊂487
興津蔵人 ㊃616
　健之助 ㊃55
　富太郎（内記） ㊃914 934 935 ㊄289
　能登守 ㊂53
　房精（甚左衛門） ㊂604 ㊃394 850
荻沢幾之丞 ㊃975 ㊄417
荻野久左衛門 ㊃32
　三一郎 ㊃32
荻原金弥 ㊃673
　銀之助 ㊃87
　源左衛門 ㊄107
　直方（荻原、近江守） ㊂668 689 ㊃246 256 666
　八之丞 ㊃458 460
奥田三之丞 ㊂376
　重次郎 ㊄358
　忠教（主馬・下野守） ㊂126 815 ㊃340 620
奥平昌服（大膳大夫・大膳太夫） 京都警衛㊃

お・か　（奥・刑・長・押・落・乙・斧・折・円・恩・遠・カ・加）

奥平　585／㊂599 710 745 ㊃20 374 391 809。家士㊄349
　昌服養方大叔母　㊃158
奥村佐五右衛門　㊃190
　次郎九郎　㊃174
　季五郎　㊂45 265 ㊃190 226 ㊄265
　助右衛門　㊄81
　辰三郎　㊄299
　内膳　㊂154 ㊃160
　八十郎　㊃174 538
　半左衛門　㊂92 ㊃190
　又八郎　㊃190
奥山五平　㊄270
刑部銕太郎　㊂832 833
長田金三郎　㊂772
　欽十郎　㊃766
　銈之助　㊄431
　鋼之丞　㊂29
　三右衛門　㊃213
　千三郎　㊃538
　鶴吉　㊃213
　鉄十郎　㊃869　↓欽十郎
　兵庫　㊂499
　福次郎　㊄102

長田安次郎　㊃239
　六左衛門　㊂29 ㊃909 ㊄105
押田勝延（近江守）　㊂619
　勝休（下野守）　㊂151 619 ㊃666
　藤右衛門　㊄60
落合十三郎　㊃414
　道貫（将監）　㊂174 747 ㊃809 909
乙骨彦四郎　㊂155
斧沢万次郎　㊃239
折井義孝（市左衛門）　㊂592 613
　九郎次郎　㊂613
　直助　㊂215
折原太郎　㊄80
円城寺繁蔵　㊃85
恩田友之助　㊄220
　虎次郎　㊃73
遠田澄庵　㊂674

か

カション（Cachon, M.　フランス国書記官）　㊃787
加賀美金之丞　㊃554
加島加録　㊂76 470 572 ㊃232
加瀬崎十郎　㊃126
　太吉郎　㊃126
加藤郁太郎　㊄85
　市左衛門　㊃214
　音三郎　㊂91
　喜右衛門　㊂290
　吉太郎　㊃129
　久三郎　㊃335
　金四郎　㊄382 412
　金之丞　㊃85
　金之助　㊃73
　錦三　㊃109
　賢一郎　㊃430
　玄蕃　㊂111
　源左衛門　㊂645 ㊃430
　源四郎　㊂673 ㊃117
　弘之（弘蔵）　㊄368 386

加藤駒五郎 ㊃117
主膳 ㊂270 339
十三郎 ㊄83
十大夫(筑後守) 奥詰銃隊差図役・同頭取㊄107 144。歩兵頭並㊄316/㊃494 668 777 779 830 ㊄55 66 356
正五郎 ㊄95
庄右衛門 ㊄85
図書助 ㊂229
捨三郎 ㊃61
正行(伯耆守) 養君御用㊂498 524。和宮降嫁御用㊃140 284/㊂580 823 ㊃58 192 299 528
正重(孫太郎・下総守) ㊂314 ㊃528 672
正張(喜左衛門) ㊃340
正張女 ㊃233
精一郎 ㊃62 68 ㊄67
善太郎 ㊄46
惣兵衛 ㊂405 517 549 622 ㊃335
則著(正三郎・庄三郎・壱岐守・隠岐守) アメリカ・条約批准交換御使㊂534。神奈川開港取扱㊂552。外国奉行㊂590 591/㊂68 109 301 591 608 616 638 712 ㊄105
泰祉(於菟三郎・出羽守) 公家衆馳走人㊃138 202/㊂109 494 ㊃262 373 563。家士㊂

加藤
111
泰壮(平内) ㊃169 ㊄5 285
泰忠(織之助) ㊂419 ㊃453 768 914 ㊄89
泰理(大蔵少輔) ㊂275 759 ㊃372 482
泰令(真之助) ㊃452 482
鯛之助 ㊂761
忠左衛門 ㊃62
忠大夫 ㊃58 214
徳四郎 ㊄67 153
富五郎 ㊄382
寅之助 ㊃55
寅平 ㊃206
彦三郎 ㊃731
平九郎 講武所槍術教授方㊂287 ㊃47 232。奥詰㊃61。遊撃隊頭取㊄78/㊃600 760 835 ㊄265
平左衛門 ㊂126
福次郎 ㊂245
明軌(越中守) ㊂239 ㊃374 566 →加納越中守
弥三郎 ㊄96
猶一郎(治三郎) ㊂349
余十郎(丹後守) ㊂434 474 ㊃622 644 ㊄365
竜三郎 ㊂301

加納越中守(加藤越中守明軌カ) ㊂473
久宣(嘉元次郎) ㊄294 317
久恒(官一郎・大和守) ㊃665 ㊄284
久徴(加藤、駿河守・備中守・遠江守) 参勤㊂474 545 614 796 ㊃20。若年寄㊃113 380。学問所・御系譜所・組々調練取扱㊃367/㊂25 28 259 368 ㊃114 160 163 240 270 617 665
久徴女 ㊃38
繁三郎 ㊃241
彦十郎 ㊃471
平次右衛門 ㊃38
加原源蔵 ㊃940
加美庄大夫 ㊂111
可児孫十郎 ㊃229
甲斐庄正誼(喜右衛門) ㊂267 733 ㊃10 36
花山院家厚(前右府) ㊃975 ㊄7 11
狩野永真 ㊃225
永徳 ㊂86
休漆 ㊂347
董川 ㊂86 118 ㊃225
春川 ㊃38 82 225
春貞 ㊂347
勝英 ㊃119

か (加・可・甲・花・狩)

か（狩・香・揖・賀・勘・鹿・貝・戒・海・垣・角・覚・掛・寛・籠・笠・柏・樫・梶・柏・粕・糟・和・片）

狩野勝川（勝川院）　㊂86 842 ㊃225 414 522
　雪滌　㊂347
　探原　㊂86 ㊃225
　探翠　㊃217
　主税　㊃940
　洞春　㊃78
　陽川　㊄294
　良信　㊃119
香取懿太郎　㊂65
　喜内　㊃652
香山栄左衛門　㊂135 ㊃539
　栄次郎　㊂285
揖取素彦（小田村素太郎）　㊃902 946
賀陽宮（嘉陽宮、朝彦親王）　㊄335 338
勘解由小路三位　㊂158
　中務少輔　㊂237
鹿島刑部　㊃939 942
貝塚幸七郎　㊃151
　典直（彦之丞）　㊃29 90 193 ㊄392
戒善院僧正（日光修学院）　㊄247
海江田武次（信義）　㊄420 431
海藤英次郎　㊄161
垣屋仙助　㊃73
角　田　↓カドタ
覚王院義観　㊄409
掛山新之丞　㊃207
寛　勘右衛門（勘左衛門）　㊃134
　鹿之助　㊂203
　重武（五左衛門）　㊂41
　助兵衛　㊃809 ㊄134
　帯刀　㊂400
　藤次郎　㊂87
　二平（三平）　㊂790
籠波鱗之助　㊃539
笠原五大夫　㊃101 108
　登之進　㊃541
柏倉亀太郎　㊃222
柏葉寿三郎　㊄83
柏原与而　㊃975
樫村民之允　㊂290
梶　左近（鉄之丞）　㊂657 ㊃669
　十三郎　㊂67
　十兵衛　㊃173
　清三郎　川越城引渡㊄135。白河城請取㊄196。外国奉行並㊄257。目付㊄396／㊃880 889 909 ㊄304 377 427
　与三郎　㊃173
梶井満宮　㊂544
梶川半左衛門　㊂67
梶田五郎兵衛　㊃444
　左金吾　㊃444
　善八郎　㊃219 673
梶野機一郎　㊂29
　良材（土佐守）　㊂29
柏木大隅　㊃228
　九八郎　㊃628
　千五郎　㊃941
　団助　㊃33
　長十郎　㊃228
粕谷周防守　↓糟屋正徳（周防守）
糟屋義明（粕屋、近江守・筑後守）　外国奉行並㊄211。新潟奉行㊄275／㊂628 831 ㊃99 492 494
　給三郎　㊂405
　七郎兵衛　㊂562
　十郎兵衛　㊃675
　正徳（粕谷、周防守）　㊂851
　善五郎（糟谷）　㊂657 ㊃667
　平六郎　㊂844
和宮（仁孝天皇女・家茂室）　↓静寛院
片岡鋼太郎　㊄86
　長左衛門　㊂111

か （片・交・勝・桂・葛・角・金）

片岡弥左衛門　㊃151
片桐久太郎　㊃306
　貞照（助作・石見守）　㊂214 752 ㊃348
　貞篤（鈔次郎・主膳正）　㊃484 ㊄329
　貞利（鍪一郎）　㊃372 420 484
片倉小十郎　㊃584
片山三七郎　㊃394 550
　為之助　㊃208
　直太郎　㊃872
　弥四郎　㊄79
　弥次郎　㊃232
　与八郎　㊃276
交野時万（少納言）　㊂538
勝　鎌次郎　㊂771
　喜三太　㊃942
　義邦（芳安、麟太郎・安房守）　アメリカ派遣㊂832 833。軍艦奉行並㊃366。海軍奉行並㊄361。陸軍総裁㊄366。西郷隆盛と問答㊄408。軍艦引渡取扱㊄425。静寛院宮へ上書㊄434。総督府へ呈書㊄435。新政批評㊄436／㊂287 ㊃155 232 340 341 527 589 590 ㊄338 355 362 363 374 382 384 397 406 407 409 412 414 415 421 423 428～432
　顕三郎　㊂287 ㊃61
勝　謙次郎　㊃62
勝口左馬次郎　㊄67
　与八郎　㊄78 265 431
勝田生之助　㊂804
　元厚（因幡守）　㊂38
　充（次郎・伊賀守）　勘定吟味役㊂235 816。関東河川普請御用㊂750。韓使聘礼御用㊂762。箱館奉行㊂802／㊂110 156 552 567 583 746 749 804 829 851 ㊃53 324 342 383
　典経（左京）　㊂210 ㊃802 850
桂川甫周　㊂60
桂山鋳三郎　㊃74
　鋳七郎　㊃170 ㊄67
葛山富次郎　㊃118
　秀次郎　㊃118
角田辰三郎　㊃214
　恒太郎　㊃214
角野銀次郎　㊃220
金井伊大夫　㊂55 93 186 ㊃116
　岩次郎　㊄110
　由次郎　㊃116
金沢瀬兵衛　㊄93
金森磯之丞　㊂827
　左京　㊃375
金森新三郎　㊃190
　内記　㊂67
　八右衛門　㊃190
　孫右衛門　㊃343
金谷儀兵衛　㊄55
　鐘五郎　㊂834
金輪　勇　㊃598
金子鋳太郎　㊃174
　熊太郎　㊃618
　錠次郎　㊃190
　助三郎　㊃17
　清大夫　㊃207
　武之丞　㊃190 ㊄68
　竜大夫　㊂427
　民之助　㊃191
　兵吉　㊃239
　包八郎　㊃663
　孫四郎（孫一郎）　㊃121
　弥三郎　㊃174
　与助　㊃59 182
金指善兵衛　㊃206
金田英之助（日向守）　㊃61 494 777 ㊄55 66
　熊之助　㊃537 ㊄299
　左衛門　㊃551

金田三左衛門（三右衛門）　㊃768 809 909
　式部　㊂207 ㊃620
　十左衛門　㊃230
　小膳　㊃326
　正勝（貞之助）　㊂748 ㊃261 670 ㊄5
　清吉　㊃551
　惣左衛門　㊃326
　藤七郎　㊂86 92 ㊃80
　八五郎　㊃80
　平左衛門　㊃206
　房直（帯刀）　㊂207
　弥左衛門　㊃133
　靫負　㊃901
兼山順一郎　㊃646
鏑木求馬　㊂589 ㊃22
鎌方金四郎　㊃53
鎌田清九郎　㊃154
　清太郎　㊂253
　伝右衛門　㊃154
　又左衛門　㊃81
上川鎌吉　㊃213
　伝一郎　㊂18 132 224
　東太郎　㊃213
上倉鉦一郎　㊂198
上倉彦左衛門（彦右衛門）　㊂517 549 562 609 ㊃444
上条元之助　㊄131
　源次郎　㊃151
　祐四郎　㊃156
上　坂　→コウサカ
神沢多一郎　㊄187
神尾安次郎　㊃55
神　津　→コウズ
神沼左太郎　㊂80 330 ㊃393 418
神谷伊織　㊃80
　音五郎　㊃144
　銀一郎　㊂67 253
　三郎右衛門　㊃690
　庄左衛門　㊃614
　新之丞　㊃80
　太郎右衛門　㊃124
　恒次郎　㊃163
　縫殿助　㊃60
　平七郎　㊃109
　保三郎　㊃78
　祐蔵　㊃147
　麗三郎　㊄46
神山鋳太郎　㊃539
亀井玆監（隠岐守）　江戸城西丸普請御用㊂109
亀井　112。恩貸金㊂247。日光東照宮修覆御用㊃664。長州征討㊃809 923／㊂155 499 554 555 840 ㊃372 551 574
　玆福（勇之助）　大目付㊄395／㊂422 ㊃183 225 493 619
亀岡石見　㊃189
亀里義之助　㊃56
亀山左太郎女　㊃200
　左兵衛　㊂219 292
唐沢摩三吉　㊄96
烏丸中将　㊂158
烏山三河介　㊃775
苅部清兵衛　㊃680
苅谷忠三　㊃519
狩谷増蔵　㊄80
川井栄次郎　㊃32
　亀五郎　㊂557
　亀太郎　㊂110 592
　儀之助　㊂65
　久徴（山城守）　㊃360
　監物　㊂298
　宗真　㊂592
　平三郎　㊃32
　弥三郎（川合）　㊃360 429

川合鍬次郎 ㊃429
才兵衛 ㊄107
川岡(御台様附表使) ㊂321
川勝栄太郎 ㊃551
広運(縫殿助・丹波守・備後守・美作守)
外国御用㊃348 496。人払御用㊃877。
若年寄並㊄207。国内御用㊄208 366 367
382／㊂308 ㊃298 342 370 393 435 523 946 ㊄404
広道(広運、近江守) ㊄6 345 378 430
光之輔 ㊃551
十郎左衛門(十郎右衛門) ㊃918 ㊄401
小膳 ㊃551
新太郎 ㊃199
銓四郎 ㊂353
藤兵衛 ㊄413
中務 ㊃528 ㊄134 177
川上猪太郎 ㊃126 131
金吾助 ㊂349 426
金之助 ㊃126
謙三郎 ㊃369 418
範五郎 ㊂834
服二郎 ㊄405
川口鉄之助 ㊄118
喜左衛門 ㊂454

川口庄左衛門 ㊄67
惣七 ㊃67
志摩守 ㊂82 148
志摩守(鉄之助・銕之助) ㊂148 596 655 ㊃418
㊄66
松次郎 ㊄83
弥五郎 ㊃765
川窪健蔵 ㊃835
賢三 ㊂849 ㊃61 ㊄79
七郎右衛門 ㊂253 279 688 ㊃287
七郎左衛門 ㊂122 ㊃11
信順(勘解由) ㊂849
彦太郎 ㊂230
川崎鍬太郎 ㊃239
左京 ㊃55
忠兵衛 ㊃640
恒左衛門 ㊄97
道民 ㊂833
長門 ㊃107 ㊄83
川路聖謨(左衛門尉) 長崎御用㊂48 145。ロシ
ア使節応接㊂87 96 168。軍制改正御
用㊂196。下田御用㊂223 243 251 256。ハ
リス参府㊂387 407。ハリス対話㊂445。
京都御使㊂466 468 489／㊂18 62 168 202 229

川路 291 492 578
太郎 ㊃516 ㊄6
川島宗端 ㊃879 ㊄56 112
川澄新五郎 ㊃131 235
直五郎 ㊃151 →河窪直五郎
川副鉦五郎 ㊄124 163
頼紅(勝三郎) ㊂267
川田式部 ㊃55
川原安五郎 ㊃96
川辺助七郎 ㊃145
川千幸蔵 ㊃39
川前金次郎 ㊃208
川俣喜三郎 ㊂349 ㊃46 130 192 388
鐺之助 ㊂287
川股茂七郎(川俣) ㊃646
川村五十次郎 ㊃132
一匡(鋇根松・鐺根松・順一郎・大和守)
講武所㊃47 231 234／㊂282 ㊃19 20 478 638
676 946 ㊄20 38 195
季之助 ㊂739
金吉郎 ㊃32
作五郎 ㊄159
執三郎 ㊃537
修就(壱岐守・対馬守) ㊂214 329 353 362 ㊃10

川村　28 587 588 595
　助次郎　㊂366 821 ㊃59 161 182 ㊄172
　清助　㊄151
　清輔　㊄133
　清兵衛　㊃413 ㊄72
　清兵衛　㊄172
　摂津守　㊂207
　但馬守　㊄172
　豊三郎　㊃32
　隼人　㊃769
　六左衛門　㊃229
川本幸民　㊃493
河合吉左衛門　㊂371 ㊃227 473
　才兵衛　㊄117
　甚四郎　㊂65
　虎之助　㊂598 ㊃831
　隼之助　㊃21
　松太郎　㊄68
　安三郎　㊄68
　与左衛門　㊂414 ㊃138 227
　竜節　㊃856
河口惣三郎　㊃553
河窪直五郎　㊃148　↓川澄直五郎
河島孝吉　㊃66
河島助六郎　㊃178
河尻帯刀　㊃407
　鎮長（式部少輔）　㊂151 474 ㊃179 209
河田熙（貫之助・相模守）　㊃112 394 ㊄156 382 396
　親愛（栄三郎）　㊂498 521 747 ㊃462
　親義（助兵衛）　㊃408 462 ㊄66
　鉄太郎　㊃553
　八之助　㊂257 259 423
　祐二郎（祐次郎）　㊂215 657
河津三郎太郎　㊄285 311 345
　祐邦（三郎太郎・伊豆・伊豆守）　松前蝦夷地御用㊂141。西蝦夷地漁業取計㊂374 611。関東郡代㊄5。外国事務副総裁㊄366。外国事務総裁㊄378。車輪船工夫㊂295／㊂399 477 ㊃128 ㊄34 212 234 382 396 404
河手主水　㊄922
河鰭監物　㊃651
　公述（御綱少将）　㊃584
河原鋼之助　㊃31
　清兵衛　㊃31 ㊄67
　虎之助　㊄67
河部鑑一郎　㊃86
河村宗五郎　㊂68
河村宗澹　㊄359
　主水　㊂212
　六三郎　㊂346
瓦林録太郎　㊂771
上林隼人　㊂220
神田孝平　㊄103 398
　将純（若狭守）　㊂688 714 ㊃34 666
神原重五郎　㊂352
　藤一郎　㊃222
　孫之丞　㊂44 80 265 352
　又三郎　㊃207
神戸辰之丞　㊃506
　久之丞　㊃506
神部鷲太郎　㊃142
　鷲郎　㊃553
勘右衛門（芝新門前町二丁目代地月行事）　㊃67
勘吉（麻布新畑町一町目治兵衛店）　㊃67
環菊市兵衛　㊂427
観行院（橋本氏、和宮生母）　㊃756 758 ㊄232 233
観世左吉　㊃220
　新九郎　㊃220
　大夫　㊂57 80 ㊃187 220 ㊄75
　鉄之丞　㊃220

観宗 (三)57

観理院権僧正(山王別当) (三)39

き

きよ(遠江国榛原郡金谷河原町与次内女房) (三)733

きん(三河町一丁目地借勇八女房) (三)261

木城安太郎 (五)62 824 905 (五)87 355

三左衛門 (五)372

木田六左衛門 (五)97

木寺籌太郎 (四)872 873

木梨精一郎 (五)420 434

木下小太郎 (三)384

秀舜(辰太郎) (五)22

俊愿(鏉次郎) (五)200

俊裎(鑪四郎・飛騨守) (五)209 304

俊方(主計頭) (三)209 304

図書助

鎗五郎 (五)801

内匠助(内匠介) (三)801 (四)375 (五)344 358 395

備中守 (三)11 (四)166 373

利義(大内記) (五)207 285 331 392

木原兵三郎 (五)912 (五)389

木原弥五郎 (三)270

木俣土佐 (四)922

木邨杢之助 (四)151

木村出雲 (四)76

近江(近江介) (四)205 238 572

嘉兵衛 (四)97

貫一郎 (四)182

紀伊守 (四)407 479 668

喜毅(勘助・図書・兵庫頭・摂津守) (五)832 833 /(三)281 332 473 648 688 (四)81 94 300 784。開成所頭取(四)638。アメリカ派遣(三)773

儀右衛門 (五)210 388 411

儀兵衛 (五)86

金三郎 (五)239

金平 (五)96

元吉 (三)160 419 541

下野守(中務少輔・備後守) (五)389

庄兵衛 777 888 971 (五)55 65 105 (四)407 576 604 668

勝教(敬蔵・飛騨守)(四)382。関東取締(五)274。勘定奉行(五)328 392 /(三)433 572 (四)477 618 (五)177

宗左衛門 (三)295 304 331 (四)54

木村宗俊 (三)833

太郎兵衛 (五)80

泰次郎 (五)160

為次郎 (五)427

筑後守(筑後) (三)76 596

忠兵衛 (四)646

碇之輔 (五)86

鉄四郎 (五)105 357

董平 (四)31 397

藤次郎 (五)208

肥後守 (四)888

杢之助 (四)112 182 188 230

雄太郎 (五)160

木屋五郎左衛門 (四)222

修一郎 (四)921

常十郎 (四)222

木山安兵衛 (四)84 88

城戸登輔 (五)161

城野辰五郎 (四)397

紀伊慶福(家茂、宰相)→徳川家茂

斉彊(大納言) (三)527 (四)298 311 689 904

斉順(大納言、顕竜院) (三)527

茂承(賢吉、宰相・中納言)縁組(三)652 (四)509。病気(三)720 (四)10 424 426 434 549 743 762。

き（紀・喜・貴・樹・義・儀・菊・岸・北・吉・九・久・休・求・清・京）

紀伊
公家衆馳走能㊃二一一。就封五四〇 五七七。大坂警衛㊃七九〇。内談㊃八〇七。長州征討㊃八〇九 八一〇 九一一 九一五 九一七 九一八 九二二 九三〇 九三一 九四九 九五五 九六〇 九八六 ㊄一八。伏見戦争㊄三四八。宗家相続㊄三六九 三九五／五四八 五五六 五六六 五八八 五九二 五九四 六四九 八四二 ㊄一八三 二七二　家士㊂五四六 八四二

喜久姫（田安慶頼女）㊂三一八 三七一 三九六 五七六 五九二 六五七 七一七 七二五 七四九 八三三 八三九 八七三 八七四 八八四 九〇五 九八一 ㊄二五 二四八 二八九 三三九 ㊃四一

喜多六平太 ㊃二二〇
喜多川猪三郎 ㊃二一九 二二六
鋳之助 ㊄二五五
喜多村安節 ㊄一〇六
安貞 ㊄一〇六
彦右衛門 ㊂四二七
喜連川紀氏（金王丸）㊂五六二
煕氏（左馬頭）㊂二三七
縄氏（余一麿・左馬頭）㊄三三五
宣氏（左衛門督）㊄二六七 三三五 六四九
貴志忠美（孫大夫）㊂四四 六五 九四 三六八
鉄之丞 ㊂七二七
鉄之進（鋳之助）㊄六六
鉄三郎（鋳之助）㊂三六八 ㊃四九二 ㊄四〇一
弥三郎（大隅守）㊂三六八 四〇七 一〇八 一二三
貴志本嘉源六 ㊃九四一
樹下近江（山王神社）㊂三九 一〇八 一二三 ㊄五 五〇七

義観（覚王院）㊄一六一
儀我邦之丞 ㊄一五九
五郎作 ㊄一五九
儀田政右衛門 ㊂一一一
菊沢左兵衛 ㊄一六三
菊科三五郎 ㊄三八四 ㊃一四 三四五
菊地純太郎（角右衛門）㊄一八一 二二六
宗左衛門 ㊄五〇七 六五七 ㊃二八六
大助 →菊池隆吉
禎助 ㊄五八六
備前守 ㊃二八六
菊池隆吉（大助・伊予守・丹後守）濃・勢・尾・東海道河川普請御用㊃六九 七七。勘定吟味役㊃二九八。外国貿易税則御用㊃三〇六。外国奉行㊃三三九 六七三 ㊄二一五。京都派遣㊃六二四 六三〇 六五四／㊄五三 六三 八三 一四五 一六九 二一五 二二〇 二二四 二五七 三〇〇 三四八 三五七 三七二 四六〇 五八三
菊亭実順（中納言）→今出川実順
菊名仙大夫 ㊄一〇六 三〇二
仙之丞 ㊄四二七 四七〇
菊間平五郎 ㊂二八六
岸 彦次郎 ㊂八四二
六蔵 ㊂一一一
岸本金八郎 ㊂五三 ㊄一二九

岸本誠一郎 ㊄八六
岸和田八十郎 ㊃九三一
北 芳太郎 ㊄九三
北小路刑部権少輔 ㊄二〇二 二三七 ㊂三一八
俊堅（極﨟）㊂三一八
北角久次郎 ㊄七三
北村鑑太 ㊄六二一
五郎作 ㊃四九
慎三郎 ㊃四九
主水 ㊄六七
北山千太郎 ㊄八三一 八九二
吉助（戸沢上総介頭取組合辻番人）㊃六七
吉川経幹（監物）㊃六〇〇 七三〇 七五七 七八一 八四二 八八九 八九〇 九〇一 九〇八 九一二 九一四
九右衛門（不詳）㊃九一六 九一七
久伝（数寄屋坊主組頭）㊃一七六
久平（甲斐国巨摩郡主組頭）㊃一六五
久兵衛（摂津国西成郡高畑村）㊄六〇三
久弥（表坊主無足見習）㊃四七七
休哲（数寄屋坊主）㊂一六五
求伴（数寄屋坊主組頭）㊂二三四
清須栄三郎 ㊄二二五
清水楼善兵衛 ㊂四二七
京極雅楽五郎 ㊃五三七 ㊄四二七

京極采女 ㊄383

高景（左衛門）㊂453 747

高厚（飛騨守）㊂494 ㊃372 50

高塚（壱岐守）㊂494 592

高典（於菟之助・壱岐守）㊄592

高徳（高福、丹後守）京都御使 ㊄592 603

高富（主膳正・周防守・備中守）大坂定番㊃159 194。大坂在番㊂386 545 804。陸軍御用取扱㊄287。海軍奉行㊂386。国内御用筋取扱㊄208。若年寄㊃847。195/㊂73 199 352 354 ㊂392 574 602 607 797 810 ㊄140

高朗（啓之助・兵庫・能登守）イギリス等御使 フランス・イギリス等御使㊃187 194 496/㊄585 749 367/㊂133 187 379 616 ㊂166 587 864 880 910 912 915 ㊂383 386 794 831 ㊃42 79 149 246 468 535

民七 ㊄552
武七 ㊄107 144
鉾太郎 ㊃167
鎮九郎 ㊄153
朗徹（佐渡守）㊂311 745 ㊃67 373 602
恭真院（清水斉明室）㊂357 488
教如（本願寺）㊂268
金蔵（近江国高島郡小荒路村）㊃834

く

クルチュース（Curtius, D. オランダ甲比丹）㊂332

グファビュス（G'Fabius 官次官）㊂190

グレイン（Green, D. クレイン、ベリー随行）医 ㊄135

グロス（Gros, B. フランス使節）㊂530 531 538 ㊂125 130 214 494

九鬼精隆（丹後守・長門守）㊂199 372
　隆義（長門守）㊃139 379 602 95
　隆都（式部少輔）㊄125 130
　隆徳（延之助・大隅守）㊂67 71 76 81 ㊂90 95 374
九条尚忠（左大臣）㊄477
九郎兵衛（摂津国西成郡高畑村）477
久我崎岡八 ㊃208
久貝正章（数馬・甚三郎・相模守）㊂434 446 890 115 ㊂102 258
　正典（因幡守・河内守・遠江守）留守居 過人㊂281。大目付㊂547。御側御用取次㊂282 287 291 306 433 578 795/㊄25 28 467 469 481 528 550～552 745 762 780 746。講武所

久貝

伝太 ㊂829 ㊃159 209 ㊄276 434 446

久志本左京 ㊂829 ㊃159 209 ㊄197 294
　隼人 ㊃234
久島善次郎 ㊃131
久城隼輔 ㊄111
久須美兼三郎 ㊄144 811
　権兵衛
七十五郎 ㊄652
祐寯（六郎左衛門・佐渡守）㊂155 271 ㊃240
祐寯女 ㊄37
久世熊吉 ㊄456
　内蔵助 ㊄650
広周（大和守）ハリス書翰・返翰書署名 326。勝手掛㊃389 845 ㊂315 319 321。ハリス登城㊂431。国益主法掛㊂767 ㊃321。老中㊂550 553 736 ㊂322。和宮降嫁御用㊂820 240。外国御用取扱㊂310 313 314 321。上京㊂325。減 423 652

く

（久・喰・陸・日・草・櫛・葛・朽・国・窪）

久世
　広徳（内匠）七四 一四三 四二五
　広文（謙吉・出雲守・隠岐守）二一九 三九三 天狗党の乱（四）六四九／（四）三七 三五五 三七六 六一七 六四〇 （五）減封（四）四四一。
　通照（三位）（三）五三八
　三之丞（四）五五一
　定次郎（四）五五一
　中将 一五八
久野吉太郎
　政吉 四五六
　半右衛門（三）六一
　藤三 四一一
　正六郎（五）一七 （三）七〇三 （四）一六一 二一八 二七六
久保応助（五）一〇〇
　勝太郎（四）二〇八
　吉太郎（三）五三二
　紀之助（四）八九
　鋼太郎（四）三一〇
　佐十郎（四）三二
　新十郎（四）七八
　鉦十郎（三）三五二
　善勝（勘次郎）（三）二二八
　主税（五）七九

久保兵庫（四）三二
　満太郎（三）七七〇 （五）七九
久保田金三郎（四）六六二
　源蔵（四）六一三
　千之助（四）一四五
　六左衛門（四）九四〇
久米粂助 五一
　原治 五一
久留正好（十左衛門）（三）三六 （四）三八三 六六六
　孫一 （三）五六二
　孫太夫 和宮・天璋院用人（四）四九二。田安家用人（五）二／（三）四一七 六七一 七七三 （四）二五五 三八三 （五）二一八
久留島通胤（靱負・信濃守）三一一
　通靖（珠江）（三）七三九 （四）三七三
喰代与三郎（三）二〇七
　和三郎（四）六六 一一三 二一〇
陸田主膳 →リクタ
日下数馬（四）六二八 六六三 一〇三 一二五
　寿之助（四）七七二
日下部官之丞 二二四 二五七／ 長崎御用（三）五二 一六九。下田御用（三）四六八 四九〇 一〇七
　武左衛門（三）一一一
草薙久平（四）七九四

櫛笥隆韶（中将）（四）五七四 五八四
櫛橋又之進（四）二〇九
葛野九郎兵衛（四）二二〇
朽木為綱（伊予守）（四）五〇七
　幾五郎（四）三七五
　主計助（四）四九三
　綱張（近江守）日光名代（三）五五一 五五九／（四）八七 九四
　綱美（山城守・大和守）三七六 四六五 （三）六〇四 八一三 （四）六一七 六七二 七六八
　率綱（亀六）八六一 （三）三二四 七四八 （四）一三四 一六八
　錦吉 三六
　勇太郎（三）一六八
　半之助（四）七九
　縫殿助（四）四〇三
国友斎次（三）二〇一
国司親相（信濃）（四）九〇三 九〇四
　勇次郎（四）一六一 （五）八六
窪田卯三郎（四）一六三
　勘左衛門（勘右衛門）（四）五〇五 五〇六 （五）一一四
　源大夫（助太郎）（三）二九二 五六三 （四）二三二 五〇五 （五）二一五
　金八郎（三）一五一
　小太郎（三）二一五
　治部右衛門（三）五〇二 （四）一八三

く (窪・熊・倉・栗・紅・黒)

窪田庄蔵 ㊃163
　錠吉 ㊄114
　泉太郎(備前守) ㊃25 ㊄278 285 ㊄344 346 347
　太郎助 ㊂112
　篤次郎 ㊄121
　八郎次 ㊄198
熊沢左衛門 ㊂111
　半左衛門 ㊂111
熊次郎(アメリカ人厩別当) ㊃67
熊次郎(北槇町吉五郎地借) ㊃121
倉田鉒太郎 ㊃615
　道清 ㊃36 101 627
倉地久太郎(近江守) ㊂83 84 125 ㊃156 370 676 ㊄183 325
　鉄三郎 ㊃165
倉橋育之助(但馬守・長門守) ㊂454 ㊃492 ㊄221 371
　惣三郎 ㊃49
　惣太郎 ㊄399
　内匠 ㊃49
倉林権之助 ㊂37
　竹之助 ㊃930
倉持鎌次郎 ㊃975 ㊄417
栗木伊賀 ㊃214
栗木長之助 ㊃214
栗崎道有 ㊃409
栗林平五郎 ㊂280
　義次郎 ㊄198
栗原十兵衛 ㊄80
　信秀(筑前守) ㊃832
　大作 ㊃172
栗本鯤(瀬兵衛・安芸守) ㊃738 788 ㊄63 166 202
　貞次郎(貞二郎) ㊄59 136
　松談(杉説) ㊃191
　松貞 ㊃191
栗生兵介 ㊃743
栗栖孝之助 ㊂771
紅林勘解由 ㊂207 403 ㊃726 ㊄78 383
　元次郎 ㊂403
黒尾良賀 ㊃92
　良久 ㊃92
黒川嘉兵衛 アメリカ人応接㊂129。下田御用㊂185 225／㊂145 257 ㊄375 403
　鈎次郎 ㊄232
　清助 ㊃151
　盛泰(左中・左門・備中守・近江守・松蔭) 目付㊂478。箱館御用㊂593。京都警衛、大坂・兵庫・堺海岸見分
黒川 ㊂744 792。江戸城本丸普請御用㊂816 847 848。和宮降嫁御用㊂821。海陸備向、軍制取調御用㊃81 90。町奉行㊃89。大関和七郎一件吟味㊃145。役免・差控㊃446／㊂44 313 562 635 746 747 749 829 846 ㊃59 380 392 467 737 748 ㊄232 352 399
　伝次郎 ㊃33
　友之助 ㊃779 ㊄67
黒坂丹助(黒阪) ㊂86 ㊃485 ㊄125
黒沢五郎 ㊃96
　正助 火附盗賊改加役㊂744 ㊃34／㊂162 773 821 ㊃80
　禎輔 ㊄160
　籟輔 ㊄160
黒田官一郎 ㊃617
　国之進 ㊃157
　五左衛門 ㊃133 808 814 909
　信民(舒丸) →織田信民
　斉溥(長溥、美濃守) 長崎警衛㊂12 178 341 ㊃20 503。下関小倉間渡海船差出㊂332。中将・鑓三本㊂851／㊂61 427 ㊃18 371 486 730 809 888
　長義(長徳、近江守・甲斐守) ㊂797 ㊃351

く・け・こ　（黒・桑・桂・景・馨・賢・憲・顕・女・コ・ゴ・こ・小）

黒田長元（甲斐守）㈢797
　長篤（篤之允）㈣351 364 373
　直静（豊前守）㈢36 89 186
　直養（筑後守）㈤316 329
　直和（直質、淡路守・伊勢守・和泉守・豊前守）／参勤　㈢375／㈢186 187 239 775 795 ㈣240 617／㈢208 239 407 ㈣461 546 574 614 838
利蔵 ㈢209 215
播磨 ㈢482
黒野郁三郎 ㈢482
九平次 ㈢84
源左衛門 ㈣482
黒柳久兵衛 ㈣104
桑島勝之丞 ㈣58
銀之助 ㈣551
左源太 ㈣625
新助 ㈣414
助左衛門 ㈣58
統之助 ㈣625
桑原鐺次郎 ㈣174
広三郎 ㈣599 770
七蔵 ㈣174
文蔵 ㈣555
桑山元柔（左衛門尉・六左衛門）㈢38 162 ㈣10

桑山
　次郎八 17 42 166 179 410
　舎人 134 ㈣410 ㈤850 97
　俵四郎 ㈤95
　弁吉 134

け

桂昌院（家光側室・綱吉生母）㈢153 157 161
景徳院 →松平長吉郎
馨明院 →一橋昌丸
賢竜院（増上寺）㈣130
憲徳院 →一橋斉礼
顕竜院 →紀伊斉順
玄衛（奥坊主）㈣920
玄順（奥坊主組頭）㈢712
玄宅（数寄屋坊主）㈣165

こ

ゴンセロフ（Goncharov, I.A. ゴンチャロフ、ロシア人）㈢88
ゴローウィーン（Golovnin, V.M. ロシア人）→エルースハテン
コールスハラン →エルースハテン　㈢100
こと（常陸国行方郡谷島村）㈢88
小池鋭五郎 ㈣176
　久太郎 ㈣154
　金三郎 ㈣687
忠左衛門 ㈤84
弥平衛 ㈤96
小泉久太郎 ㈣154 132
小池坊権僧正（初瀬）㈢40
小出尹方（善左衛門）㈢546
　牧三郎
　兵庫 ㈤265
　邦之助 ㈣50
　英教（信濃守）㈢50
　英資（助四郎）㈢44
　英尚（主税）㈢745 ㈣478 821 851 ㈤383 653
　英照（長門守）㈢43 372 452
　英道（小弥太・内記・播磨守）㈣171 392 492
　主馬 ㈢230
　休三郎 ㈢43

こ（小）

小出　／㊂598 ㊃171 227 268 388 420 948 ㊄226 285 328 331
　助四郎（助三郎）　㊄65 134
　善兵衛　㊂111
　大助　㊄68
　貞之助　㊂546
　有恒（五郎左衛門・玄蕃・兵庫）　犬追物㊂737 756 757 762 765 766 769。上洛㊃630 642／㊂4 12 279 747 ㊃140 150 217 392 408 430 628
　有恒女　㊃159
　有常（順之助）　㊂800 ㊃179 453 610 ㊄123
　庸三郎　㊃653
　庸之助　㊃74
小路三之助　㊃975 ㊄417
小口金五郎　㊃124
小榑綱太郎　㊃193
小坂鑑之助　㊃51
　真之助　㊃51 519
小柴稚庵　㊃920
小島磯之丞　㊂400 ㊃228
　近江守妹　㊃87
　源兵衛　㊄35 213
　五一　㊂154
　次郎　㊃228
　昌賢　㊃26
小島甚吉　㊃222
　貞之助　㊃214
　半介　㊃11
　備源　㊃749 884 891 904 981
　雄八郎　㊃214
　廉平　㊂254 284
小菅銑太郎（鋭五郎〔小管〕）　㊃918 ㊄117 399
　新五左衛門　㊄405
　辰之助　㊄406
小高勘兵衛　㊃208
　鋼三郎　㊂306
　登一郎　濃・勢・尾・東海道筋河川普請御用㊂496 ㊃36 77／㊂604 ㊃53 299 ㊄77
　録三郎　㊄77
小長井五八郎　㊂833 ㊃676
　八郎（小永井）　㊄189
　安之丞（小永井）　㊃91 92
小西数馬　㊄118
　鉀次郎　㊃32
　銈太郎　㊃32
小林阿波　㊃52 215
　明左衛門　㊃82
　市之丞　㊃59 162 182
　栄太郎　㊃254 408 449 754
小林帰太郎　㊃956
　金蔵　㊃520
　敬太郎　㊃228
　幸八　㊃647
　左次兵衛　㊃213
　三十郎　㊃174
　十太郎　㊃174
　順之助　㊃213
　小膳　㊄80
　庄次郎　㊄405 427
　甚六郎　長崎御使㊃65。水戸御用取扱㊄351／㊃766 783 883 ㊄377
　頼母　㊄126
　端一（靖一）　㊄348
　鉄太郎　㊃294
　伝一　㊄118
　藤三郎　㊄84
　藤之助　代官㊃334／㊂528 541 ㊃54 224 449
　時左衛門　㊃228
　直六郎　㊃553
　隼之助　㊃557
　半右衛門　㊃15
　雅蔵　㊃112 223
　松之丞（松之助）　㊃45 159

こ（小・久・木・古・巨・児・高・五・後）

小林松之丞伯母 ㊃110
　万吉 ㊃163
　弥兵衛 ㊃662
　勇之助 ㊃52 93 215
　義太郎 ㊃932
小法師勝見 ㊂139 ㊃21
小堀数馬 ㊄288
　勝太郎 ㊃54
　勝之丞 ㊃132
　鍬之助 ㊃153
　小太郎 ㊃536
　権右衛門 ㊃153
　権十郎 ㊃766
　政愛（左近・大学） ㊃527 934 935 ㊄134 424
　政保（大膳） ㊂353 733
　主殿 ㊄374
　直次郎 ㊂576
　祐益 ㊃622
　祐真 ㊄56
小牧繁之助 ㊄160
　助次郎 ㊄160
小南鉉次郎 ㊄67
　宗左衛門 ㊂179
小宮民部 ㊃940
小宮山又三郎 ㊃134
　又七郎 ㊃769 809 909 ㊄135
　守之助 ㊄118
　鐐助 ㊃132
小森西倫 ㊃63
　弟次郎（第次郎） 海軍奉行兼支配勤仕並 ㊄95／㊂340 ㊃121 192 193 ㊄48
小家伊織 ㊃106
小柳（角力取） ㊂140
小　山 ↓オヤマ
久我建通（東宮権大夫） ㊄136
木暮東之助 ㊄214
　又右衛門 ㊃7 85 496
　又蔵 ㊃496
　勇蔵 ㊃106
　竜平 ㊃106
木造鋒太郎（鋒太郎・肥後守・大和守） ㊃45
233 408 780 ㊄55 66
古賀樸（増、謹一郎・筑後守・精里） 長崎派遣㊂48 145 168。祝儀賀文㊂162。下田御使㊂224 253。講釈㊂272 ㊃394。蕃所調所㊂314 418 496 578 851 ㊃227。学問所御用㊃314。学政更張、小学校取建御用㊃534。製鉄所奉行㊄133。叙爵㊄
古賀 181／㊂44 154 229 794 ㊃314 ㊄166 284 372
巨勢鉱之助（鉱之丞） ㊂613 843 ㊃621 ㊄135
　十左衛門 ㊂613
　利光（鎌吉・大隅守） 犬追物㊂737 756 757 762 765 766 769／㊂536 ㊃432 ㊄93
児島健助 ㊃151
　駒七郎 ㊃109
　定平 ㊃84
　徳三郎（健助と同人カ） ㊃148
児玉桂之丞 ㊂67
　順次 ㊃930
　善蔵 ㊂498
　益之進 ㊃738
高麗甲橘 ㊄81
五島讃岐守（兵部） ㊂375 840
　盛成（左衛門尉） ㊂304 378 469
　盛徳（近江守） ㊂469 ㊃373
　銑之丞 ㊄201 279
五味与五兵衛 ㊃53 77
五郎右衛門（柴又村） ㊂18
五郎兵衛（芝新門前町抱番人） ㊃67
後藤一乗 ㊃222
　一兵衛（市兵衛） ㊂18 523 832 ㊄201
　吉五郎 ㊂108 ㊄129

こ　(後・鯉・上・公・広・光・甲・孝・幸・香・神・高・河・郷・柑・国・近・駒)

後藤熊二郎　㊂228
　四郎兵衛　㊃220
　錠太郎　㊃161 206 ㊄127
　縫殿助　㊂68 549 ㊃209
　八郎兵衛　㊃220
　与左衛門　㊄85
　与兵衛　㊂564
鯉淵太郎　㊃630
上坂蔵人　㊂368
　益輔　㊃197
公現法親王(日光門跡)　㊄196 388 404 409 411
広大院(島津重豪女・家斉室)　法事㊂300 806 808 810 ㊄45 46 56 69
光樹院(日光山衆徒)　㊂229
甲賀源吾　㊄365
甲良筑前　㊄96
　若狭　㊃30
孝　恭　院　↓徳川家基
孝盛院(盛姫、家斉女・鍋島斉正室)　㊃512 531 532
孝明天皇　加茂社行幸㊃573。石清水行幸㊃584。
　崩㊄141。遺物頒賜㊄228／㊄123 136 142 148 151 161 178
幸　五郎次郎　㊃220
幸　政次郎　㊃220
幸阿弥伊勢　㊄129
　田幡　㊂109
幸七(美濃国石津郡安田村)　㊂558
幸徳井陰陽介　㊃577 602
幸若鎌蔵(謙蔵)　㊄75 100
　小八郎　㊃26 ㊄75
　友十郎　㊃26 ㊄75
　牧之助　㊃26 ㊄75
香野栄助　㊃942
神津十蔵　㊃66
高力忠長(直三郎・主計頭)　㊃433 505 539 556 ㊄74 347 355 371 381
　庸之助　㊂843 ㊃281 453 ㊄5
河内隼人　㊄119
河野勘右衛門　㊂376 393
　佐渡守　㊄346 372
　主馬　㊄107 117
　信次郎　㊃554
　太郎右衛門　㊂352
　孝之助　㊃48
　忠蔵　㊃101 169 193
　長十郎　㊃393 398 413
　通訓(対馬守・近江守)　㊂61 412 417 516 578 624
河野
　通俶(左門・伊予守・対馬守)　㊂354 ㊃640 625 656 ㊃139 232 444 646 813 963 ㊄331
　鍉之助　㊂613
　鉄之助　㊂613
　虎之丞　㊂68
　寅吉　㊃141
郷渡三郎兵衛　㊃105
　次郎四郎　㊃105
柑本鋼太郎　㊃125
　兵五郎　㊃125
国司親相　↓クニシ
国領市太郎　㊄78
　十郎左衛門　㊃634
近衛忠煕(内大臣)　㊂307 317 ㊄136
　忠房(左大将・大納言)　㊂563 564 566 569 571 ㊃573 584
駒井敬之助女　㊃87
　孝三郎　㊄413
　鋼之助　㊂771 ㊃61
　志津馬(志津摩)　㊃494 752 766 783
　信義(相模守)　㊂522 563 586 742 829
　信興(大学・相模守)　神奈川奉行㊃661。
　　町奉行㊄52／㊂772 ㊃627 635 784 ㊄349 365

こ　（駒・菰・近・権）

駒井　389
但馬守　㊃815 842 ㊄55 66 117
朝温（左京・甲斐守・山城守）　目付㊂313。海防掛筋・御用助㊂465。養君御用㊂498 524。北国湊々見分御用㊂542 586。講武所㊂748 ㊃170。韓使聘礼㊂762 ㊂16。和宮降嫁御用㊂821。大目付道中奉行㊂839 ㊃351。海陸備向・軍制取調御用㊃81。鉄砲指物掛㊃330。小姓組番頭㊃357。役免・差控㊃445／㊂127 199 228 317 541 624 738 746 749 780 816 823 846 847 850 ㊃393 468 ㊄8 98 146 370 405
朝温女　㊃233
悌四郎　㊃149
内記　㊂399
半五郎　㊂286
駒木根政邦（鉦之助・大内記・播磨守）　㊂41 ㊃672 ㊄70
菰田忠兵衛　㊃162
判之助　㊄102
近藤勇　㊄365
石見　㊂144
栄太郎　㊂772 ㊃62
儀大夫　㊂290

近藤儀八郎　㊂92
吉太郎　㊄119
金左衛門　㊃105
金之丞　㊂771
銀次郎　㊄118
邦太郎　㊄101
熊三郎　㊃66
外記　㊂104
小十郎　㊄101
五左衛門　㊂739 ㊃228
作左衛門　㊃528
七郎右衛門　㊃246
主馬　㊂368
甚左衛門（相模守）　㊃60 516 782 815 ㊄55 66
是用（遠江守）　大番頭㊂267／㊂268 510 710 ㊃21 308 413
政賢（織部正）　㊂38 137
政次郎　㊄85
宗左衛門　㊂366 452
太郎左衛門　㊃84
辰之進　㊃673
致用（石見守）　㊂210 259 261 ㊃620
藤馬　㊂172
登之助　㊄5

近藤徳太郎　㊃105 223
縫殿助　㊃105 356 ㊃21
彦四郎　㊂599 ㊄133
兵庫（近蔵）　㊃105 375
兵庫助　㊄279
弥之助　㊂287 292
安次郎　㊄81
用練（力之助）　㊂733 ㊃541 881 ㊄72
利三郎　㊃485 ㊄5
力之丞　㊃228
権太備中守（権田）　㊂547 ㊃173
平八郎　㊂110
八十八（権田）　㊃173
権田弁之助　㊃25

さ

佐右衛門(島屋) ㊂157
佐伯玉英 ㊃234
佐久間近江守 ㊄285 344 346
　左衛門 ㊃310
　三郎兵衛 ㊂110 557 ㊄88
　三蔵 ㊃223 ㊄88 289
　修理(象山) ㊃635
　少左衛門(小左衛門) ㊃972
　信義(播五郎・鐇五郎) ㊃623 ㊄382 412
　真輔 ㊄77 78
　忠兵衛 ㊃254 310
　悌次 ㊄80
　鉄之助 ㊃207
　福之助 ㊄144
　平兵衛 ㊃223 673
佐々 ↓サッサ
佐々井半十郎 ㊂426 ㊃53 91 684 ㊄359
佐々木伊予(甲斐佐久神社) ㊂85
　金右衛門 ㊃264
　顕発(飛騨守・信濃守) 大坂市中戸口復古取計方取調㊂362。勘定奉行公事
佐々木 方㊂496 587。外国奉行㊃669/㊂115 338 409 443 500 ㊃343 415
　三蔵女 ㊃110
　循輔 ㊃494 630 676
　善右衛門 ㊄86 86
　友之輔 ㊄86
　道太郎 ㊃54
佐々布与兵衛 ㊂112
佐治又右衛門 ㊃580
佐竹義堯(義就、左近将監・右京大夫・侍従)
　本家相続㊂400。蝦夷地㊂603 622 ㊃73 405 ㊄270。京都警衛㊃626 642 ㊄19。系譜提出㊃672/㊂417 427 463 ㊃371 404 569 574 ㊄175 232
　義諶(求馬・壱岐守・播磨守) ㊂417 534 ㊃358 416 442 672 ㊄64 324 328
　義睦(佐行、次郎・右京大夫) 蝦夷地㊂270 276 358/㊂223 241 248 270 275 400
佐渡英之進 ㊃121
佐藤石見守(清五郎) ㊃276 ㊄293 372
　英之丞 ㊃193
　鋭次郎 ㊃174
　喜内 ㊂112
　金之丞 ㊂153
佐藤元長 ㊃531
　源作 ㊃673
　源七 ㊃119
　貞吉 ㊃877
　十兵衛 ㊂55 247
　重七郎 ㊂105 357
　真吉 ㊃873
　真三郎 ㊃120 195
　信崇(兵庫・駿河守) ㊃422 ㊄409
　新九郎 ㊂292 423 ㊃138
　捨蔵 ㊂62 110 276 419
　辰五郎 ㊃148 151
　民之助 ㊄208
　忠次郎 ㊃174
　鉄太郎 ㊃121
　道安 ㊂311
　時之助 ㊄270
　友五郎 ㊃177
　文吉 ㊃382
　平三郎 ㊃65 119
　政之助 ㊃151
　又右衛門 ㊂755 ㊃137 ㊄310
　又左衛門 ㊂845
　松五郎 ㊃941 942

さ (佐・三・西・最・斎)

佐藤桃太郎 ㊂383
　保之助 ㊃663
　与一郎(与市郎) ㊂83 ㊃27 382
　六万介 ㊄198
佐野伊左衛門 ㊃577
　隠岐守 ㊃434
　亀五郎 ㊃587 591
　官三郎 ㊃207
　金助 ㊃530
　銀太郎 ㊃554
　作五郎 ㊂826
　次郎太郎 ㊃55
　次郎兵衛 ㊃847 ㊄106
　錠太郎 ㊄389
　甚内 ㊄95
　政行(日向守) 側衆㊂491 ㊃434。ハリス登城㊂629。留守居㊂644／㊂4 55 93 112 219 329 461
　政知(日向守) ㊃672
　政美(土佐守・伊予守) 上洛㊃380 407 458 522 567／㊂642 ㊃432 602
　宗太郎 ㊃30
　貞蔵 ㊂112
　銕五郎 ㊂826
佐野彦大夫 ㊂213
　秀太郎 ㊂761 ㊃487 667
　茂教(欽六郎) ㊂748 ㊃653 ㊄72
　令助 ㊃187 191 197 394 534
佐橋織部 ㊄165
　佳為(弾正) ㊂748
　斯之助 ㊄166
　寿次郎 ㊃536
　忠左衛門 ㊃433
佐原鍾次郎 ㊄198
佐間鉱太郎 ㊃133
佐山源右衛門 ㊂92
　左門 ㊃117
　八十次郎 ㊃276 324 344 451 433
　勇太郎 ㊃117
　与一郎 ㊃673
三枝勘解由 ㊄5 350 373
　刑部(主膳) 長州征討㊃809 897 923 925 928 ㊄159／㊃768
　錦三郎 ㊃351
　鎮之丞 ㊃617
　守経(宗四郎) ㊂285 ㊃620 ㊄5 181
　守博(左兵衛) ㊃34 ㊄72
　鉊十郎 ㊄405
三枝政三郎 ㊄402
　忠四郎 ㊄159
　徳之進 ㊄159
　中務 ㊃159
　弥吉 ㊄159
　靭負 ㊂48 ㊃351
西園寺中将 ㊂158
西郷市左衛門 ㊂122 253 279 687
　員昭(賢之丞) ㊃342
　重左衛門 ㊃11
　隆盛(吉之助) 山岡鉄舟面談㊄399 403。勝義邦面談㊄406 408。江戸進駐㊄422／㊄428 429 436
最樹院 ↓一橋治済
斎田元筆(角左衛門) ㊃783 920 ㊄133 137 310
　八郎左衛門 ㊃31
斎藤岩次郎 ㊃83
　栄太郎 ㊃73
　音次郎 ㊃29
　嘉兵衛 ㊂59 87 110
　貫之進 ㊄118
　喜三郎 ㊃193
　喜兵衛 ㊂483
　久八郎 ㊂718

斎藤謹吾 ㊃75 97
源蔵 ㊂281 427 ㊃220
左衛門 ㊄77 124
左源太(図書) ㊃766 769
佐次右衛門 ㊃636 645 647
錋三郎 ㊃134
三宣(内蔵頭) ㊂130
三大夫 ㊂216 ㊃460
三理(左衛門・美作守・摂津守) 外国奉行㊃380。勘定奉行㊃637/㊂203 353 368 ㊃130 458 468 512 653 850 ㊄77
錠三郎 ㊃223
信十郎(源太) ㊃143
図書 ㊃809 926 941 ㊄135
千之助 ㊂801
辰吉 ㊃660 ㊄293
伝右衛門 ㊄125
東太郎 ㊄131
友次郎(友太郎) ㊃148 151
直蔵 ㊄220
長之助 ㊄96
八太郎 ㊃51
八郎兵衛 ㊃51
峯作 ㊃51
斎藤与一郎 ㊂338 ㊃11
与左衛門(与右衛門) ㊃51
利時(伊豆守・佐渡守) ㊂168 210 ㊃641 672 802 ㊄46
利和(左源太) ㊂658 747 801
良吉 ㊃163 226
六蔵 ㊃698
坂
尚安 ㊂92 ㊃26
昌員 ㊄155
昌久 ㊂589 ㊃22
昌元 ㊂589 ㊃549
昌光 ㊃22
昌田 ㊂589
坂井鐈之助 ㊄68
金之丞 ㊂122
正輝(右近・右近将監) 田安家老㊃478。書物同心支配㊄77/㊂207 363 493 499 589 736 811 ㊃56 274 418 607 667 ㊄263
直常(九郎次郎) ㊂298
八太郎 ㊃134
柳右衛門 ㊄130
坂入徳次郎 ㊃50
伴之助 ㊃50
坂川武五郎 ㊃41
坂口仙得 ㊂66 81 232 238 454 557 836 ㊃200 224 ㊄101 305
坂下元安 ㊃73
坂戸小八郎 ㊄166
坂原儀左衛門 ㊃132
坂部岩松 ㊂361
五郎三郎(阪部) ㊂733 791 ㊃344 356
五郎兵衛 ㊃356
幸太郎 ㊃132
左一郎 ㊃239
正志(治兵衛) ㊂307
善次郎 ㊂31 361
竜之助 ㊃554
坂本鉉之助 ㊂37
鉼之助 ㊃872
兵部 ㊃133
復之助(鎮之助) ㊃552 ㊄218 371 395
松三郎 ㊂37
酒井市左衛門 ㊃918
市郎左衛門 ㊃55
衛門七(衛門八・民部少輔・対馬守) ㊂513 671 ㊃255 322 407 576 604 667 779 780 ㊄55 63 65
鉞之助 ㊄66
河内守 ㊃650
求次郎 ㊂733

さ　（酒）

酒井外記　㊃71
　幸三郎　㊄173
　権七郎　㊃136
　作右衛門　㊃947 ㊄135
　十之進　㊃71
　宗三郎　㊃283
　琢哉　㊄246
　忠一（安芸守）　㊂28
　忠寛（摂津守・左衛門尉）　㊃128 301 374
　忠寛養方妹　㊃233
　忠義（右京大夫・修理大夫・若狭守）　恩貸金㊂512。京都所司代㊂515 ㊃337。和宮降嫁御用取扱㊃240。減封㊃364／㊂199 202 233 273 363 408 506 510 520 802 813 ㊃10 316 324 440
　忠強（下野守）　参勤㊂208 239 408 411 461 548 ㊃136 240 376／㊂256 537 ㊃672
　忠経（松之丞・右京亮・左京亮）　江戸市中巡邏㊄317／㊃452 ㊄32 207 250 252 324
　忠堅（織部・伯耆守）　㊂627 652 795 ㊃344
　忠顕（忠績、勘解由・雅楽頭）　内海警衛㊂153 622。溜詰㊂166。恩貸金㊂468。京都御使㊂553 574 589／㊂91 119 172 304 361 418 431 589 745 835 837
酒井忠顕（新三郎）　㊂739
　忠行（隠岐守・但馬守・対馬守）　外国奉行㊂590 591。神奈川奉行㊂608。勘定奉行公事方㊂804。大関和七郎一件吟味㊃145／㊂286 591 745 822 ㊃10 15 17 115 139 217 300 370 421 ㊄63
　忠告（帯刀・数馬）　㊃171 808 862 ㊄168
　忠氏（修理・修理大夫・若狭守）　㊂403 ㊃364 374 619 ㊄15 100 249 348
　忠惇（雅楽頭・河内守）　人払御用㊃721 732 782 793 894。家襲㊄165。老中上座㊄354。国内御用取扱㊄367／㊃686 715 790 822 857 ㊄166 272 348 349 355 377 382
　忠恕（録四郎・安房守）　㊂837 ㊃422 556 628 671 729 ㊄70 214 398
　忠恕（豊次郎・摂津守）　㊂64 384
　忠績（仁之助・勘解由・雅楽頭）　神奈川横浜辺警衛㊃177。京都所司代代理㊃358。恩貸金㊃487。朝廷尊崇十八ヶ条奉承㊃659。大老免職・溜詰㊃816／㊂290 648 733 746 837 ㊃20 40 65 75 96 314 372 541 680 ㊄165
　忠哲（岩之助）　㊃610 809 909 910
　忠讜（壱岐守・内蔵助・備中守）　講武所
酒井
　奉行㊂804。海陸備向・軍制取調御用㊃81。駿府城代㊃492／㊂131 141 282 ㊃231 290 387 493 509 765 ㊄53 168
　忠篤（繁之丞・左衛門尉・摂津守）　新徴組支配㊃651。江戸市中騒擾・巡邏㊄302。江戸薩摩屋敷焼討㊄326 327／㊃491 672 ㊄272 322 331 353 354 363
　忠発（左衛門尉）　品川台場警衛㊂232。恩貸金㊂423。蝦夷地開発守備㊂622／㊂182 455 745 ㊃98 128
　忠発女　㊃38
　忠毗（右京亮・飛騨守）　若年寄㊂28 ㊃332 595 818。外国御用㊂612 740 ㊃40。蕃書調所㊂732。軍艦操練・大船製造㊂732 741。蝦夷地開拓㊂741。若年寄勝手方㊂844 845 ㊃114。和宮降嫁御用㊃240 272 276。系譜提出㊃672／㊂81 175 176 336 401 414 424 425 525 537 594 630 645 647 651 664 713 714 ㊃175 620 ㊄21 32 74 207
　忠美（銈次郎）　㊃375 642 673 ㊄298 317
　忠宝（雅楽頭）　㊂24
　忠良（大学頭・紀伊守）　㊂285 537 ㊃374 464 672 ㊄316
　忠礼（肥前守）　留守居㊂516／㊂366 791 ㊃228

酒井　471 885
　対馬守　㊄107 129 252 350 373
　八左衛門　㊃283
　備前守　㊃777 830 ㊄55 66 168
　主水　㊃154
　令五郎　㊃154
　和三郎　㊂311
酒依英太郎　㊃213
　又兵衛　㊃213
相良為知（元三郎・越前守）　㊂304 588 ㊃86 373 602
　長福（遠江守）　㊂311
　梁之助　㊃940
境野亀太郎　㊂807
　幸之助　㊄199
　釘次郎（釘太郎）　㊃190
　豊次郎　㊃190
堺　祐次郎　㊄85
榊　道太郎　↓柳　道太郎
榊　原　㊄339
　栄五郎（栄吉郎）　㊃120 138 398 ㊄95
　越中守　㊂600
　越中守（織部）　㊂600 ㊃375 ㊄309
　主計　㊃118
　吉之丞（伊豆守・主殿頭）　㊃110 246 407 668 780
榊原　㊄55 65
　鏡次郎（鐘次郎）　講武所砲術教授方㊂287。歩兵頭並・格、陸軍所修行人教授役頭取㊃492 ㊄91。長州征討㊃929／㊃107 394 517 524〜526 ㊄264 354
　鍵吉　㊂287 308 ㊃60 ㊄78 265
　元蔵　㊃118
　小源太　㊃133
　小太郎　㊃159 200
　小平太　㊂827
　志津馬（志津摩）　㊂324 743 748 ㊃116 168
　小市郎（小一郎）　㊂359 ㊃116
　鉦次郎　㊂586
　条之助　㊂814
　畝十郎　㊃26 61
　政敬（式部大輔）　長州征討㊃808 818 822 919〜922 955 960／㊃374 391 519 567 602 715 721 816 ㊄328 334 366。家士㊃716
　政恒（式部大輔）　大筒献上㊁22。『明史藁』献上㊂361。日光代参㊂502 518。濃・勢・尾・東海道河川普請御用㊃114／㊂182 285 745 840 ㊃148
　善右衛門　㊂92 266 ㊃254 ㊄411
　忠義（主計頭）　㊃622
榊原伝八郎　㊂67
　藤十郎　㊄76
　留之助　㊂369
　隼之助　㊄354
　錬大郎　㊂281
向坂勘一郎　㊃674
鷺　仁右衛門　㊃220
桜井市左衛門　㊃39
　確次郎　㊃101
　九右衛門　㊃766
　久三郎　㊃124 145 179
　恵之助　㊄411
　重左衛門　㊂169
　庄五郎　㊄405
　庄兵衛　㊃893 ㊄377 396 418
　貞蔵　㊄205
　藤四郎　㊂226 354
　仁十郎　㊃7
　肥後（大鋸棟梁）　㊃189 ㊄96
　彦五郎　㊃94
　久之助　㊃754
　又五郎　㊃12 397
　六十郎　㊃695 731
笹本大次郎　㊂229

笹本茂三郎　㊂366
笹山縞作（笹本、徇作）　㊃53
篠本新八郎　㊂90
　彦次郎　㊃53
篠山金次郎　㊃189
　景徳（摂津守）　㊂8 9 15 22
　錠之丞　㊂122
佐々伊賀　㊃624
　勝次郎　㊃134
　閑四郎（閑四郎）　㊃190
　鐺四郎　㊃190
察彦（増上寺伴頭）　㊂786
里見鎌太郎　㊃553
　定昭（源左衛門）　支配所検見㊂405 ㊃141／㊂229 462 ㊃54 196
里村玄有　㊂589
　昌春　㊂108 589 ㊃22 549 ㊄129 155
　昌同　㊂108 589 ㊃22 549
　昌内　㊂259
真田金左衛門　㊄102
　幸教（信濃守）　内海警衛㊂153 232 ㊃662。神奈川横浜辺警衛㊃177／㊂73 93 463 744 824 ㊃374 672
　幸民（信濃守）　㊄316 349 364 368
猿島清兵衛　㊃207
沢　勘七郎　和宮降嫁御用㊂845。講武所調物頭取㊃231 234 290。外国御用㊃451／㊂95 ㊃5 393 413 459 579
　甲三郎　㊂172
　準之助　㊂772
　甚兵衛　㊂739
　太郎左衛門　㊄217 365
　隼之助　㊃61
沢井禎之助　㊃141 ㊄265
　彦四郎　㊃702 704
　文左衛門　㊂453
沢崎佐一郎　㊃931
沢田一郎右衛門　㊄234 246
　左平太　㊃730
沢原孫四郎　㊂739
沢東左衛門喜　㊂112
沢部亀之丞（服部）　㊃96
三悦（数寄屋坊主）　㊃165
三休（奥坊主）　㊃920
三条実美（中納言）　家茂対面㊃448 456。京都守衛御用掛㊃585／㊃420 425 469 584 841 ㊄287 437
　実万（右大将・大納言）　㊂69 74 342 345 ㊃584
三条西公允（少将）　㊃584
　侍従　㊂237
三知（西丸太鼓坊主）　㊃235
算知（棊師）　→安井算知

し

シンキレール（Sinclair　シンクライール、アメリカ人）　㊂171
四条隆謌（侍従）　㊃574 584
志賀金八郎　㊂162 290 ㊃54 821
　元三郎　㊂105
　三八郎　㊄198
志水甲斐　㊄105
志村岩太郎　㊃78
　金太郎　㊄85
　権三郎　㊃110
　新五右衛門　㊃208
　捨三郎　㊂499 ㊃134
　為一郎　㊃25
　鉄太郎　㊂499
　又三郎　㊄84
信太歌之助　㊄398
清水寛九郎　㊃112 223

し　（清・設・妓・慈・塩・敷・滋・宍・七・実・品・篠）

清水崎太郎　㊃69 75 188 397 673
　五郎左衛門　㊃22
　権蔵　㊂111
　三郎右衛門　㊃52 147 156
　錠蔵　㊃143
　助右衛門　㊂455
　輔次郎　㊄198
　斉疆（中納言）　㊂247 ㊄96
　斉明室　→恭真院
　善蔵　㊃23 206
　滝三郎　㊃31
　主税助　㊃186
　貞彦　㊃85
　貞蔵　㊄96
　藤輔　㊃7
　直次郎　㊄149
　半左衛門　㊃31
　肥後　㊃78 108
　孫三郎　㊂258
　孫次郎　㊃54 91 152 196
清水谷公正（新宰相中将）　㊃574
　修長（少納言）　㊃574
設楽岩次郎　目付㊃579 ㊄174／㊃135 458 494 ㊄185
　神三郎　㊂424
設楽甚三郎　㊄68 411
　捨之助　㊂353 ㊃921 ㊄103
　弾正　㊃55 421 628
　釘三郎　㊂424
　能潛（八三郎）　箱館田畑開発㊂321。勘定吟味役㊂522。関東河川普請御用㊂750 752。和宮降嫁御用㊂821。金銀座御用㊂851。先手㊃292。学問所御用㊃312／㊂90 350 567 763 829 846 ㊃78 83 152 218 225 285 307 458
　能棟（備中守）　㊄346 355 368 379 380 419
　八十郎　㊂229
妓性法親王（日光准后）　㊄196　→大楽王院宮
慈徳院（一橋治済側室・家斉生母）　㊃889
塩入義十郎　㊃55
塩沢彦次郎　㊄220
塩野栄之進　㊄161
塩野谷善次　㊃54 59 78 93 112
　善治　㊄76
塩谷権五郎　㊂596
　捨五郎　㊃408 668 ㊄66
　正路（豊後守・中務少輔）　㊂385 ㊃668
　宕陰（甲蔵）　㊃48 57 466 488 534
敷山九一郎　伝奏屋敷・評定所修復御用㊃239
敷山　／㊃46 78 108 130 192
滋野井実在（中将）　㊃574 584
宍戸基親（備前）　㊃889 890 901
　璣（山県半蔵、備後守）　㊃842 889 902 913 946
　備後　㊃901
七条左京　㊂224
実成院（紀伊斉順側室・家茂生母）　江戸城本丸移徙㊃23。二丸住居㊄58 294 303 311 312。田安屋形入㊄418 419／㊂527 ㊃979 ㊄2 3 69 292
品川氏恒（式部大輔）　日光名代㊃152 156 164／㊂73 183 542 ㊃94
篠木大次郎　㊃223
篠崎三伯　㊃254
　篤三郎　㊄17 95
　富之助　㊃142
　弥太郎　㊃206
篠田次郎四郎　㊃173
　内膳　㊃173
篠原勘吉（勘六）　㊃186 193
　監物　㊂36
　為之助　㊃191
　友太郎　㊃122 228
　浜次郎　㊃191

(芝・柴・渋・島)

し

芝崎美作 ㊂39 108 123 ㊃5 507
芝山小兵衛 ㊃914
　重太郎 ㊃147 151
柴　誠一 ㊄322
柴田伊左衛門 ㊂65
　丑太郎 ㊃73
　幸之助 ㊃127
　康楽(七九郎) 駿府加番㊃77 150 362 396／㊂843 ㊃620 ㊄5 186
　剛中(貞太郎・日向守) ㊃14 187 492 873 877 ㊄189 362
　左門 ㊃21
　重三郎 ㊄67
　七九郎 ㊂580
　七左衛門 ㊄405
　勝全(能登守・越前守) ㊂460 638 ㊃357 753 ㊄190
　勝弥(肥前守) ㊂170 639 ㊃340
　藤兵衛 ㊃208
　虎之助 ㊂551 ㊃200
　鍋太郎 ㊄301
　八十郎 ㊃221 417
　隼太郎 対馬・長崎御用㊃66 187 416／㊂169 384 ㊃224
柴田又兵衛 ㊃229
　松之丞 ㊂580
　勇橘 ㊄78
　勇次郎 ㊃127
　録三郎 ㊃228
柴村盛厚(典膳) ㊂616 801
　弥之助 ㊂801
柴山音蔵 ㊃53
　勝之進 ㊃206
　周蔵 ㊃151
渋江弥之助 ㊃45
渋川助左衛門 ㊂350
渋沢成一郎 ㊄402
渋田見勢 ㊃928
　主膳 ㊃940
　舎人 ㊃939
　彦四郎 ㊃941
島
　義勇(団右衛門) ㊄412
　頼母 ㊄135
　藤右衛門 ㊃892
島崎一郎右衛門 ㊃249
　一郎左衛門 ㊂61
　一郎三郎 ㊂844
島津かつ(島津忠義伯母) ㊄359
島津伊勢守 ㊃621
　近江守 ㊄344
　久光(周防・三郎) ㊂580 ㊃338
　久房(伊予守) ㊂38
　信濃 ㊃82 85
　斉興(大隅守) ㊂272 462 492
　斉彬(薩摩守) 琉球国取締㊂13 385。海防台場新築㊂20。長崎御用㊂262。歿㊂536／㊂262 272 285 304 453 460 482 580 ㊃433
　忠寛(淡路守) 公家衆馳走人㊂44 ㊃139 202／㊂745 ㊃371 468 ㊄331 344
　忠義(茂久、又次郎・修理大夫) 濃・勢尾・東海道筋河川普請御用㊃114。上洛供奉許可㊃410。江戸藩邸焼討㊄326。議定㊄339。江戸藩邸脱走者追討令㊄343。幕府各邸召上㊄360／㊂580 587 ㊃338 372 598 809 ㊄331 335 337 339 343 344 351 353 355 356 399
　忠義室 ㊄359
　哲丸 ㊂483 580
　隼人 ㊂150
　兵部 ㊂433
　豊後 ㊂150
　房肥(周次郎・伊予守) ㊂140 ㊃768 850 ㊄92

し　(島・下・樹・秀・重・舜・小・正・庄・松・青・城・浄・白)

島田市蔵 ㊃942
勘解由 ㊃236 241
錦之助 ㊃41
銀太郎 ㊃831 ㊄68
健三郎 ㊃959
健次郎 ㊄161
甚右衛門 ㊂172
盛美(武右衛門) ㊃666
善五郎 ㊃25
帯刀 ㊃156
弾正 ㊂44
半左衛門 ㊃66 120 ㊄220
久太郎(織部) ㊃505 539 733
文次郎 ㊂320
万平 ㊄88
祐太郎 ㊃558
与平次 ㊃941
良之助 ㊂579 671 ㊃255 350
六之助 ㊄88
島村志摩守 ㊃926 940
下島権右衛門 ㊄100
下条長門守 ㊃473 613 616
六郎 ㊃942
下曽根信之(金三郎・甲斐守) アメリカ船浦
下曽根 賀渡来御用㊂22 225。講武所㊂287 578 306 ㊃47。西丸留守居格㊃183。大坂警衛見分㊃459。西丸留守居格・陸軍所修行人教授方頭取㊄77／㊂92 95 212 226 285 289 482 ㊃290 304 351 392 ㊄263
次郎助 ㊃551 ㊄78
下妻市蔵 ㊂156 215
下振杢之助 ㊃207
下宮三郎右衛門 ㊃137
下山民之助 ㊄81
樹　下 ↓キノシタ
秀策(碁師) ㊂66 81 232 238 454 557 836 ㊃200 224
重右衛門(駒込肴町徳次郎店) ㊃67
舜達(増上寺学頭) ㊂179
小路三之助 ↓コウジ
正　覚 ㊂637
正三郎(西河岸町) ㊂296
正田隼人 ㊂40 120
庄　勘之助 ㊄285 311 348 372 398
牧太(牧吉) ㊃460 ㊄106
庄田吟右衛門 ㊄234 245
国之助 ㊂466
主水 ㊃340
松栄院(浅姫、家斉女・松平斉承室) 法事㊂
松栄院 373 374 377 485 492／㊂8 371
松和(碁師) ↓伊藤松和
青蓮院殿 ㊂330
城　嘉茂(隼人) 大坂目付代㊂416／㊂748 ㊃809 889 929 ㊄206
鶴次郎(織部・和泉守) ㊃492 813 928 ㊄310 347 355 389
城　野 ↓キノ
浄観院(有栖川宮織仁親王女・家慶室) ㊂280 627 629 636 693～697
浄光院(鷹司教平女・綱吉室) ㊂473
白井順蔵 ㊃11
長七郎 ㊃877
力三郎 ㊄18 95
白石忠大夫(島岡、千別) ㊃14 54 59 101 669
白須政脩(甲斐守) 書院番頭㊂273。大番頭㊂638／㊃83 87 413 620
白戸鎌五郎 ㊂772
恵三郎 ㊃154
兼吉郎 ㊃154
庄五郎 ㊃50
彦太郎 ㊃50
隆盛(石助) 陸軍副総裁並・同総裁㊄395 410。大目付㊄427／㊄209 284 371 420

し・す（真・深・進・新・神・ス・角）

真心院 ㊂639
深徳院（吉宗側室・家重生母） ㊃402 409 421
進 佐渡守 使番㊄399／㊃780 889 ㊄55 66 412
進藤正長（三左衛門） ㊃209 211
太郎左衛門 ㊂47
新右衛門（石橋宿問屋） ㊃636
新吉（戸沢上総介頭取組合辻番人） ㊃67
新朔平門院（仁孝天皇女御） ㊄178
新庄直温（寿三郎・右近） 大坂目付代㊃100 123 453。目付㊃512／㊂174 747 ㊃496 ㊄6 17 94 229
直敬（美作守） ㊂547
直虎（駿河守） 大坂加番㊂587 800／㊂495 503 ㊃373 649
仲次郎 ㊃190
弥之助 ㊃190
新信（武蔵西ヶ原町不動院） ㊃68
新待賢門院（雅子・権典侍局、孝明天皇母） ㊂181 295 ㊄136
新藤鉊蔵（鉊蔵） 製鉄所奉行並㊄285／㊂205 797 ㊃28 71 128
新兵衛（内藤新宿旅籠屋みき後見） ㊂834
新見鉎次郎 ㊄172
正義（八郎左衛門） ㊃108 ㊄97 172
新見正興（伊勢守・伊予守・豊前守） 外国船渡来応接㊂612。神奈川奉行㊂617。アメリカ国遣使㊂813 832／㊂35 62 206 286 689 798 846 ㊃337 355 ㊄63
正典（郁三郎・相模守・河内守） 学問所頭取㊃668。御代替御用㊄20 102／㊂454 596 ㊃297 345 418 784 848 916 946 ㊄38 63 380
正路（伊賀守） ㊂2
太郎兵衛 ㊂111
又四郎 ㊃257
又次郎 ㊂596
蠖蔵 ㊃107 ㊄125
新村主計頭 ㊄416
弘之助 ㊂276
猛雄（主計頭） ㊃974
神 善次郎 ㊂90
長左衛門 ㊄116
神保金之丞 ㊃125
内蔵助 ㊃172 173
綱太郎（大和守） ㊃485 ㊄150
越之助 ㊃125
左兵衛 ㊄78
相徳（三千次郎・遠江守・山城守） ㊂570 815 ㊃393 492 503 587 ㊄150
神保弾正忠 ㊄399
長興（理三郎・佐渡守・伯耆守） 使番㊂41。神奈川御用㊂773 776。韓使聘礼㊃16。海陸備向・軍制取調御用㊃90。砲薬製所新規取建御用㊃93。大関和七郎一件吟味㊃145。人足寄場掛・武器修復㊃359。作事奉行㊃465。宗門改・御日記掛㊃676。人払御用㊃694 733 784 799 836 848 852／㊂549 583 647 747 807 834 845 ㊃98 116 137 181 188 217 327 353 370 392 395 428 437 462 464 468 486 ㊄6 52 94
常八郎 ㊃293 ㊄265 414
八郎 ㊃947 ㊄19 135
平九郎 ㊂286
理三郎 ㊂807

す

スターリング（Sterling, J. ヤーメス・スチルリング、ヤーメン・スティルリンキ、イギリス国使節） ㊂193 149 435
スペイデン（Spiden スヘイテン、アメリカ人） ㊂135
角南栄之允 ㊃358

す　（角・須・数・諏・崇・末・菅）

角南鉦太郎　㊃306
　忠敬（内膳・兵庫）　㊃261 458
　富太郎　㊃358
　直三郎　㊃458
須田金三郎　㊂359
　権八郎　㊃611 ㊄107
　三郎左衛門　㊃221
　三十郎　㊄68
　盛教（久左衛門・三十郎）　目付助㊃419／㊂174 748 ㊃387 392 408 859 ㊄70
　盛庸（多宮・淡路守）　㊂712 ㊃381 407 433 567 971 ㊄55 65 67 90
　隻一　㊄348
　津三郎　㊃54 643 670
　友次郎　㊃207
　平左衛門　㊃32
　勇之助　㊃32
須藤敬之進（新之進）　㊃645 646
　甚之助　㊃150
　宗左衛門　㊃827
　忠一郎　㊃653
　兵庫　㊃60
須山銃太郎　㊄85
数原玄乙　㊂271
数原通雲　㊂271
諏訪安房守　㊂644
　安房守（加賀守）　和宮・天璋院用人㊄65／㊂644 ㊃297 407 830 971 985 ㊄55 105
　鑑太郎（甲斐守）　中奥小姓㊃669／㊂753 ㊃408 447 486 777 780 830 ㊄55 65
　金三郎　㊃846 ㊄67
　源四郎　㊂355
　左源太　㊃528 809 909 ㊄134
　周之助　㊃731 827
　庄右衛門　徒頭㊂627／㊂425 821 ㊃150 393 ㊄97
　庄三郎　㊃209
　庄太郎　㊃516
　忠誠（因幡守）　日光名代㊂71 85。若年寄㊂777 ㊃432。寺社奉行加役㊃413。若年寄勝手方・外国御用㊃480 481。京都警衛㊃550。海陸備向・軍制取調㊃550／㊂386 537 820 ㊃48 131 176 374 391 452 488 498 542 609 628 675 ㊄215 392
　留蔵　㊃163
　縫殿助　㊂479
　正之助　㊃48
　靫負　㊂105 479 ㊃91
　頼和（主殿・主殿頭）　㊂475 648 733 ㊃480 673 ㊄5 318
諏訪部
　鎌五郎　㊂2
　鎮次郎　㊃501
　八十郎　㊂83 119
　紋九郎　㊃753 754 857 ㊄79
　弥三郎　馬手合㊂548 564 ㊃229。鎌倉遠馬㊃297／㊂469 567 ㊃1 219 260 414
崇雲院　↓一橋斉位
末野弥兵衛　㊂146
末姫（家斉女・浅野斉粛室）　↓泰栄院
菅沼卯之助　㊄170
　獲饕　㊃457
　主計　㊃114
　敬之助　㊃520
　左近　㊃772
　三五郎　㊂711 ㊃948 ㊄65
　次郎左衛門　㊂483
　新八郎　参府㊂411。駿府加番㊂536。暇㊂839／㊂223 823 ㊃98 158 375 457
　忠雅（三十郎）　㊂460 483
　忠八郎（忠次郎）　㊃227 ㊄67
　定長（左近将監）　㊃861 892 ㊄45 184
　鍉輔　㊄182
　藤一郎　㊃131 230 235

す（菅・杉・助・鈴）

菅沼半兵衛 ㊃151 ㊄45
弘之丞 ㊃227
美作守 ㊂179
弥兵衛 ㊄67
鎗次郎 ㊃133
廉吉 ㊂823
菅野一郎 ㊃138
菅原信教 ㊂589 ㊃22 ㊄155
菅谷鐘五郎 ㊃191
政徳（平八郎・内膳正） ㊂2 242
政敏（丹波守・信濃守・長門守） ㊂151 242 617
平次郎 ㊃138 ㊄95
平八郎 ㊄68
又五郎 ㊃191
杉生募文 ㊃942
杉浦伊予守 ㊃321
卯之助 ㊃105
金五郎 ㊃106
式部 ㊄299
主馬 ㊂67
銃之進 ㊂4
庄兵衛 ㊂220
昌順 ㊂433
杉浦勝静（正一郎） 蕃書調所頭取㊃314。目付㊃357。外国御用立会・貿易筋御用取扱㊃513／㊃112 314 326 392 471 491
政芳（桂之進・鉎之進・主税） ㊃541 ㊄73 134
武三郎 ㊃28 ㊄287 431
鉄太郎 ㊃61
伝十郎 ㊃84
藤之助 ㊃206
内膳正 ㊂38
八郎五郎 ㊄296 372 404
牧冢郎 ㊂823
又作 ㊃105
弥五左衛門 ㊃931
竜次郎 ㊃929
鑞之助 ㊂823
杉江弥左衛門 ㊄97 107 117
杉枝仙貞 ㊂406 ㊄112 417
杉坂喜三郎 ㊃78
杉田勝太郎 ㊃61 494 ㊄66
玄端 ㊃493
新兵衛（松田） ㊃106
成卿 ㊂316
杉戸助左衛門 ㊃144
杉原正名（伝右衛門） ㊃108 383
平助 講釈㊂276 417 ㊃345／㊂62 808 ㊃250 296 534
平之丞 ㊂359
杉本鋼三郎 ㊂599
忠達 ㊃226
武右衛門 ㊃207
美作介（美作） ㊂76 ㊃205
杉山元之助 ㊃214
佐右衛門 ㊃25
徳次郎 ㊃214
半十郎 ㊄86
弥一郎 ㊃121
助蔵（足軽） ㊂428
鈴木安房守（荘五郎） 天璋院用人㊂577。和宮用人㊃148。天璋院御用兼務㊃205。免職・勤仕並寄合㊃527／㊂92 93 480 643 661 821 ㊃150 217 254
伊兵衛 ㊃407 ㊄45
壱岐 ㊃119
栄三郎 ㊂807 ㊄144
栄助 ㊃35
鋏五郎 ㊂112
大隅守 ㊂104
嘉十郎 ㊃699

鈴木主計 ㊂38 177
数馬 ㊄350 374
勝三郎 ㊂102
要人 ㊂54
寛之丞 ㊄118
観之助 ㊃101 111
儀左衛門 ㊃539
九大夫 ㊃115
久三郎 ㊃228
久太郎 ㊄168
銀次郎(鈴木) ㊃539 554
邦三郎 ㊄183
内蔵助 ㊃228
恵右衛門 ㊂111
顕助(顕輔) ㊂311 ㊃173
鍵蔵 ㊄183
権之助 ㊃66
左織 ㊂112
左金吾 ㊄125
左仲 ㊄218
佐渡 ㊃119
才右衛門 ㊃60 91 92 208
才兵衛 ㊄96
作太郎 ㊃41

鈴木三郎右衛門 ㊂127
三右衛門 ㊃80
三平 ㊂349 498 ㊃78 ㊄48 121
次兵衛 ㊂575
重吉(荘五郎) ㊃310 ㊄78
重領(大之進) ㊃29 90 351 496 535
新之丞 ㊄197
慎一郎 ㊃76
仁右衛門 ㊃155
仁三郎 ㊃155
正信(源内) ㊃162 196
正睦(八十之丞) ㊃171
政徳(猪三郎) ㊃619 912 ㊄265
清之助 ㊃219
清兵衛 ㊂785 ㊃232
摂津守(周防守) ㊃254 407 589 668 ㊄66
善之丞 ㊃66
荘五郎 →鈴木安房守
太刀之助 ㊂110 ㊃76 126
多京 ㊃109
多膳 ㊂104
大太郎 ㊂57 223
帯刀 ㊃95 125
丹後守 ㊂836 837

鈴木直列(四郎左衛門) 目付㊂217。小普請組支配㊃415／㊂38 125 199 311 516
哲之助 ㊃65 ㊄205
鉄三郎 ㊂598
伝八郎 ㊂472
当五郎 ㊃97
登作 ㊃228
時次郎 ㊃109 870
督五郎 ㊃174
豊太郎 ㊃173
子之助 ㊃174
播磨 ㊂589
分左衛門 裏門切手番頭㊂381／㊂87 ㊃46 59 130 229 230
平三郎 ㊃208
伯耆守 ㊃292
又左衛門 ㊃228
又次郎 ㊃80
万次郎 ㊄64 156 210
美作 ㊃125
弥平左衛門 ㊃186
由之助 ㊃228
勇太郎 ㊃182
与左衛門 ㊃47 206 219 ㊄103 168

す（鈴）

す・せ　（鈴・薄・住・セ・瀬・清・晴・誠・静・関・芹・千・仙）

鈴木芳太郎　㊃56
　萊助　㊃19 33 189
　理三郎　㊃519
　林碩　㊄84
　鍵之丞　㊄149
　録之助　㊃112 209 416
薄根平三郎　㊃130 192
　平十郎　㊃46

住吉内記　㊂86　㊃225

せ

セイムール（Seymour, M.　イギリス国軍艦総督）　㊂333 339

瀬上主膳　㊃179 180
瀬川昌院　㊄589
瀬名鋳太郎　㊂480
瀬谷永大夫　㊃7

清揚院（徳川綱重）　㊃379 618
晴光院（喜代姫、家斉女・酒井忠学室）　㊂8
誠順院（永姫、家斉女・一橋斉位室）　㊂8 472　㊃809 302 481

静寛院（和宮、仁孝天皇女・家茂室）　縁組御

静寛院
弘め㊂820。関東下向延期㊃36 37。清水屋敷着輿㊃198。大奥移徙㊃235。御台様と称す㊃271 444。静寛院宮と称す㊄49 103。帰京勅命・処置㊄374。心痛㊄402。田安屋形入㊄418 419
㊂837
㊃138 149 159 166 182 ～ 185 197 198 201 220
㊄49 69 143 292 293 311 400 406 420
221 231 239 424 431

静寛院実母（橋本氏、仁孝天皇女御）→観行院　㊃423

関　永太郎　㊄873 874
　行徳（保右衛門・出雲守・下総守）町奉行㊂639。留守居並㊃199。和宮東下㊃　附㊃209／196 213 470 580 583 652 284 493
　十蔵　㊂185
　重二郎　㊄405
　重次郎　㊄218
　盛章（越前守）　㊂451 483
　盛泰（播磨守）　㊂44 88 451 483
　長厚（為五郎）　㊃487
　長克晟三郎・備前守・民部少輔）　㊂485
　長道（但馬守）　㊃549 149 373 620 661　㊂232 267 485 549
　兵五郎　㊃69

関　万之助　㊃92
　保右衛門　㊃505　㊄65 134
　良輔　㊃92
関口左近将監　㊃221
　三千之助　㊃630
　雄助（筑後守・筑前守）　㊂508 668　㊃254 407 582
　民介　㊄436

関根十左衛門　㊄50
関谷貫蔵　㊂434　㊃77
　鑓之助　㊄143
　弥之助　㊄197
　主水　㊂254
　又左衛門　㊃50
　十次郎　㊄50 109 218

芹沢益五郎（益次郎）　㊃50
　源左衛門　㊃80
　順之助　㊃104
　万次郎　㊃50
千賀与八郎　㊃820
千田要　㊃974 417
　直之助　㊃125
　兵蔵　㊂348 733　㊃125

仙石久徴(右近・弥三郎)　㊂126 454 ㊃49 108 225 ㊄388 394
　久利(讃岐守)　㊂494 ㊃373 ㊄50
　治兵衛(次兵衛)　㊃505 664
　政相(播磨守)　和宮降嫁御用㊂821。上京㊃150 217／㊂601 ㊃393 ㊄70
　日向守　↓仙石久祇
　竜太郎　㊂761
仙蔵(武蔵国豊島郡中取村百姓)　㊃68
仙得(碁師)　↓坂口仙得
仙波岩太郎　㊃80
　七郎左衛門　㊂393
　太郎兵衛　㊃80
専達(増上寺役僧)　㊂38
釧姫(尾張茂徳養方大叔母)　↓井伊直憲(掃部頭)室
線教院(線姫、有栖川宮熾仁親王女・水戸慶篤室)　懐妊㊂179。安産祝儀令㊂199。歿㊂308。法事・法号㊂312 434 451 555 ㊃409 412／㊂8 201 310
善益(御太鼓坊主)　㊃235
善甫(御数寄屋坊主)　㊃627

そ

十河祐元(水戸藩医)　㊂290
曾我勝太郎　㊃532
　権右衛門(権左衛門)　㊃54 769 809 862
　七兵衛　㊄67
　忠三郎(主水)　㊂150 ㊃462 516 623 914 ㊄89
　又左衛門　㊃532
　若狭守　百人組頭㊂223。小姓組番頭、御前給仕㊂382 403。書院番頭㊂666／㊂625 658 ㊃419 462
曾根鎌蔵　㊃352
　邦之助　㊂772 ㊄295
　大次郎　㊃352
　政之助　㊄134
宗　義達(善之允・善之丞・対馬守)　初就封㊃541／㊃86 487 534 574 580 584 599 602
　義和(対馬守)　韓使聘礼㊂186 187 243 406／㊃36 86 372 487
宗印(棊師)　↓伊藤宗印
宗栄(御数寄屋坊主組頭)　㊃234
宗億(表坊主)　㊃235
宗全(棊師)　↓大橋宗全
宗琢(御数寄屋坊主)　㊃165
宗達(御数寄屋坊主)　㊃165
宗筑(奥坊主)　㊃920
宗徳(棊師)　㊂557
宗歩(棊師)　↓天野宗歩
宗珉(棊師)　↓大橋宗珉
相馬充胤(大膳亮)　㊂152 494 ㊃375
　誠胤(因幡守)　㊄393
添田一郎次　㊃93
杣本孫太郎　㊃942

た

（ダ・田）

ダフヘール・シャルゼ

田口磯三郎　田㊂一三一
　喜行（加賀守）　㊂四三
　儀三郎　㊂二三〇
　助次郎　㊃二一三
　百助　㊂四三　㊃二一三
　弥左衛門　㊂八三
　与兵衛　㊃一三一
　録右衛門　㊃一四六
田沢賢之助　㊄六七
　正路（兵庫頭・対馬守）　外国奉行㊃三二七。外国人応接㊃三四八。作事奉行㊄四一五　㊄一八九。長崎御使㊃八八三。一橋家老㊄九八。
　正路女　㊃四二四
　　㊂八四七　㊃四一九　六二八　六八三　七八四　八二四　八六〇　八七〇　九〇〇　九〇八　九一二
　為次郎　㊂五九六
　正路女　㊃三八
田島重次郎　㊂七六三
田代愛之助　㊃六一
　八郎左衛門　㊃六九〇

田付元雄　㊃二三四
　駒次郎（田村）　㊃八二四　九四六　㊄二二二　四三三
　四郎兵衛　船打大筒上覧㊂二二六。越中島調練場御成㊂四八二。講武所御用㊃二三一　／
　　㊂一五六　五四四　二九〇　三九三　五六七　㊄七八
　直愛（主計・筑後守・筑前守）　台修復製造、西洋砲鋳立㊂一五六　五四四。御持小筒組頭㊃九六四。大筒・車　講武所㊂二三一　二九〇。
田中伊之助　／㊂二二六　四八二　五八三　㊃一四九　四三三　八五〇　八九七　㊄二二一　四一〇
　一郎右衛門　㊂一九〇　七六八　八〇八　八八九　㊄一三四
　右衛門　㊃一二六
　斧五郎　㊃一九〇
　鑚太郎　㊃一七四
　勘左衛門　㊄一八　一五一　二七二　三六五
　久蔵　㊃二二〇
　京四郎　㊃六四六
　金次郎　㊃一四八　一五一
　源三郎　㊃九四一
　佐輔　㊃五三七
　三郎　㊄六七四
　治右衛門　㊃九四一
　祝之丞　㊂三六八
　正庵　㊃一二五

田中庄次郎　㊂二六〇　四二三
　新兵衛　→棚賀何某
　太左衛門　㊂三四七　六〇九
　哲輔　㊂六〇九　七七二　㊃一一二　二二三　五五六
　文左衛門　㊂八一　一七四
　平次　㊂七二七
　孫兵衛　㊂九二六
　八十次郎　㊃一三九
　廉太郎　㊃四二八
　彦十郎　㊂二三一　二五一　二五三
　太一　㊂二八〇　三五四　㊃一九五　二一五　㊄四〇〇
田辺新次郎　㊃二八七
　孫四郎　㊃二八七
田沼意尊（玄蕃頭）　意尊（玄蕃頭）　大坂定番㊂九三　一三九。若年寄㊃一五九　㊄五三。恩貸㊂一
田沼意正（玄蕃頭）　御用㊃三八〇　三八一　四八八。海陸備向・軍制取調㊃四二四　四八八。江戸市中巡邏㊄三一七　／㊃四
　　㊂一〇二。若年寄外国
田臥勝三郎　㊂一五六　七　五八　一七六　二七七　三二四　三六七　三二九　三九一　四三二　五一九　五二三　五三一　五六七　五七四　六〇二　八一一　八一四
田淵左門　㊃一三四
田丸直允（稲之石衛門）　㊃六三五　六四〇　六四六〜六四八　六六三　六七六　六七七
田宮弥太郎　㊂一五〇

た（田・多・伊・大）

田村英之助 ㊃611
　数馬 ㊂320 596 ㊃408 448
　鎌次郎 ㊃220 921
　吉五郎 ㊃872 873
　久大夫 ㊂111
　金左衛門 ㊃401 404
　顕影（伊予守） 勘定奉行㊂44。大目付・宗門改㊂402 494。田安家老㊂524。西丸留守居㊂847 ㊃348／㊂4 6 7 22 168 195 198 653 655 677 678 694 763 ㊃77 448
　権右衛門 ㊂703
　佐十郎 ㊃974 ㊄417
　作右衛門 ㊃222
　繁三郎 ↓田村通顕
　主馬（数馬） ㊄134
　宗三 ㊄2
　直廉（石見守） 諸所修築御用㊃122 130 152 172 192 215 238 299 309／㊂713 847 ㊃331 357 383 ㊄183
　通顕（磐二郎・磐次郎・磐太郎） ㊂370 494 763 ㊃373 471
　肥後守（土佐守） ㊃246 314 326 447
　弁四郎 ㊃206
　邦栄（右京大夫） ㊄393
　邦行（右京大夫） ㊂275 370
田村義太郎 ㊄2
田屋仙右衛門 ㊄35
　銓五郎 ㊄35
田安家達（亀之助） ㊄249 314 315
　喜久姫（田安慶頼女） ㊃41
　慶頼（中納言・大納言） 政事後見㊂525。後見御用、登城㊂625〜629 631 633 634 640 〜645 647〜649 652〜656 660 664 665 668 669 674 691 〜694 697 705 706 711〜721 728 ㊃242 245 248 253 311。三奉行公事裁許聴問㊃300。官位一等辞退・隠居㊃463 509 510。西丸委任㊄384 396。奥詰銃隊附属㊄418 420。江戸城諸門預り㊄422。狙撃隊附属㊄423。江戸鎮撫万端取締㊄428／㊂5 516 574 624 625 650 677 684 713 ㊃278 317 383 508 ㊄385 408 414 415 421 424 425 427 429 432 433
　隆磨（大納言次男） ㊃433
　寿千代 ㊃509 510
多右衛門（石橋宿年寄） ㊃636
多賀熊太郎（兵庫助・靫負） ㊂591 ㊃133 528 ㊄289
　高厚（兵庫助） ㊂591
　三十郎（外記・上総介） ㊂657 ㊃408 759 886 ㊄110 315 356 395 431
多賀谷伊織 ㊂258 260
多賀谷左近 ㊂210
多紀安常（永春院） ㊂474 661 ㊃218 241 242 254
　安琢（養春院） ㊂678 ㊃242 254 408 948 968
多喜勇之助 ㊃182
多久謹吾 ㊃873 877
　長門 ㊂209
多湖旗十郎 ㊄97
多田銑三郎 ㊃239
多羅尾純門（久右衛門・民部） ㊂128 ㊃54 218
　内匠 ㊃49
　千代次郎 ㊃49
伊達慶邦（陸奥守・中将） 蝦夷地警衛㊂269 276 480 622 751 ㊃665／㊂139 306 370 426 ㊃372 410 569 574 577
　宗孝（若狭守） ㊂11 481 534 ㊃373 ㊄149
　宗城（遠江守・伊予守・侍従） ㊂494 560 587 ㊃312 574 577 578 798 ㊄335
　宗徳（遠江守・大膳大夫） 石清水八幡宮修復㊂809／㊂182 560 639 ㊃372 620 809 ㊄390
　宗徳室 ㊃358
大行天皇 ↓孝明天皇
大順（増上寺伴頭） ㊄180
大膳亮好庵 ㊃622
　弘元院（玄院） ㊃948 ㊄56

た　（大・太・泰・躰・高）

大膳亮章庵（章菴）　㊃254 476
大道寺玄蕃　㊂61 ㊃173
　権六郎　㊂657 ㊃408 669
大童信大夫　㊃454 ㊄51
大楽王院宮（慈性法親王・日光門跡）　㊄248 302 303 305 308 371
太平鉱次郎　㊃927
泰栄院（末姫、家斉女・浅野斉粛室）　㊂8 217 475 805 ㊃296 ㊄396
泰明院（泰姫、家斉女・池田斉訓室）　㊂231 238
躰阿弥徳次郎　㊃119
　山城（御餝棟梁）　㊃119
高井伊予　㊃107
　吉左衛門　㊂807
　式房（石見守・兵部少輔・但馬守）　㊂563 638 ㊃327 410
　実孝（豊前守・備中守・兵庫頭）　㊂627 ㊃254 407 432 576 604
　助次郎　㊃163
　清太郎　㊄67
　清長（高木、勝三郎・土佐守）　㊂41 ㊃672
　多宮　㊃153
　直之進　㊂807
　道致（丹波守・大和守・日向守）　㊂831 837
高井　㊃34 383 410 ㊄290
　主水　㊃153
　勇之助　㊂596
高尾惣十郎　㊂478 821 ㊃150 217 394
　八郎（惣十郎）　㊂761 771 ㊃554 862 932 ㊄218 221
高木市太郎　㊂48 176
　喜久右衛門　㊃13
　欽三郎　㊃207
　庫之助　㊃536
　源三郎　㊃139
　源六郎　㊂472 ㊃145 187
　鉉之丞　㊄198
　幸次郎　㊂549 ㊃419 ㊄59
　駒太郎　㊃117
　左門　㊄198
　作左衛門　㊂169
　繁太郎　㊃138
　守雄（兵部少輔・伊勢守）　㊂41 525 537 589 627
　守庸（勝之助・宮内・伊勢守）　㊂369 ㊃639 646 ㊄249
　修理　㊂172 ㊃92
　周蔵　㊃33 172
　銃太郎　㊃117
　新七　㊂77
高木図書助　㊂445
　正担（主水正）　㊂175 537 ㊄354 359 393
　清左衛門　㊂57 220 405
　惣之助　㊄198
　達三郎　㊃702
　弾正　㊃702
　鉄三郎　㊂179 ㊃92
　鉄太郎　㊃104 666
　伝十郎　㊃102
　銅次郎　㊃37
　弥兵衛　㊃136
　保三郎　㊂427
　鏻寿丸　㊂445
　□次郎　㊃552
高倉侍従　㊂569 ㊃569 573 576 585 602 711 776
　大夫　㊂68 74 564
　鉄蔵　㊃191
高崎平一郎　㊃55
高階典薬（少允）　㊃943 949
高島磯五郎　㊃553
　喜平　㊃47 194 232 304
　喜兵衛　㊂597
　三十郎　㊃872
　秋帆（四郎大夫）　㊂10

高島平市郎　㊂597

祐庵（祐菴）　㊃233 409 948

祐啓　㊃187

高須隼人　㊂65 ㊃21

高田衛門七　㊃942

三節（三郎）　㊃165 393 448

太一郎　㊃46

八左衛門　㊃64

高塚鋳次郎　㊄149

高月左一郎　㊃131 192

六左衛門　㊂104

高槻兵庫　㊂285

高橋市左衛門　㊃133

亥七郎　㊂236

鎌三郎　㊂346

喜兵衛　㊂287

儀左衛門（義左衛門）　㊂342 831

吉右衛門　㊂427

九郎右衛門　㊃294

謙三郎（伊勢守）　講武所㊂287 ㊃47 232／㊃61 463 574 ㊄78 265 286 371

謙次郎　㊂308

幸次郎　㊂105

三平　㊂298

高橋七右衛門　㊃23 206 230

七左衛門　㊃207

周助　㊃704

重左衛門　㊃151

章固（清之丞）　家茂法事御用㊄17 95。賄頭㊄206／㊃111 127 140 193 ㊄48 127

新左衛門　㊃158

千之助　㊃148 151

渡世平　㊂427

彦大夫　㊃252

兵部権大輔　㊂348

雅八　㊃72

与之助　㊃59

和貫（平作・美作守）　京都御使㊂468 490。勘定吟味役㊂604。長崎御使㊂820 842。遣欧使節㊃42 79／㊂150 583 611 647 738 746 786 846 850 ㊃82 104 354

和貫女　㊃110

高林釜之助　㊃219

重蔵　㊃190

直之進　㊃770 ㊄68

伴次郎　㊃190

弥一郎　㊂122

弥十郎　㊂67

高部善太郎　㊄187

良之助　㊃11

高松少将　↓松平少将

凌雲　㊃975

高村金左衛門　㊂214

高屋鉦之助　㊃553

高安三太郎　㊃220

文次郎　㊃134

高柳元暱（小三郎）　㊃661

高山百太郎（竹内）　㊃646

良之助　㊂357

利国（安左衛門）　㊃433 ㊄405 412

鷹司輔煕（関白・前右府）　㊃551 573 584

鷹巣守人（鷹柄）　㊃123 127

滝内民之丞　㊂111

滝川安房守　㊄45

具挙（三郎四郎・播磨・播磨守）　外国人応接㊂837。神奈川奉行㊃10。禁裏附㊃135。上京㊄284。伏見戦争㊄346 355。免職㊄379。官位召上、登城禁止㊄380。逼塞㊄390／㊂627 736 806 831 845 ㊃567 574 584 733 880 885 945 ㊄419

元以（主殿・讃岐守）　目付㊃160。講武所頭取㊃327。大坂警衛見分㊃459。堺

滝川　奉行㊃631。銃隊頭並㊄293／㊂747 813 ㊃139 162 179 327 806 ㊄175 296
　三九郎　㊃408
　充太郎　㊂807
　清三郎　㊂598
　寅三郎　㊂599
　八郎　㊃209
　豊後守　㊂836
　又左衛門　㊃699 836
　利和（大蔵）　㊂134
滝崎大之助　㊂400
滝沢久重（喜太郎・熹太郎・嘉太郎）　行賞㊂213 ㊃35。論所検地見分㊂472／㊃733 892 946 ㊄8
滝助（ハリス江戸宿所給仕）　㊂428
滝野為伯　㊃409
　盤次郎　㊃191 821
　又兵衛　㊃191
宅間伊織　㊂769 ㊃126
　朔之丞　㊃126 ㊄405
竹内鎌次郎　㊂86
　玄同（渭川院）　㊂561 ㊃254 408 477 726
　五六左衛門　㊂86
　五六左衛門　㊄68
竹内幸彝（五六左衛門・日向守・大隅守）　馬掛㊃759。大坂町奉行㊃907／㊂657 ㊃262 297 407 582 725 848 859 946 ㊄303 387
　三右衛門　㊂87
　新五郎　㊃61
　銓太郎　㊂732 ㊃215 ㊄187
　保徳（清太郎・下野守）　下田御用取扱㊂165 171 185 224。ペリー書翰、応接掛返翰署名㊂173。下田条約全権㊂174。箱館奉行㊂187 201。箱館、異国船渡来諸事差図㊂293。勘定奉行勝手方㊃9。遣欧使節㊃41 42 187 471 505。外国奉行㊃42。学政更張、小学校取建御用㊃534。大坂町奉行㊃669／㊂18 58 80 107 168 208 321 472 732 734 ㊃128 188 246 535 628 637 ㊄77 187
　保徳女　㊃158
　孫太郎　㊃162
　竜三郎　㊃39
　□之助　㊂844
竹尾俊良（戸一郎）　㊂585 748 ㊃809 897 ㊄82
竹垣三右衛門　鷹野御用㊂461。上京㊃397。支配所㊂426 ㊃54／㊂110 156 363 528 541
竹川益太郎　㊃41
竹腰近江守　㊂621 761 ㊃179
　兵部少輔　江戸城普請㊂208 836 837。代替誓紙㊂540／㊂28 242 321 465 546 745 ㊃170
　雅之助　㊂443
　山城守　㊃343
竹島東太郎　㊃239
竹田越前守　㊃254 407 576 604 668
　斯綏（竹内、摂津守・豊前守・豊後守）　勘定奉行㊂648。清水附支配㊂802／㊂384 775 793 795 796 ㊃38
　宮内卿　㊃485
　鍋吉　㊃485
竹中鏡五郎　㊄390
　重固（丹後守・民部）　陸軍奉行・若年寄並㊄77 292 380。逼塞㊄390／㊃375 654 813 921 ㊄345〜347 355 380
　鐘五郎　㊃37 132
　図書助　㊃72
　宗五郎　㊃49
　彦八郎　㊂809 ㊃49
　万寿蔵（竹内）　㊃133 ㊄64 359
竹原七郎　㊃922
竹原屋文右衛門　㊂607 751
竹村内蔵助　㊃537

竹村九郎右衛門　（三）一〇五
三五七
七左衛門　（三）八四
二一七
譲之助　（三）二二三
忠次郎　（四）七五
一二五
弥三郎　（四）一二五
助之丞　（四）二一二

竹本浄右衛門　（四）二一二
正雅（図書頭・甲斐守・淡路守）外国奉行（三）六三八。神奈川奉行（四）六六　一〇〇／（五）一五一　五四七　六五二　七七三　八四六
正明（隼人正）外国奉行（四）一四一。御側御用取次（四）七九六／（五）六五五　一八〇　四一〇　四二二
正路（長門守）（四）四九九
清次郎　（四）二一二
隼之助（美作守）（四）三〇六　七七七　七九六
彦八郎　（四）七七二

大坂御用（五）一〇〇／（五）七　三七一
武下易太郎　（四）一四八→武見富太郎
武島顕之助　（三）三五三
武内藤左衛門　（五）一〇四
武井五郎左衛門　（五）九六

武田伊賀　（三）四〇六
栄次郎　（四）一三三
斐三郎（文三郎）（四）一二九　（五）一八八　二一八

一〇六　三四五　四一八　四五一　四六一　四九六

た　（竹・武・建・只・立・館・舘・立・辰・立・棚・谷）

武田鋭五郎（俊郎）（四）四〇二
修理　（四）四五六
信之（左京大夫・右京大夫）信（四）一八九
信典（大膳大夫）（三）二一二。高家肝煎（三）三〇八
崇信（采女・安芸守・大膳大夫）（三）一四　四九　一〇九　二一五　四〇三／（四）一八二　三七一　四〇三　五二二　五六二
日光名代（三）（三）一〇八　四〇六

正信（大膳大夫）（三）二一二

正生（耕雲斎）（四）四二二　四四二　四六二　四七二　五六二／（五）八八　二八六　二九一
鎗三郎　（五）六七
武見富太郎　（四）一五一　一三四→武下易太郎
建部伊三郎　（四）一三四
鋭之助　（四）二六　一三四
源左衛門　（四）四〇七
政和（内匠頭）大番頭（三）二八二／（四）一六八　二一〇　三六五　三六七

徳次郎　（四）六七一　七〇三　七一六　七四九　九二一　一三四
伝次郎　（四）二七四　八〇四
兵庫　（四）七六六
只木敬之助　（五）二八四
立花嘉元次郎　（五）二五七　（四）一一
鑑寛（飛騨守・左近将監）内海警衛（三）一五三。
恩貸金（三）三一二。和泉堺警衛（三）五〇五。京都警衛（四）五八五／（五）三三　六三　九五　一〇九　三四七　三七二　八〇九　九五八
種恭（出雲守）石炭献上（三）二八八　三四七。若年寄、

立花
勝手御入用掛（五）一八九。若年寄、外国御用取扱（五）一八九　二四六　二九七。会計奉行（五）二一〇。国内御用取扱（五）三六七
老中格（五）三五二　三七七。国内御用取扱（五）三六七
立田銀次郎（館野）（三）八四　六六七
舘野忠四郎（舘野）（四）八〇七
舘　市右衛門（三）一七七
立原朴次郎（朴二郎）（五）五二　五八　九四　一八九／（四）八七　三七四　六〇九　六八八　七八七　八〇〇　八一五　八八〇　八九三　八九八　八九九／（五）七
正直（録助）勘定吟味役（四）八〇二。濃・勢尾・東海道河川普請（四）五　六九　七七。対馬御用（五）一一五　一一六　二八一　二九六。外国御用（四）四九六。蒸気機関建立

正明（岩太郎・主水正）（四）八〇　一〇六　一〇七　二〇〇　二二三　五一六

辰右衛門（戸沢上総介頭取組合辻番人）（四）五二四　五五二　五六四　五九二
立石得十郎　（四）四六一
利兵衛　（四）一三一
棚賀何某（田中新兵衛）（四）五九八
谷　衛滋（大膳亮）（四）四九四　五九八
主計（土佐守）（三）一九八　（四）一八八　二一八　三四七
鎮蔵　（四）七七〇　（五）六八
谷川小太郎　（四）一〇五

谷川三郎右衛門　㊃105
谷田兼五郎　㊄80
　宗六　㊃652
谷竹季十郎　㊄48
谷戸助一郎　㊄198
谷行季一郎　㊃130 192 ㊄18 95
玉井源五郎　㊂230
　藤右衛門　㊂580
玉田忠四郎　㊃731 ㊄79
玉虫十五郎　㊄417
　甚之助　㊂347
　力太郎　㊂253 ㊄107
垂水伊織　㊂77
丹瀬仙之助　㊃229
団　源次郎　㊄389
　又左衛門　㊂354 777 ㊃345

ち

千街(老女)　㊂321
千種有文(少将)　㊃201 237
千島富之助　㊃230
千塚左文太　㊃85
千葉一郎　㊂112
千葉左衛門　㊂143
　昇平　㊃176
　忠大夫　㊂112
千村千万太郎　㊂660 ㊃407 536
　隼之助　㊃536
　平右衛門　㊃186
知久栄之助　㊃135
治　外記　㊄126
地馬竹三郎　㊃222
近山清左衛門　㊂777
　鱗之助　㊂306 789
　六左衛門　㊃668
力石勝之助　下田御用㊂165。賄頭㊃69。箱館台場普請㊃129／㊂205 ㊃30 393 ㊄206
秩父栄橘　㊂628 ㊄78
　三右衛門　㊂784
茶屋四郎次郎　㊂549
中条金之助　㊃62 494 527 ㊄105 362 392
　銀一郎　㊃553
　信礼(中務大輔・稚桜翁・侍従・左衛門督)　㊂269 ㊃451 452 463 471 574 600 602 861 869 904
　鉄太郎　㊂206
　兵四郎　㊃82
　兵庫　㊂269
忠兵衛(甲斐国巨摩郡東向村)　㊂603
忠兵衛(芝新門前町二丁目代地辰五郎店)　㊃67
長　兵庫　㊃141
　六三郎　㊂599
長右衛門(武蔵国豊島郡巣鴨村)　㊃68
長昌院(徳川綱重側室・家宣生母)　㊃430 444 449
澄心院(一条忠良女・家定継室)　㊂284 ㊃283 284 288 289 291 292 884

つ

つぼね(老女)　㊂321
津金英之助(鋏之助)　㊃898 ㊄79
津軽意三　㊃174 183
　玄意　㊂678 ㊃254 477
　順承(越中守)　蝦夷地警衛㊂269 276 348／㊂285 385 490 588
　承叙(式部少輔)　㊃71 373 620 ㊄324
　承祐(武之助・大隅守)　㊂60 241 266
　承烈(長岡、寛五郎・土佐守・越中守)　㊂385 453 562 588 600 622 840 850 ㊃36 371
　本次郎　㊂365 411 548
津川内記　㊂404

つ（津・柘・都・塚・月）

津田英次郎 ㊃86
鍈之助 ㊄22
数馬 ㊂413
熊吉 ㊃940
鉒次郎 ㊄5
三五郎 ㊃206 230
修理 ㊂576
鉎三郎 ㊄198
信義（日向守） ㊂141 186
真道（真一郎） ㊄367 368 386
正人（美濃守・越前守） ㊂271 336 341 352 491 783 ㊃161 166 492
正路（半三郎・近江守） 京都御使㊂461 484。アメリカへ条約批准交換差遣㊂534。箱根奉行㊂547。外国奉行㊂838 ㊃342。箱館台場普請㊃128。勘定奉行㊃380／㊂281 289 498 524 540 578 589 806 817 ㊃382 435 478 496
大次郎 ㊂413
湯一郎 ㊄417
内記 ㊄156
益兵衛 ㊂156
松五郎 ㊄118
万之助 ㊃11
津田雄五郎 ㊂122 252 279 687 831
陽一郎 ㊃975 ㊄421
六郎左衛門 ㊃144
柘植源太郎 ㊂592 688 ㊃11
清左衛門 ㊂452 592
鉄吉 ㊃143
鉄太郎 ㊃110
伝太郎 ㊃538
杢之助 ㊃673
都筑伊三郎 ㊃877
幾太郎 ㊂346
鉞之助 ㊃219
金之丞 ㊂807
治左衛門 ㊄169
七郎左衛門 ㊃780 ㊄67
鉄之丞 ㊄151
藤一郎 ㊃219
藤右衛門（都築） ㊃219 612
藤左衛門 ㊄79
平蔵 ㊂219 ㊃254 ㊄206
峯暉（金三郎・駿河守・但馬守） 外国御用立会心得取扱㊂550。神奈川開港㊂552 746。神奈川奉行㊂804。勘定奉行㊃421 422。町奉行㊃627／㊂513 589 782 793 ㊃10 110 200 ㊄210 395
都筑
峯重（駿河守・金三郎） 下田規定書全権㊂174。下田御用㊂185 221／㊂106 162 165 171 173 224 229 513
鐐太郎（都築） ㊂468 ㊃537 ㊄371
塚越元邦（藤助・大蔵少輔） 銀吹立㊂106。寄合小普請役金取立㊂107。韓使聘礼㊂298 401。ハリス参府取調㊂387 407。神奈川開港取扱㊂552。勘定奉行格㊂601。野戦連砲製造㊂611 850。小筒製造㊂737。神奈川開港普請㊂745。関東河川普請㊂750。行賞㊂846／㊂80 155 292 350 468 567 578 766 799 810 814 847 ㊃58
錬次郎 ㊂770 ㊃58
塚原寛十郎（官十郎） ㊂67 349 ㊄265
昌義（重五郎・治左衛門・但馬守） アメリカ派遣軍艦御用㊂832 833。講武所頭取㊃451。外国惣奉行並㊄212。御側衆格外国惣奉行㊄288。伏見戦争㊄345 355。若年寄並外国惣奉行㊄349。処罰㊄380 390。出奔㊄418／㊃140 149 150 152 217 391 452 479 567 939 ㊄295
塚本桓輔 ㊄365
月岡多六郎 ㊃83

筑紫策郎　㊄46 350 374
　帯刀　㊂359
　主殿　㊄46
辻　久満吉　㊃32
　守静（茂右衛門）　㊂22
　半三郎　㊄46
　巳之助　㊃110
　勇五郎　㊃32
　竜之助　㊂105 357
　隆之助　㊄46
辻内豊後（大工棟梁）　㊃121 158
辻元為春院　㊂311
辻本崧庵　㊂242
蔦木倉之丞　㊃975
土田鉎三郎　㊃154
　鉄作　㊂230 ㊄119
　平次郎　㊃154
土　御門　㊃776
　晴雄（右兵衛佐・左兵衛佐）　㊂68 74 569
土屋愛之助　㊃169
　寅直（采女正）　大坂市中戸口復古計画㊂362。大坂海岸警衛㊂504 505。詰日免除㊃15。日光山警衛㊃638。水戸浪士警備㊃649。寺社奉行奏者番兼役
土屋
㊄113 210 211 248／㊂214 563 792 ㊃98 288 376 392 ㊄6 94
　英太郎　㊃49
　求馬　㊂812
　金一郎　㊃50
　金蔵　㊄93
　釣之丞　㊄5 35 186
　銀八郎　㊃50
　国之允　㊂596
　豪直（平八郎・佐渡守）　㊂276 830 ㊃81 620 850 ㊄97
　寿次郎　㊃74
　州直（兵部・備前守）　㊂417 421 598 625 732 ㊃443
　庄左衛門　㊃430
　昌仙　㊃22
　勝右衛門　㊃892 ㊄135
　助三郎　㊃49 662 ㊄117
　正直（民部・丹後守）　㊃443 458 533 534 601 624 ㊄115
　左右橘　㊂105
　大膳亮　㊂402 778
　忠兵衛　㊃408 768 ㊄134
　長順（三郎左衛門・三郎右衛門）　㊂585 747 ㊄231
土屋平蔵　㊃430
　邦直（金次郎・佐渡守）　小姓組番頭㊂126。書院番頭㊂282／㊂66 141 174 625 800 830
　良太郎　㊂324
　廉直（讃岐守）　㊂27 66
筒井於菟吉　㊄133
　勘右衛門（武左衛門）　㊃538
　鑑助　㊃144
　正志（佐次右衛門）　㊂54 753
　政憲（肥前守）　異国御用㊂48 87 96 144 154 168 196 223 251 298 331 387 388 400 407。講釈㊂45 149 180。学問所御用㊂92 196。家定将軍宣下、祝儀賀文詠進㊂162。海岸防禦御用㊂196 329。軍制改正御用㊂196。下田取締㊂243／㊂38 44 196 222 229 291 577
　武左衛門　㊂753 ㊄289 319
　万輔　㊂105 770
堤　愛卿　㊃24 28
恒岡雄三郎　㊂87
常見栄太郎　㊂341 ㊃821
　鯛蔵　㊃975 ㊄417
坪井喜六　㊂90
　信良　㊄417
坪内織部　㊃55

坪内久三郎　(四)780
熊之助　(四)60
源五郎　(三)615
光次郎　(四)3・54
光太郎　(五)68
主馬　(三)38　(五)669・831・846・67
銑之助（石見守・豊前守・飛騨守）(四)146
定辟（伊賀守）(四)407・778・780・971　(四)55　(五)65・105・399
藤右衛門　(四)487・588・834
保之（伊豆守・河内守）側衆・御用取次(三)336・522。江戸城本丸普請・上洛御用掛、供奉参内(三)815・839。(四)602／(四)26・431・628・803・812・814・928　(五)89・154・399・422　(四)378・391　(五)378・489・567
本之助　(四)754　(四)207
壺井源蔵　(四)173
坪沼助右衛門　(四)173
妻木小源太　(三)563
鋳五郎　211
向休　211
民之進　(三)215
民之丞　(三)232
久之丞　(四)458
頼欽（主計）(三)598　(五)5

妻木頼矩（田宮・中務・主一）蕃書調所兼外国立合貿易筋御用(四)192・227。練所御用心得(四)221／(三)254・284・292・563　(四)
頼功（源三郎）139・324・397　(三)266・416　(三)585・747　(四)94・99・262・458
露木兵助　(三)496　(四)69・77　(五)149
鶴岡　(五)149
鶴田義次郎　(四)942
儀三郎　(四)941
鶴見卯三郎　(四)219
七左衛門　(三)469　(四)1・219・260・414
七郎右衛門　(五)79
忠兵衛　(四)219・754
手島卯十郎　(三)400
五兵衛　(三)112
広之助　(五)80
富之助　(四)130・207・228
手積富之助　(四)46
貞意（西丸御太鼓坊主）(四)235
貞鑑院（元姫、家斉女・松平容衆室）(三)32・34

て

貞粛院　慶喜室）下向(三)266。水戸家小石川邸退去(五)416・417／(五)88・293・311・318・420
貞悼院（和姫、家斉女・毛利斉広室）349　(三)195　(四)
貞明院（暉姫、家慶女・田安慶頼室）(三)283・730
庭（数寄屋坊主）(四)165
程子延　337　(三)623・625
鉄五郎（本郷元町家主）(三)193
鉄五郎（麻布畑代町）67
徹定（増上寺伴頭）(四)58
寺内東次郎（紀伊城附）(四)910
藤次郎（紀伊城附）(四)834
堂次郎（紀伊城附）(四)741
寺崎助一郎　(四)99
寺島彦一郎　(四)94
寺田数右衛門　(三)112
寺西左膳　(三)144
直次郎　支配所(三)563。納戸頭(五)831　(四)295。日光法会御用(四)628。三丸留守居別手組出役頭取取締並(五)265／(四)56・182
寺淵藤次郎　224・285・481　(五)725
天璋院（篤君、島津斉彬養女・家定継室）婚

つ・て

（坪・壺・妻・露・鶴・手・貞・庭・程・鉄・徹・寺・天）

て・と　（天・伝・ト・土・戸）

天璋院
儀㊁307 313
従三位㊁315 317 319。天璋院称号㊁535。
西丸移徒㊁567 573。本丸移徒令㊂15。一橋御屋形入㊄812 813。
／㊂563 571 634 635 ㊄436 69 143 292 293 311 420 421

伝通院（お大の方、水野忠政女・家康生母）法要㊁423
㊄151 156 743 750 756／㊁665 2 424 443

と

トウゼント・ハルリス（Harris, Townsend）→ハリス

トンクル・キュルシュス（Curtius, Donker オランダ甲比丹）㊂191 194 339

土岐左近㊄781 824 889 115
　作右衛門㊄401
　作左衛門404
　信濃介㊄882
　朝佐（信濃守）672
　朝昌（下野守・豊前守・摂津守）神奈川開港㊂552。講武所奉行㊃492。御側御用㊃512／㊂179 259 336 338 402 408 424 430 468

土岐
頼永（出羽守・修理大夫）日光名代㊁128
㊁524 529 531 537 540 577 601 608 ㊃22 395 402 ㊄128
133 323 330 638 648／㊂73 182 510 847

頼義（源太郎・左京大夫）㊃123 139 170 259 266
㊁226 36 89 208 239 407 461 462 546 548 574 614。／㊂10 271 276 475 838 ㊄240 364

頼之（美濃守・山城守・和泉守）参勤㊁日光名代㊂374 392 800 ㊄181

頼旨（丹波守）ハリス参府・対話㊂387 407 429 445。宗門改㊂473。道中奉行㊂479／㊂291 331 467 471 491 577 617

頼知（英之助・大隅守・隼人正）㊃324 ㊄181 393
㊄482 292 394 415 418 595 892 47 231 234 290。大坂警衛見分㊂459／

頼礼（大隅守・肥前守）講武所㊃746 ㊄74 371
㊄5 147 454・372

若狭守（伊勢守・駿河守）中奥番㊄808。小

戸川安愛（鉾三郎・伊豆守）長州藩糺問使㊄885 891。大
目付㊃952／㊂379 397 408 806 830 850

納戸45。

戸川
安清（播磨守）122
小姓組番頭格・養君付奥勤㊂506。留守居㊄664 52／㊂38 320 520 574 ㊃84 91 217 ㊄783 122

安鎮（中務少輔）㊂18 132 168 ㊄122
㊃768 894 60 666

右近（志津守）㊃421 671

達本（主水・近江守）㊂156 249 279／㊃375 650 ㊄21

主馬助　中川番

順之助　㊃149

助九郎　㊄736

竜三郎　㊂359 ㊃671

戸倉忠次郎　㊁228

戸沢正実（上総介・中務大輔）桜田門警衛㊂494。吹上上覧所前大手三之門格勤㊃316／㊂10 745 ㊃67 81 374 660 ㊄316

戸田嘉十郎　㊂318 349 392
　寛十郎　徒頭㊁233 ㊄414
　㊁813／㊂105 161 556 ㊃393 868
　久三郎　番㊃640 661 ㊄960
　久次郎　㊄221 295
　久助　㊁83
　久之丞　㊁255
　求之丞（土佐守）㊁671 ㊃322 407 652 667
　銀蔵　㊄5

戸田

戸田熊之丞　㊂一四八　㊃六二三　九〇九
熊之助　㊃七四　㊄一三四
鍬五郎　㊂四一二
鍬太郎　㊂五一三
元四郎　㊂七六六
五助　㊄八三　五七〇　二八六　二九五
光新（七内）　㊄一九八　二〇六　五六五　五九七
光則（丹波守）預所治績行賞㊂二四三。恩貸
光武（隼人正）金㊂二四七。大坂加番㊂二五六。京都警衛㊄
　㊄二〇八　二八五　七四五　㊃三一四　三七五　四四二　六六四　八二二　八八〇　九三八
　書院番頭㊂七八三　㊃四一三／㊂三一三
　㊄三二七　三六四　㊄五〇四
氏栄（伊豆守）西丸留守居㊂一七九。大坂町
三郎兵衛　㊃六六九　七九
三郎四郎　㊂八二一
光烈（民部）奉行㊂三三八／㊂二二　六三　一七九　二二四　三五八　五五六
　㊄三六六　五四七　五五〇　七三五　七四六

と

（戸・外・豊）

氏彬（釆女正）揖斐川普請㊂四八一。京都警
氏範（日向守）　㊂四六六　四七〇　七六六
氏著（能登守）　㊂五三四　六〇一　六五八　七六五　㊄六三
氏正（左門）　㊂八〇五
氏綏（淡路守）　㊂三九　三四四　三四七　三四八／㊃二八　二六二
氏共（釆女正）奉行㊂三三九

戸田

氏良（淡路守）大坂加番　㊄五八七　㊄三一七　三二八
十三郎　㊂一四八
正蔵　㊂一一一
勝強（肥後・肥後守）陸軍奉行並　歩兵奉行並
　㊄三五五　三八〇　四一九　三七一／㊄七六五　八一三　九二八　九五九　㊄三四八
銚蔵　㊄一二五　二二八
助三郎　㊄九四三
正意（嘉十郎・与左衛門）納戸諸留帳部　用取扱㊄／佐渡奉行㊂。水戸御
　分調㊂四二二。
　㊄二四八／㊄二二三　二四七　三四七　五七二　五八三　八一二　五三
政次郎　㊂五六　五九　三四二　三九四
総八郎　㊃一六一　一八二／㊄八〇七
弾正　㊃六四六
忠行（七之助・長門守）陸軍奉行並　㊄二〇九／㊂三八九／㊂三六四　三七六　六三八　六四五　六四九　一九六　三〇九
忠至（大和守）　㊂二一九　二四六　二六〇　二八八／㊃一六二　㊃三四〇
忠偲（大学・河内守・下総守）　㊂八〇五
忠恕（綏之助・越前守）水戸浪士㊃六三五～
　㊄六五二　六六〇　㊃八六

戸田

衛　㊃五八五／㊂三八三　八〇五　㊂三五　三七五　七〇三
　大坂加番㊃四二九　四三四／㊂三五二　三五四
忠文（大炊頭）　㊄六三八　六四〇　六四五　六四六　六七一／㊂二五八／㊂四二七　八二六　三六三　三七五　六二二
忠明（邦之助）　㊄五九
忠友（土佐守）真岡陣屋警衛㊄三〇九／㊄一七三　一七八　一八三　二一五　二五二　奏者番兼寺社奉行㊄二二五。
鉄之進　三三一　㊃二一二　㊄六五〇
主殿　㊄二一二
八郎左衛門　㊂二八七　㊄四七　六〇　二三二　五一七
半左衛門　㊄八二一　㊄一〇七　一一七
孫十郎　㊄二一二　㊂三六六
弁之助　㊄一五五
万蔵　㊄五九七
祐之丞　㊄六一
戸塚左大夫　㊄九二二
静海　㊄五一三　五六一　㊄二五四　四七七
静伯　㊄一五五
忠栄（豊後守）　㊂二〇七
彦助　㊄七七四／㊄四一〇
文海　㊄三八二　四一七
戸村捨太郎　㊃二〇七
外山忠兵衛　㊃五三八
弥十郎女　㊃二三三
豊島左門　㊃一〇九

と　（登・土・東・遠・藤・道）

登美宮（有栖川宮熾仁親王女・慶喜母）↓水戸斉昭室
土井八太郎　㊂810
利恒（捨次郎・権次郎）　㊃396 429
利興（内膳正）　㊄176
利善（大隅守）　大坂加番㊂28。奏者番㊂547。寺社奉行㊃505／㊂73 161 475 781 ㊃288 376 465
利則（大炊頭）　日光名代㊂155 156 174。水戸浪士騒擾警衛㊃639。神奈川表警衛㊄357／㊂23 158 175 207 745 ㊃166 376 649 ㊄176
利忠（能登守）　恩貸金㊂555。北蝦夷開拓㊂797 ㊃64。唐太（カラフト）開発奨励㊄298／㊃376 392 429 491
利用（主計・備前守・備中守）　㊂452 586 616 736 ㊃671 ㊄6
土肥伝右衛門　㊃123 155 397
東条出雲守　㊂596
英庵　㊂587
八太郎　㊂427
肥後守　天璋院用人㊂590 ㊃205。和宮用人㊃209／㊂791 821 ㊃140 254 284 671
平左衛門　㊂84 404 410 613
遠田溢庵　㊂561
遠田長庵　㊂513
澄庵　㊃254 948
遠山金四郎　㊄389
景高（安芸守）　側衆㊂491／㊂210 365 367 638 ㊃479
景纂（金四郎）　㊂38 126
左衛門　㊄134
三郎右衛門　㊄228
三郎右衛門女　㊃200
三十郎　㊃460
三之助　㊄118
資尹（兵部少輔）　㊂516
鉦太郎　㊃223
鏘次郎（修理亮・備後守）　㊃595 668 ㊄133 285
則訓（隼人正）　宗門改㊂47 479。大目付㊂338。琉球人参府御用㊂479。道中奉行㊂494。西丸留守居㊂839／㊂46 104 113 202 531 537 540 618 820 ㊃332 489
大膳　㊂361
鍛次郎　㊃133
直温（淡路守）　㊂547 616 ㊃310 345
直富（近江守）　㊂207 353 ㊃278 310
藤太郎　㊂762
内膳　㊃54
遠山内膳女　㊃200
益之助　㊄167
安之助　㊃163
友詳（信濃守・美濃守）　若年寄㊃113 ㊄207。勝手掛・外国掛㊄55／㊂145 690 ㊃114 211 333 367 380 800 864 880 ㊄9 13 93
録三郎　㊂497 ㊃489 ㊄107 411
藤十郎（上槙町清兵衛地借）　㊂364
藤堂鎌次郎（将監）　㊂813 ㊄154
高潔（大学頭）　㊂119
高聴（佐渡守・土佐守）　㊂44 407 ㊃373
高邦（佐渡守）　㊃651 652
高猷（和泉守）　恩貸金㊂221。京都警衛㊂504。濃・勢・尾・東海道筋河川普請御用㊃114／㊂427 840 ㊃15 372 410 934 ㊄339
重次郎　㊂843 ㊄154
八座　㊃652
平右衛門　㊃134 594
退連（秉之丞）　㊃263 383
錬五郎　↓松平定昭
道嘉（紅葉山）　㊂39
道嘉（数寄屋坊主）　㊃165
道井（数寄屋坊主）　㊃627

道知（数寄屋坊主）㊃165
道併（数寄屋坊主組頭）㊃165
常盤井（老女）㊂321
徳川家基（孝恭院）霊屋修復㊂530 585 592 603／㊂527
　家継（有章院）㊂693 848
　家慶（慎徳院）歿㊂2。葬儀㊂3 4 9 10。法要㊂5 188 191 195 200 643 ㊃743。贈位・諡号㊂13。遺物賜与㊂25 26。宝塔・霊屋修復㊂46 202 ㊃113 127 178 ㊄17 48 229／㊄15 231
　家光（大猷院）㊃15 16 696 824
　家康（権現・神祖）㊂129 410 ㊃841
　家重（惇信院）㊂693 768 774 779
　家斉（文恭院）法要㊂326 330 ㊃7 8 12〜15／㊃113
　家宣（文昭院）霊屋修復㊂4 46 103 202 ㊃127 178 ㊄17 48 229。法要㊃157 163 169 177／㊄15 231
　家定（家祥、温恭院）誕生㊂1。元服㊂1。本丸移徙㊂2 40 45 46 54。婚儀㊂2 307 313〜315 317 319。上様と称す㊂3。病気㊂47 89 127 131 161 370 371 515〜525。将軍宣下㊂55 68 69 78〜85 94。公方
徳川
様と称す㊂62。家定と改名㊂70。アメリカ船退帆を望見㊂149。ハリス引見㊂431。歿㊂525。葬儀㊂527 528 531。遺物賜与㊂543／㊂57 526 532 592 603 611 643 788 791 793
　家定室（有姫、鷹司政熙女）↓天親院
　家定継室（篤君、島津斉彬養女）↓天璋院
　家茂（紀伊、慶福、宰相、昭徳院）養君㊂507。プーチャチン引見㊂516 517。家茂と改名㊂519。宗家相続㊂527。上様と称す㊂527。病気㊂605 635〜642 644 645 779 ㊃421〜425 428 431 432 434 529 533 583 719 943〜945 949 951 952 955 961 962 964 965 969。ハリス引見㊂629 ㊃294 303。本丸移徙㊂812 813 818 819 825。将軍宣下㊂558 559 566 572 573 577。婚儀㊃7 8 267 270 271 273。フランス、ミニストル引見㊃322。一橋慶喜㊃343 956〜958。ロシア、コンシュル引見㊃362。上洛令㊃388 390 403 411 419 436〜439 489 490 494 508 513 518 535 542 543 548 549 561 663 672 679 770。官位㊃459 616 618 627 795 ㊄224。二条城㊃547 558 566 614 773 793 806。滞京㊃575 576 596 603 611。参内㊃569 570 576 580 585 597
徳川
601 602 711 777 801。大坂城㊃589 604 610 654 715 772 778 790 791 807。諱名印章㊃887。御字治定㊃902。歿㊃970 ㊄2 3 18。遺骸江戸輸送・葬儀㊃972 973 981 987 ㊄7 9〜12 28。霊屋・宝塔㊄15 229 231 301。諡号㊄49。遺物賜与㊄53 55 56 69 120 121／㊂506〜510 525
　吉宗（有徳院）霊屋㊂527 530 585 592 603
　慶喜（一橋、刑部卿・中納言・広門）面会文書往復等遠慮㊃307。上洛㊃394 398 471 832。再相続・後見㊃343。対顔・人払御用㊃580 712 719 721 722 727 733 773 775〜777 784 793 795 828 830。関東下向㊃589。隠居・慎・免㊃617 801。禁裡守衛総督摂海防禦指揮㊃632。朝廷尊崇十八ヶ条奏聞㊃657。着坂㊃718 782 827。条約・兵庫開港勅許請願㊃786。家督相続将軍職㊃789 956〜958。東下差止㊃792。政務輔翼㊃796。家督相続・上様と称す㊄1〜3 318。官位㊄101 259 268 270 272。将軍宣下㊄101 108〜110 168 170〜172 245。大坂城㊄153 162 174。京都帰還㊄155 178 230。将軍職辞職願㊄293 308

と（徳・所・利・富・留・友）

徳川
337。大政返上㊄282 337。恭順㊄375 378 382〜385 388 404。水戸幽閉㊄407 416 418 419 422 426 428／㊂5 21 ㊃310 325 383 396 401 403 426 566 569 574 576 584 605 745 750 798 829 961 962 964〜968 970 971 ㊄14 18 25 37 40 172 201 258 269 270 319 344 353 355 363 383 384 396 403 419 430
慶喜室（美賀子、今出川実順妹、一条忠香養女）↓貞粛院
綱吉（常憲院）法要㊂414 419 424 426。霊廟修復㊂530 585 603／㊂527
秀忠（台徳院）霊廟修復㊂762 816 817 ㊃72 78 79／㊂129
昭武（民部大輔）㊄142〜144
徳大寺公純（右大将）㊃573 584
実則（中納言）㊃573
斉堅（前内大臣）㊂13
徳永昌賢（伊予守）㊂206 373 405 ㊃413
昌言（鋳次郎）㊃213 233 952 ㊄99
昌新（主税・伊予守・石見守）㊂656 ㊃159 408 ㊄310 364 372
万吉 ㊃213
徳山鋼太郎（出羽守）㊃813 ㊄185 347
秀守（五兵衛）㊂41 747
総五郎 ㊃928

所 多一郎 ㊃297
八百八 ㊃754
所谷市太郎 ㊃105
左市郎 ㊃105
利姫（尾張斉荘女）↓浅野（上総介）慶熾室
富岡佐太郎 ㊄83
藤左衛門 ㊄79
又四郎 ㊃224
富沢勝次郎 ㊃126
善重郎 ㊃101
長四郎 ㊃126
富田熊太郎 ㊃174
継太郎 ㊄5 399
帯刀 ㊃405
忠左衛門 ㊂832
兵部 ㊂144
福三郎 ㊃174
類右衛門 ㊂205 ㊃665
富津吉重郎 ㊄96
真之助 ㊂172
富永一造 ㊃555
源左衛門 ㊃135
正五郎 ㊂91
千之助 ㊄198

富永善太郎 ㊃117
泰之（孫六郎）駿府目付代・同目付㊂188 208 240／㊂747 ㊃211 295
武之助 ㊃190
忠三郎 ㊄119
藤右衛門 ㊂36
八五郎 ㊃190
彦四郎 ㊃133
孫十郎 ㊃766 868 870
貢 ㊃930
槍之助 ㊃117
雄之助（相模守）㊃492 964 ㊄284 331 396
靭負 ㊃295
釧之助 ㊃821
富小路敬直（中務大輔）㊃202 237
富松喜太郎 ㊃49
兵庫 ㊃49
富山譲輔 ㊃629
留蔵（無宿）㊂364
友成栄之助 ㊂285 287
求馬 ㊃931 ㊄159
郷右衛門 ㊃960 ㊄158 209
省五郎 ㊃206
友部八五郎 ㊂290

伴田金次郎 （四）六八三
伴野金三郎 （四）六二
　権次 （三）一八・二〇二
貞幹（七之助） 三六六 （四）七八二・八二四・九二九 （五）二六五
豊田栄次郎
　仁左衛門（平野仁右衛門） （四）一四八・一五一
　勝助 （三）一一二
　敬之助 九二・三七八・三七
　十兵衛 （三）三七八 （四）一〇一・一〇四・一一五・四〇二
　末吉郎 （四）四八五
　直三郎 （三）一一二
　友直（藤之進） 火付盗賊改（三）四九九 ／（三）二三五・五八三

と・な
（伴・豊・鳥・ナ・名・那・奈・内）

忠宝（国之助・丹波守） 日光名代（三）六〇〇 （四）七五二・七五三・七七六・八〇五・八四五・八四六・一一五・五九三・五三
忠善（権之助・越前守） 大坂町奉行（四）二四〇。摂海台場取建御用（四）五八八 ／（三）一七四・五二二・六〇一
忠挙（丹波守） 若年寄（三）二八 ／（三）七一・一九五・三一九・四〇五
忠郁（織部） 四二二 （五）五九四・三四五
良之助 七三一・七四〇・四九二
久五郎 （五）二一四
鳥井栄太郎（鳥居） （四）一六三
鳥居市十郎 （四）七三七

鳥居 五八・六四・七一 （五）四六・六九。水戸浪士警衛（四）二四〇・三七四 （五）六四五・六四九 ／（三）四〇五・四一三・四二二・六一四 日光山警衛（四）六三八。
　八右衛門 七四五・八三八 （四）八四・七三七 （四）一三三・九二・三〇二・三〇八・三二六・三二七
　八五郎 （三）一〇五・三五七
　彦太郎 （三）七六二
　八十五郎 （四）二七四
　弥平次 （五）九一
　六之助 （五）七九
　鳥居小路宰相 （三）一九八

な
ナース（Nurss？ アメリカ人） （三）一三五
名村五八郎 （五）三五・二一三
　五郎八郎 一三六
　為之助 四二七
　八五郎 一四六
那須喜兵衛 （三）七九三
　善太郎 四六・一三〇・一九三
　与一 （三）七九二
奈佐鉉之進 （三）一九八
　清次郎 （五）一七・九四・二〇六
内藤安房守（内藤忠明 カ） （四）三四三
　伊予守 四九三
　因幡守 （五）五五・六六・一五三
　右近 （三）五八三・七三三・七六三・七九三
　右門 （四）二三・二〇五・二〇九・三四四
　英之助 （五）七九
　鋭之助 （四）七四
　越中守 （五）二八六・三九九
　斧太郎 七九三
　角右衛門 （四）一三七
　主計 （三）七六一

内藤来助　㊃105
　欽一郎　㊂109 832 ㊃56 ㊄125
　矩正(若狭守・隼人正)　㊂639 730 740 ㊃382 ㊄97
　桂三郎　㊂596
　源助　㊃62
　五兵衛　㊃388
　幸三郎　㊂384
　左門　㊄158
　采之丞　㊂770
　七太郎　㊄433
　主膳　㊃109
　十郎兵衛　㊃317 340
　助充(源蔵)　㊃207
　庄之助　㊂761
　勝永(鋭太郎)　㊂484
　信重(駒次郎)　㊂729 ㊄127 389
　信親(紀伊守)　老中㊂28 ㊃320。ハリス返翰書署名㊂326。勝手掛㊂612 845 ㊃315 319。ハリス登城㊂629。学問所・天文方・大小砲鋳立・内海台場掛㊂732 737。江戸城本丸普請掛㊂739 815。天璋院御用㊂777。一万石村替㊂839 ㊃440。日光東照宮霊廟修築惣奉行㊃313／㊂5 162 194 196 330 336 405 419 424 426 537 549 627 634 635 647 738 765 815 826 ㊃15 257 287 372 391 484 643
内藤
　信親(紀伊守)養母　㊂668
　信復(熊太郎・弥左衛門)　㊃261 ㊄134
　信民(千代松・豊前守)　㊂765 ㊃643 ㊄215
　新太郎　㊂807 ㊃105 134
　甚三郎　㊃393
　甚四郎　㊃666
　甚十郎　㊃140 409 479
　甚之丞　㊂807
　甚兵衛女　㊃110
　正縄(豊後守)　㊂516 518 521 749
　正信(大炊頭・遠江守・壱岐守・土佐守)　勤仕並寄合㊄65。撒兵頭並㊄162 372／㊃297 407 447 493 582 777 779 780 879 971 ㊄55 105 372
　正誠(釟一郎・志摩守)　奏者番㊃139。寺社奉行㊄288／㊂749 786 795 ㊃58 70 375 857
　正当(外記・肥後守)　㊂312 601 ㊃6 21 69 122 413
　正令(遠江守)　㊃332
　政義(右近将監)　㊃375 421
　政挙(寛次郎・備後守)　㊃406 421 822 857 938 ㊄349
内藤政恒(起之進)　㊂238
　政敏(勝之丞)　㊃374
　政文(山城守)　㊂210 352 354 573
　政養(長寿麿)　㊃642 ㊄64 316
　銑之助　㊄158
　武三郎　㊄68
　鍛之丞　㊂729
　忠谷(哲太郎)　㊂41
　忠辰(茂之助・新十郎・飛騨守)　江戸城本丸普請御用㊂816 848／㊂86 90 106 109 154 368 484 608 639 751 763 ㊃46 52 64 105
　忠誠(内蔵頭)　㊂296 ㊃340
　忠道(甚左衛門)　㊂207
　忠明(安房守)　㊂523　→内藤安房守
　鉄蔵　㊃527
　伝十郎　㊃134
　縫殿頭(備中守)　㊂656 ㊃343 408 668
　縫殿頭(備中守)女　㊃87
　延吉　㊃406
　半右衛門　㊃21
　彦太郎　㊂406
　文成(金一郎)　㊂573 ㊃375 620 635 ㊄393
　又十郎　㊃646
　弥兵衛　㊄102

な （内・直・中）

内藤雄三郎 ㊃105
　頼直(左京亮・駿河守・若狭守) 水戸浪士警衛㊃646。江戸市中巡邏㊄316／㊂610 ㊃375 633 637 642 661 822 857
　頼寧(駿河守) ㊂610
直井倉之助 ㊂230 273 353 365
直村栄左衛門 ㊂774
中井嘉右衛門 ㊃119
　国太郎 ㊃101 ㊄95
　経蔵 ㊃670
　新右衛門 ㊂607 751
　太左衛門 ㊂257 267
　伝五郎 ㊃119
　松三郎 ㊄107 117
中尾太右衛門 ㊂268
　祐太郎 ㊃143
中神主一郎 ㊃219 ㊄17 94
中川市助 ㊃93 112 451 473 629
　勝太郎 ㊃297
　久昭(修理太夫) ㊂109 131 ㊃372 809 ㊄149
　金之助 ㊂311
　元吉 ㊃67
　監物 ㊂792 ㊃179 187 261 458
　甲次郎 ㊃458
中川権右衛門 ㊃214
　善之助 ㊃126
　惣治郎 ㊄84
　忠潔(飛騨守) 作事奉行㊂44／㊂89 113 394 410 442
　忠道(飛騨守・右京亮・備中守) 作事奉行㊃964／㊃407 566 576 604 890 904 ㊄17 98
　鋳吉 ㊄83
　早太郎 ㊂792
　半三郎 ㊃126
　巳之太郎 ㊃214
　鎗三郎 ㊃41
中里弥五右衛門 ㊄125
中沢右京 ㊄39
　左京 ㊃153
　三左衛門 ㊃62
　太郎 ㊄39
　主税助 ㊂565 ㊃58
　彦次郎 ㊃153
　雄之助 ㊃58
中島勘三郎 ㊂479
　吉次郎 ㊃59
　恭之助 ㊃974
　欽一郎 ㊃931
中島鍬次郎 ㊄417
　源蔵 ㊄84
　鐘三郎 ㊃182 207
　真宰(佐渡守) 江戸城大奥修復㊂93 106 112／㊂46 86 162 352
　新九郎 ㊃191
　新兵衛 ㊄125
　静三郎 ㊃892 ㊄66
　千次郎 ㊂843
　善三郎 ㊃60
　善次郎 ㊃182
　内匠 ㊃459 ㊄72
　唯太郎 ㊃191 ㊄234
　忠三郎 ㊄97 107
　悌之進 ㊃78 93 107 215 388
　督之助 ㊃765 ㊄83
　彦四郎 ㊃276
　平四郎 ㊂352 658 ㊄72
　弁右衛門 ㊂92
　弥九郎 ㊃188
　与五郎 ㊂462
　利右衛門 ㊄131 191
中関幸三郎 ㊃207
中田郷左衛門 ㊂427

な（中）

中台信太郎 ㊄368 392 394 418
中西喜久太郎 ㊂59
　八之助 ㊂105
　主水 ㊂59
中根久三郎 ㊂366
　恵三郎（恵一郎） 犬追物㊂737 756 757 762 765 766 769／㊃453 527
　鑢三郎 ㊂483
　讃岐守 ㊃916 943 ㊄55 66 404
　七左衛門 ㊃207
　七郎左衛門 ㊂444 483
　鐘七郎 ㊃846
　正一（式部） ㊂210
　正義（宇右衛門） ㊂748
　正撲（壱岐守） ㊂151
　惣次郎 ㊃626
　豊八郎 ㊂366
　平十郎 ㊃55 541
　造酒次郎 ㊃872 873
　元之丞 ㊃408
　元之助 ㊂657
　鎗次郎 ㊃132
　芳三郎 ㊃60
　練次郎 ㊄67
中根錬次郎 ㊃780 846 ㊄399
中野一学 ㊃939
　金三郎 ㊃49
　鐘七郎 ㊃770 ㊄68
　清延（監物） ㊂207
　清茂（播磨守） ㊃254 322 ㊄106
　八郎 ㊃208
　豊前 ㊃256
　又兵衛 ㊂84 369 ㊃49 394 666
中坊織之助 ㊃87
　広胖（陽之助） 寄合肝煎㊄214／㊂808 ㊃493 668 ㊄243
　広胖女 ㊃86
中畠宇右衛門 ㊂162 778 ㊃26
中浜万次郎 ㊂61
中御門経之（頭弁・中納言） ㊃584 ㊄337 339
中宮祐右衛門 ㊄65
中村一稲（長十郎） ㊃413 417
　逸平 ㊃145
　英之丞 ㊃51
　勘兵衛 ㊃29 193 615
　岩橋 ㊃17
　金右衛門 ㊃205 ㊄212
　国三郎 ㊃193
中村敬輔（敬助・敬宇） 儒者㊃18。学政更張・小学校取建御用㊃534／㊂379 470 ㊃165 394 530
　賢太郎 ㊄389
　源七郎 ㊃107
　幸太郎 ㊄85
　幸之助 ㊃182
　貞之丞 ㊄102
　四郎左衛門 ㊃845
　次郎八 ㊃238
　時万（為弥・出羽守・石見守） 長崎御用㊂52 145 169。下田条約締結㊂376 377。普請奉行㊂742。玉川上水修復普請御用㊃52 85 156 308／㊂18 224 236 292 359 363 380 388 389 394 396 738 830 ㊃7 188 331 654
　錠次郎 ㊃974 ㊄417
　甚兵衛 ㊃90
　善右衛門 ㊄169
　善次郎 ㊃56
　善之助 ㊃207
　壮輔 ㊃206
　宗三郎 ㊃665
　荘助 ㊄127
　太郎橋 ㊃92

中村大学　㊂589㊃22
達之丞　㊃207
伝之助　㊃92
初三郎　㊂346
繁三郎　㊃51
日向　㊂164
文蔵　㊃146
弁次郎　㊃132 208
又左衛門　㊂784㊃667㊄206
又兵衛　㊂549㊃161 218 276
弥大夫　㊃51 131 193 229㊄96
弥八郎（源八郎）　㊃51
雄左衛門　㊃119
良之助　㊃119
中村屋源八　㊂20
中本孫大夫　㊃46
中山鉛助（鉛助）　㊃484
来助　㊃155
儀兵衛　㊃148 151
吉次郎　㊃242
五郎左衛門　㊄67
甲午郎　㊄68
修輔　㊃665
正太郎　㊃780㊄67

中山摂津守　㊄434
善大夫　㊂272
大太郎　㊃79
弾正（要人）　㊃831 892㊄68 404
忠光（侍従）　㊃574
忠能（大納言・前大納言）　㊃199 201 237㊄337 339
直桓（丹後守・筑後守）　㊂62 151㊃453㊄290
東橋　㊃484
藤七郎　㊃55㊄134
富五郎　㊃73
富太郎　㊃155
籏郎（旗郎）　大砲組頭㊃492／㊂282 285 287㊃183 232
備中守　㊃343㊄50
主水　㊃142
竜吉　㊂564
永井愛之助　㊃133
伊織　㊂597
兼之助　㊃191
釜吉　㊂166
勘兵衛　㊂110 832㊃56 59
錦太郎　㊂844
左兵衛　㊃624㊄72

永井三蔵　㊃165 345 530 534㊄265
十郎左衛門　㊃104
尚志（岩之丞・玄蕃頭・主水正）　長崎御用㊂155 164 165。海軍操練御用㊂353 370 597。勘定奉行勝手方㊂459。外国奉行㊂515。アメリカ条約批准交換差遣㊂534。神奈川開港取調方㊂551。軍艦奉行㊂590 591。京都町奉行㊃353。長州藩糺問㊃808 830 862。長州征討㊃927。若年寄格・若年寄㊄168 173 321 379。官位召上・登城禁止・逼塞・閉門㊄380 390 419／㊂44 95 124 127 132 149 152 351 387 407 445 462 467 577 583㊃354 429 567 806㊄355
尚典（肥前守）　㊂498 777㊃139 375 407
尚徳（能登守）　㊂207 474㊃340 429
尚服（伊豆守・肥前守）　若年寄、会計奉行㊄210 378。国内御用取扱㊄367／㊃407 504㊄58 217
慎三郎　㊃208
慎次　㊃208
仁三郎　㊂597
大之進　㊄134
直幹（若狭守・信濃守）　㊂28 524 773 783
直輝（遠江守・飛驒守）　㊂214 225 233㊃166

永井直景（兼之助）　㊃263 ㊄134
　直哉（信濃守）　㊃919 ㊄167 180 317
　直矢（伝十郎・飛騨守）　㊂772 ㊃166 334 376 528 602
　直寿（真之丞・主計）　㊂687 ㊃670 ㊄166 389
　直常（大之丞）　㊃909
　直正（佐渡守）　㊂522 648 747 ㊃666
　直清（房之助）　㊂585 748 ㊃620
　直方（三左衛門）　㊂127 206
　直諒（日向守）　㊄316
　鉄太郎　㊃925 926
　内記　㊃408 ㊄66
　直次郎　㊂336 ㊄411
　隼之助　㊃480 ㊄119
　半之丞　㊃208
　肥後守　↓永井尚典（肥前守）
　主水　㊂549
　脇太　㊃138 ㊄95
永久保往太郎　㊄160
　徳三郎　㊄160
永口三蔵　㊃555
永倉久阿弥　㊃174
　珍阿弥　㊂84 ㊃174
永坂為蔵　㊃36 97
永島玄造　㊂311
　大八郎　㊃936 ㊄161
永田郷右衛門（駿河守・肥前守・備後守）　㊂657 ㊃408 780 782 859 969 971 ㊄56 66
　権左衛門　㊂111
　正寅（与左衛門）　㊂307
　宗十郎　㊃930
　伝左衛門（伝右衛門）　㊃460 ㊄71
　長門守　㊃407
　豊後守　㊂402 ㊃462
　勇次郎　㊃462
　義次郎　㊃132 413
永原権佐　㊂172
永見為信（貞之丞）　㊂358 469 ㊄405 406
　為忠（健次郎）　駿府目付㊂12 90／㊂601 846 ㊃139 383
　謙吉　㊂128
　権十郎　㊃538
　辰次郎　㊃208
永峯五郎　㊄160
　甚之丞　㊄160
永持亨次郎　長崎御用㊂52 169／㊂224 236 ㊃14 461
永山吾三郎　㊃191
　好次郎　㊃191
長井勝次郎　㊃553
　金太郎　㊄101
　昌言（五右衛門・筑前守）　目付㊃345 ㊄225。外国御用立合・貿易筋之御用取扱㊃532。京都町奉行㊃811／㊃171 390 392 397 453 506 ㊄225 229 284 331 372
　半左衛門　㊃345 ㊄101
長尾小兵衛　㊂287 ㊄79
長岡寛五郎　↓津軽承烈
　鎮太郎　㊃196
　林之助　㊃873 874
長川周二　㊃82
長坂権七郎　㊂67
　庄八郎　㊃19 53 ㊄92
　血鑓九郎　㊄768 808 814
　半八郎　㊂52 169 ㊃124 179
長崎熊之丞　㊃62
　兵三　㊃77
長崎屋源右衛門　㊂623
長沢鋼吉　㊂287
長島清兵衛（源兵衛）　㊃151
長　田　↓長田（オサダ）
長門宰相　↓毛利慶親
長沼敬吉　㊂112

な（長・半・梨・夏・鍋・生・行・楢・成）

長野猪十郎 ㊂84
　専之助 ㊃206
　弥十郎 ㊂104
長浜捨五郎 ㊄80
長屋左平太 ㊄206
長山直候（祐之助） ㊂376 404 415
半井出雲守 ㊂668
　策庵 ㊂561
　大膳 ㊄313
　通春院 ㊂678
　卜仙 ㊃254
　山城守 ㊂765 ㊃250
梨本弥左衛門 ㊃35
　弥三郎 ㊃129
夏秋又三郎 ㊄414
夏目庫次郎 ㊄80
　次郎左衛門 ㊂596 ㊃408 481 ㊄377 406
　信名（近江守） ㊂460 ㊃481
　信明（左近将監） ㊂549 574
　清一郎 ㊃552
　当三郎 ㊃41
　杢之丞 ㊃479 492
　杢之助 ㊃426
鍋島安房 ㊂209
鍋島市佐 ㊃216
　顕之助 ㊂835 ㊃650
　上総 ㊂209
　上総介 ㊂38
　熊五郎 ㊂38
　左馬助 ㊂209
　周防 ㊃216
　斉正（直正・肥前守・閑叟） 長崎・神之島・伊王島台場築立㊂183。下関小倉渡海船差出㊂332。長崎警衛大名参勤制㊂378。鑓三本㊂851／㊂38 178 304 745 ㊃131 194 202 270 486 503 519
　内匠頭 ㊂835
　直紀（甲斐守） ㊃373
　直彬（熊次郎・備前守） ㊂272 ㊃373
　直亮（加賀守） ㊃372
　茂実（淳一郎・信濃守・肥前守） 長州征討㊃809／㊃20 34 202 281 372 512 859 910
鍋田三郎右衛門 ㊃239 951 ㊄129
生井鑑之助 ㊃118
　金三郎 ㊃118
行方文五郎 ㊃111
楢崎庄右衛門 ㊃125
楢林栄七郎 ㊂194
楢林栄太郎 ㊂191
楢原藤次郎 ㊃942
　文次郎 ㊂599
楢山佐渡妹 ㊃87
成田三郎左衛門 ㊂150
　新十郎（下総守） ㊃974 ㊄416
　藤次郎 ㊂352
　藤十郎 ㊂381
　弥三右衛門 ㊃594
成合平左衛門 ㊂111
成島弘（甲子太郎・大隅・大隅守） ㊂122 ㊃248 254 ㊄187 308 366 382
　司直（図書頭） ㊂357 ㊃358
成瀬栄三郎 ㊃26
　鎌三郎 ㊄106
　吉右衛門 ㊄399
　正直（大蔵少輔・因幡守） ㊂41 274
　正典（善四郎） ㊂832 833 ㊄372 413
　正肥（隼人正） ㊂546 799 818 ㊃422
　為三郎 ㊂414
　徳一兵衛 ㊄103
　舒丸 ㊂164
　豊前 ㊂150
　弥五郎（対馬守） ㊃55 528 619 867 876 ㊄217 221

な・に　（成・南・二・仁・丹・新・贇・西）

成瀬弥太郎 ㊂347
南条権右衛門 ㊃213
　助七郎 ㊂400
　鉄五郎 ㊃213
南部信順（遠江守） 日光東照宮・霊廟・諸堂社等修覆㊃664 ㊄125／㊂262 311 815 ㊃372
　信民（璋五郎・璋次郎・美作守） ㊃87 409 ㊄219 364 393
　信誉（丹後守） ㊃409
　孫三郎 ㊂111
　弥八郎 ㊄331 397
　利剛（美濃守） 蝦夷地警衛㊂269 276 348 480 622 ㊃281／㊂375 459 ㊃372 585
　利用（大膳大夫） ㊂375
南竜院 ↓紀伊頼宣

に

二木弥一右衛門 ㊃941
二条斉敬（大納言・右府・関白・摂政） ㊂564 566 ㊃573 792 ㊄319 335
仁井田源蔵 ㊄164
　善三郎 ㊄198
仁賀保孫九郎 ㊄135
仁木守約（次郎八郎） ㊂747
仁杉 ↓ヒトスギ
丹羽右近 ㊃81 84
　久左衛門 ㊃216
　五左衛門 ㊄67
　氏賢（若狭守） ㊂84 90
　氏中（勘助・長門守） 大坂在番㊄167 180／㊂48 84 89 600 ㊃918 ㊄196 316 324
　勝知（将監） ㊃444
　長国（越前守・左京大夫） ㊂548 ㊃195 372 585 ㊄196
　長富（左京大夫・若狭守） ㊂119 504 513 548 553
新家鉄作 ㊂298
贇惟善（善右衛門） ㊂245 ㊃458
　市之丞 ㊃213
　善次郎 ㊃458
　善十郎 ㊂471 811 ㊃213
西吉兵衛 ㊂191 194
　慶太郎 ㊂194 339
　周助 ㊄368 417 433
　安太郎 ㊄198
　米蔵 ㊃930
西尾鉞之助 ㊃73
　斧五郎 ㊃138
西尾寛一郎 ㊂425
　喜八郎 ㊃219
　金四郎 ㊃126
　式部 ㊂144
　小左衛門 ㊂209
　宗之助 ㊃54
　増裕（藤十郎） ㊃175
　辰之丞 ㊃126
　忠左衛門 ㊄310
　忠受（隠岐守） ㊂27 ㊃178
　忠篤（鎰之助・隠岐守） ㊃178 374 507 617 640 ㊄316 393
　隼人 ㊂57
　主水 ㊃34
西川才四郎 ㊄73
　庄之助 ㊃940
西河東五郎 ㊄198
西田巳太郎 ㊄301
西野宗右衛門 ㊃630
西村善蔵 ㊃131
　伴之助 ㊂214 281 355
　平三郎 ㊄83
　珉助 ㊂92
　鎗之助 ㊃11

に・ぬ・ね・の

に

西山喜六郎 (三)152
　源兵衛 (五)406
　八郎兵衛
　兵庫 (四)55
八郎兵衛 (三)122　687
平七郎 (四)29　93　112　193 (五)214
与五郎 (四)25
錦小路頼徳（右馬頭）(四)584
入戸野銀之丞 (四)116
十五郎 (四)116
日光准后 (四)619　674 (五)116
　准后母　↓妙勝定院
　新宮 (三)591
蜷川丑太郎 (四)190
　邦之助 (四)134　158 (五)293
　親賢（左衛門尉）(三)208 (四)434　620　802 (五)97
　親常（能登守）(三)27
　親宝（相模守）(三)29　82　415　629　434
　千之助 (四)190
　藤右衛門 (五)85
　八右衛門 (三)831
　八左衛門 (四)31
　平太郎 (四)31
庭田重胤（源中納言）(四)573　584
仁孝天皇 (五)178

ぬ

沼口真十郎 (四)940
沼田甚五兵衛 (五)941　942
沼間鉱太郎 (五)66
　鎮次郎 (五)373

ね

ネルツン(Nelson　ネルソン、アメリカ人)(三)135
根岸衛奮（九郎兵衛・肥前守・備前守）目付助・目付(三)125　167　179　199　231。外国奉行助・目付(四)157。勘定奉行(四)178。小普請組支配(四)478／556　382　390　395　397　481 (五)395
　金三郎 (五)79
　三十郎 (四)38　48
　鋳三郎 (五)154
　又四郎 (三)387
　造酒助 (三)154
根来采女 (三)552
　栄太郎 (四)485
　五左衛門 (四)425

の

根立助七郎 (三)384 (四)239　48
根津金四郎 (四)112
　鉄四郎（鉄次郎）(三)833 (四)66
根村鋳五郎 (四)83
　藤太郎 (四)754 (五)82
根本市太郎 (三)298
　采女 (三)793
　栄太郎 (五)793
　新八郎 (四)290
捻
　鉦次郎 (四)193
能勢勝三郎 (四)134
　銀三郎 (四)144
　小太郎 (三)367　64
　三十郎 (三)646　849
　鉄次郎 (三)808　909
　惣右衛門 (五)173
　虎之助 (三)173
　益之助 (三)849

能勢頼常（河内守）　㊂252
頼富（帯刀・熊之助・日向守）　㊂131 746 847
㊃480 669 ㊄222
野口鎌五郎　㊃78 417
銀之助　㊃206
源十郎　㊄17 48 95
権之助　㊃59 182
藤三郎　㊂604
野崎仙之助　㊂104
野島左仲太　㊃651
野尻久大夫　㊂226 228
野田吉五郎　㊄66
進太郎　㊃102
守兼（三郎左衛門・下総守）　㊃407 780 971 985
㊄55 65
又三郎　㊃554
勇五郎　㊃73
野中綾二郎　㊂91
脩平　㊃636
晋一郎　㊃93
鉄太郎　㊂127 242
鉄平　㊄125
野々山兼寛（鉦蔵・丹後守）　目付㊂298 313。外
国奉行㊂838。対馬御用㊃115 116 281 296
野々山　／㊂286 528 542 551 552 578 606 ㊃111 334
源右衛門　㊃117
源太郎　㊃117
真之助　㊃208
新兵衛　㊂657
野部賢之丞　㊃731
野間鎌之助　㊃55
新之丞　㊂272 ㊃468
正国（忠五郎）　㊂207 393
大学　㊂276
与五右衛門（与五左衛門・越中守）　小納
戸頭取格㊃436／㊂393 666 688 ㊃380 407 628
667
野村実三郎　㊄57
丹後守（貫三郎・静山）　小姓頭取㊃447。和
歌浦東照宮・惣霊屋名代㊃592 594。
顕竜院法事名代㊃898 902 904／㊂597 689
㊃407 589 905 937 971 985 ㊄55 57 90 105
隼人　㊂209
半兵衛　㊃930
陽三郎　㊃538
野本富五郎　㊂772
留五郎　㊃62
武兵衛　㊃290
野宮定功（宰相中将・中納言）　㊃199 201 237 571 579
711 774
野良敬太郎　㊃536
延塚孫太郎　㊃931

は　（ハ・パ・バ・土・羽・芳・波・長・葉・馬・萩）

は

ハイネ（ユハイネ、Heine, W.　ペリー随員）㊂135
ハリス（Harris, T.　ハルリス・ハルレス、トウンゼント、アメリカ公使）　下田条約締結㊂376。下田奉行会見㊂380 389 394 396。江戸城登城、拝謁㊂430 432 629 630 784 ㊃24〜26 192 294 303。堀田正睦会見㊂434 457。川路聖謨等会見㊂445。日米通商条約調印㊂505／㊂380 386 387 402 406 415 424〜428 430 432 433 470 479 492
ハルレス（ペリー随員）㊂135
パークス（Parkes, H. S.　イギリス国公使）㊃788
バーホー（アメリカ人）　↓エルレリツ
土生玄昌　㊂311 678
羽太庄左衛門　㊃505 ㊄64
羽根伴四郎　㊄301
芳賀栄之助　㊃662
波多弥兵衛（畑）　㊃646
波多野鍋之助　和宮・天璋院広敷番頭兼任㊃205。溶姫用人㊃492 ㊄398／㊂92 845 ㊃
波多野　192 229 230 299
長谷信篤（三位）　㊄337 339
長谷川乙次郎　㊃9
　勝七　㊃676
　儀助　㊄37
　久三郎　㊂849 ㊃897 928 ㊄149
　久三郎姉　㊃159
　錦蔵　㊂359
　健次郎　㊃297
　孝蔵　㊃119
　佐兵衛　㊂260
　四郎　㊃84
　次郎　㊃119
　庄七　㊃646
　勝固（為次郎・為太郎）　㊂748 764 ㊃387
　信十郎　㊃646
　新太郎　㊃78
　正直（久三郎・能登守）　㊂260 292 306 433 444 849
　清福（肥前守）　㊂228
　銑之助　㊂280
　太郎兵衛　㊂336
　民之助　㊂84
　為太郎　↓長谷川勝固
　鉄蔵　㊄82
長谷川藤太郎　㊂786
　兵庫　㊃186
　又三郎　㊃394 482 667 ㊄119
　勇太郎　㊃85
　雄次郎　㊃731
長谷部亥之助　㊂110 ㊃163
葉室長順（頭弁・頭右大弁・弁宰相）　㊃199 202 237 584
葉若礼蔵　㊃161
馬場釜次郎　㊂346
　小太郎　㊃154
　五郎左衛門　㊃131
　孝次郎　㊂104
　克昌（大助・筑前守）　㊂353 ㊃340
　三右衛門　㊃871
　主膳　㊃154
　常次郎　㊄187 254
　藤五郎　㊂104
　初太郎　㊃207
　勇太郎　㊃340
　錬太郎　㊄85
萩原近江守　↓荻原近江守
　金弥　㊄325
　鏘之進　㊃827

（萩・橋・初・蓮・畑・端・畠・八・蜂・初・服）

は

萩原新之助 ㊃213
　徳之進 ㊂280
　八之丞 ㊄93
　弥右衛門 ㊃213
　弥左衛門 ㊄411
橋本角兵衛 ㊃930
　九八郎 ㊂61 228 451
　享造 →榎本享造
　侍従 ㊃237
　実粱（少将） ㊃202 ㊄337 339 415 424
　実麗（宰相中将） 和宮入輿供奉㊃201。和宮対顔令㊃274／㊃199 274 276 573 579 584
　忠左衛門 ㊃163
　悌蔵 ㊃97 ㊄35 213 383
　文右衛門 ㊄102
初鹿野鍵之助 ㊂761
　信之（河内守・備後守） ㊂735 ㊄51
　伝右衛門 ㊄51 107
蓮田市五郎 ㊃121
畑　兼太郎 ㊄428
　藤三郎 ㊃151 172 ㊄95
端山彦六郎 ㊃192 207 230
畠山木久磨 ㊃295
　基徳（民部大輔） ㊂182 ㊃295
畠山義勇（庸蔵・飛驒守） ㊂64 831 ㊃58 64 70 ㊄350
八条隆祐（三位） ㊃199 201 237
八太郎（上野国甘楽郡塩沢村） ㊃321
八大坊（相模国大山寺別当） ㊂741 ㊄114
蜂須賀斉昌（弾正大弼） ㊂628
　斉裕（備前守・阿波守・中将） 内海警衛㊂153 157 753。淡路由良港台場新築㊂248 ㊃600。京都造営手伝㊂311。江戸城登城・用談㊃362 417。御用談所入㊃426。陸軍総裁・海軍総裁㊃479 484 517／㊂131 288 317 683 710 736 ㊃38 273 371 430 458 528 574 594 672 809 ㊄28 332 348
　茂韶（千代松・淡路守） ㊂730 792 ㊃86 479
蜂巣彦三郎 ㊂237
蜂屋勝三郎 ㊃49
　錫次郎 ㊃173
　主殿 ㊃173
　鐙三郎 ㊃49
　陽次郎 ㊄68
初瀬（老女） ㊂321
服部市左衛門 ㊃155
　久兵衛 ㊃756
　金六 ㊃454
服部内蔵 ㊃454
　崎太郎 ㊃142
　鎮三郎 ㊃119
　七五郎（加賀守） ㊃937 ㊄55 66 67
　庄三郎 ㊂146
　常純（帰一・平太・筑前・筑前守・長門守・左衛門佐） 海陸備向・軍制取調御用㊃81。軍艦操練所・外国御用立合貿易筋御用㊃89。伊豆諸島備向・小笠原島開拓御用㊃184 195 301 335。蒸気機関㊃306／㊂744 746 847 ㊃47 152 170 392 415 418 420 590 591 668 764 863 864 872 964 ㊄370 383 404
　真五郎 ㊄80
　新重郎 ㊃11
　清一郎 ㊂711
　盛三郎 ㊂112
　釧次郎 ㊄106
　惣兵衛 ㊂104
　多喜蔵 ㊃770 846 ㊄68
　錠蔵 ㊃119
　鉄太郎 ㊃552
　藤左衛門 ㊃246 407
　伴之丞 ㊄93
　彦一郎 ㊂308

は　（服・花・塙・羽・浜・早・速・林）

服部弁内　㊄187
　保右（中・伊賀守）　㊂402 ㊃340 443
　主水　㊃55
　弥十郎　㊃155
　靫負　㊃453
　了元　㊂678
　了伯　㊂655 664 ㊄412
花井鎌次郎　㊃11
　久三郎　㊂43
　準之助　㊃92
　庄右衛門　㊂43
　友三郎　㊃92
　弥之助　㊂257 266
花房大蔵　㊂207
　釻之丞　㊂168 172 210
　職補（釚之丞・釟之丞・近江守）　㊂797 ㊃859
　正直（弥之助・越中守）　㊂37 178 393 ㊃621 672
　正理（志摩守）　㊂393
　長左衛門　㊃133
　福次郎　㊃154
　平左衛門　㊃154
花村伊織　㊂29
　采女　㊂29
塙　健次郎　㊄162 348 411
塙　庄右衛門　㊃55
　忠宝（次郎）　㊂415 565
　大和（鹿島大宮司）　㊂65
　米太郎　㊃145
羽田正見（十左衛門）　㊂405 ㊃653 832 ㊄242 292
　善次郎　㊄67
　鎚太郎　㊃173
　鉄之丞　㊃239
　与左衛門　㊃173
　竜助　㊂62
浜田金四郎　㊃621
　金次郎　㊃629
　源六　㊄427
　篤蔵　㊃615
浜中伝五郎　㊃207
早川佳次郎　㊃942
　久丈（庄次郎・能登守）　京都御使㊂490 ㊃30 100／㊂622 757 804 ㊃276 317 ㊄258
　久丈（庄次郎）　㊂217
　桂之助　㊃135
　鉦之助　㊂844
　貞次郎　㊄80
　省三郎　㊃52
　助右衛門　㊃46 121 122 131 193
早川助左衛門　㊄96
　善左衛門（善右衛門）　㊂84 ㊃44
　鉄五郎　㊃219
早野録三郎　㊃53
速水主計　㊄118
　三郎（速見）　㊂770 ㊃61 827
林　韑（大学頭・式部少輔）　文学奨励㊂244。経学講釈上聴者人選㊂404 497。下田条約全権㊂174。韓使聘礼・対馬易地㊂400。種物を米国へ贈る㊂177。浦賀御用㊂124 135。慶福（家茂）名乗御用㊂520。京都御使㊂461 484。講釈㊂258 336 393 486 495 547／㊂24 91 129 136 140 145 154 160 171 173 185 217 218 265 387 412 414 456 555 568
　伊太郎（鶴梁）　㊃141 179 478
　庫之助　㊃552
　蕙助　㊃558
　元貞　㊂66
　元美　㊂81
　元賓（内蔵頭・豊前守）　㊂474 742 ㊃332
　研海　㊃175
　健（大学頭）　㊂24
　源七郎（源次郎）　㊃611 613
林　五郎次郎　㊂340 366

林　晃(図書助・図書頭・式部少輔)『通航一覧続輯』取調㊂312。講釈㊂200 266 272 379 480 516 556。家定将軍宣下祝儀賀文㊂110。系図清書㊃208。学問所御用㊂456 ㊃225 321／㊂24 124 205 244 265 345 660 738 ㊃285 288 534 902 950 ㊄77 263
駒三郎　㊃930
式部　㊂352
十郎左衛門　㊂36
昇(民部・大学頭)　講釈㊂346 363 405 413 417 426 452 475 500 588 ㊃95 157 180 196。韓使聘礼御用㊂762。家茂婚礼祝儀賀文呈上㊃285。学政更張・小学校取建御用㊃534。寺社奉行並㊄396。書物同心支配㊄77／㊂331 456 555 622 848 ㊃208 321 353 392 524 536 ㊄113 261 275
図書　㊂417
忠旭(播磨守)　㊂10 165
忠交(忠友、武三郎・肥後守)　大番頭・大坂在番㊂371 386 545。伏見奉行㊂616。日光祭礼奉行㊂275 371／㊂165 171 618 ㊃378 567 596 602 713 779 ㊄248
忠崇(昌之助)　㊄248 277
直方(治左衛門・次左衛門)　㊂174 748 777 793
林　洞海　㊃147　水戸殿附属㊄417。奥医師㊃148／㊃242 254 408 953 ㊄368
藤之助　㊃163
又三郎　㊃77
又七郎　㊃156 216
百助　㊃344
門入　碁手相㊂66 233 557 836 ㊃200／㊂81 238
有美　㊂454 557 836 ㊃200
林部善太左衛門　㊂426 461 559 ㊃54 224
原　市之進　㊃975
嘉藤次　㊃870 ㊄401
三左衛門　㊃5
思孝(弥十郎・伊予守)　奥右筆組頭格・同組頭㊂290 405。京都町奉行㊂804／㊂18 468 489 549 571 617 809 ㊃343
清穆(誠之助・弥十郎)　銃隊編制㊄322。横浜表生糸密輸一件吟味㊄296。北海筋湊見分㊄216 220／㊃343 516 ㊄113 154 385 394 427
誠二郎　㊂359
鉄太郎　㊃30 ㊄96
所次右衛門　㊃701
主殿　㊃939
原川鈖次郎　㊄198
原田寛蔵　㊂110
敬右衛門　㊃218
吾一　㊄371 395
権右衛門　㊃186
庄次郎　㊃942
鉄三郎(鎗三郎)　㊃148 151
鉄之助　㊃536
弥一郎　㊂427
半七(芝西応寺町)　㊂296
半田丹阿弥　㊂84 ㊃229
伴　喜六郎　㊄198
鉄太郎(鉄四郎)　文学教授㊂137。アメリカ国航海㊂832 833。対馬・長崎御使㊃66 187 196 416。軍艦頭並・同頭㊄152 365／㊂822 ㊃112
道与　㊄412
門五郎　㊃872

ひ

ヒュースケン(Heusken, H.　アメリカ人)　㊂426
ビクトリア(Victoria　イギリス女王)　㊂193

ひ　（日・比・肥・樋・東・四・彦・久・土・人・仁・一・兵・平）

日置藤蔵　㊂87 ㊃33 122 172 388
日高圭三郎　㊂832 833 ㊃187
日向伝之助　㊂148
　波之助　㊄79
　半兵衛　㊂148
日根三之助　㊃125
日根野藤之助　㊂287 ㊃537 670 ㊄134
日野資敬（主税・若狭守）　伊勢名代㊂682 708／㊂307 345 348 848 ㊃83 125
　資宗（新大納言）　㊃573 584
　多吉郎　㊃125 216
日比野清作　㊃613
比留半蔵　㊃45
肥後七左衛門　㊄397
　少将　→細川慶順
肥田健三郎　㊂832
　浜五郎　㊄152 365
樋口右馬権頭　㊃573 601 602 801
　喜左衛門　㊂622 641 757
　新吉　㊄149
　新八郎　㊂45 265 ㊄119
東久世通禧（少将）　㊃578 584
東園基敬（侍従・中将）　㊃574 584
東坊城聡長（前大納言）　㊂342 344 345

四田柱之丞　㊃942
彦坂小一郎　㊃199
　三大夫　㊄134
　重遠（民之助）　㊂215 748
　鉦之助　㊃144
　丹右衛門　㊃827
　由次郎　㊃144
久俊正兵衛　㊃215
久永金次郎　㊃169
　邦之助　㊂280
　章誉（石見守）　㊂371 ㊃669 ㊄53
　政温（相模守）　㊄36
　伝　㊃940
久松鉱三郎　㊂711
　善兵衛　㊃21
土方栄之助　㊂843 ㊃552
　兼三郎　㊄64 124
　千次郎　㊃407 669
　帯刀　㊂747
　八十郎　火附盗賊改㊃422 478 479／㊂747 ㊃108 394 433
　半三郎　㊂172
　雄永（聟千代）　㊂551 ㊃372
　雄嘉（備中守・市正）　㊂230 551

人見又七郎　㊄67
仁杉八右衛門　㊃146
一橋慶喜　→徳川慶喜
　慶寿（承休院）　㊄178 179
　慶昌（斉昌、英徳院）　㊂170 494 ㊃312
　昌丸（馨明院）　㊄195 197
　斉位（崇雲院）　㊂355 356 ㊃75
　斉匡（惇宗院）　㊃675
　斉礼（憲徳院）　㊂181 ㊃329
　治済（最樹院）　㊂186 588 ㊃379 618
　茂栄（大納言・一橋家）　㊄133 249 404 406 414 434 435
一柳信次郎　㊃448
　詮之丞　㊂462
　直方（播磨守）　㊂131 ㊃448
　末徳（対馬守）　㊄324
　末彦（対馬守・土佐守）　㊂493 494 ㊃71 373
　頼紹（兵部少輔）　㊂494 ㊃373 602 622
兵頭源右衛門　㊂111
平井数馬　㊃906
　鍵七郎　㊃552
　小右衛門　㊃206
　美平　㊄197
　良平　㊄197

ひ　（平・広）

平岩金之丞　㊄66
　次郎大夫（駿河守）　㊂306 ㊃47 84 231 290 407 533 ㊄78 230
　治右衛門　㊄202
　七之助（金左衛門）　㊃60 ㊄403 405 406 431
　為三郎（平岡）　㊂771 ㊃62 ㊄79
平　内　→ヘイノウチ
平尾右近　㊂290
平岡岩蔵　㊃553
　鎮太郎　㊃551 ㊄373
　準（平田、四郎兵衛・和泉守）　㊃492 ㊄246 289 381
　準之助　㊂404 771
　庄七　水戸御用取扱㊄248 427。押込㊄182 222／㊃120 398 ㊄373 419
　鐘之助（鍾之助）　㊂393 404 ㊄72
　為三郎　→平岩為三郎
　道教（甲斐守）　㊂544
　道弘（丹波守）　家定・家茂将軍宣下御用㊂82 519 549 574。江戸城本丸普請御用㊂815 839。若年寄㊃357。勝手掛㊃380 381 481。蝦夷地開拓・御改革取扱㊃551。国内御用取扱㊄208 367／㊂168 ㊃240 248 367 391 424 488 498 542 609 ㊄10 58
平岡頼啓（石見守・対馬守）　㊂82 415 484
　頼徳（隼人助・石見守）　㊂208 536 638 711
平賀勝足（駿河守）　普請奉行㊂300。玉川上水普請㊂412 491。大目付㊂535。田安家老㊃115 ㊄190／㊂38 520 540 ㊃232 676
　勝足女　㊃199
　多宮　㊂306
　丹宮　㊃45
平川吉十郎　㊃151
平島直一郎　㊃403
平曾根左七郎　㊃922
平田和泉守　→平岡準
　彦四郎　㊃222
　豊前守　㊂139
平塚金四郎　㊂349 ㊃16 79 111 127
　検校　㊃959 ㊄414
　小四郎　㊂562
　左文太　㊄95
　善四郎　㊂207
　善次郎　㊂562
　平兵衛　㊄96
　友次郎　㊂502
平戸新太郎　㊃107
平野一衛　㊄161
平野亀松丸　㊂171
　内蔵助　㊃375 405 650 ㊄201 279
　郷右衛門　㊃901
　清三郎　㊃940
　宗次郎　㊂339
　内匠　㊃249
　仁右衛門（伴野仁左衛門）　㊃148 151
平松平十郎　㊃696
平山市郎兵衛　㊂849
　金之助　㊃75
　敬忠（謙二郎・謙次郎・鎌二郎・図書頭）　下田御用㊂257。京都御使㊂468 490。外国奉行㊃979。外国総奉行㊄185。若年寄㊄366 379。国内御用取扱㊄367／㊂18 301 365 469 ㊃873 ㊄23 43 355 356 380 390 419
　鍵吉　㊂242
　銃次郎　㊄85
　六左衛門　㊂849
広岡外三郎　㊃646
広瀬元恭　㊄253
　郷左衛門　㊃922
　束　㊃652
　豊吉　㊂187 409
広戸孝之助　㊃154

広戸三四郎　㊂797
　百次郎　㊃154
広橋光成(前大納言・一位)　㊂568 593 595 ㊃202 203 237
広幡忠礼(大納言)　㊂538 ㊃584

ふ

ファビエス(Fabius, G.　オランダ人)　㊂335
フイツセル(Visser, M. W.　アメリカ人、中浜万次郎養父)　㊂61
フランクリン・ピールセ(Franklin, P.　アメリカ国大統領)　㊂430
プカナン　↓ブカナン
プーチャチン(Futyatin, F. V.　ロシア人)
　長崎渡来㊂11。参府㊂511／㊂87 213 511 512 516
ブカナン(Buchanan, F.　プカナン、アメリカ人、ペリー副将)　㊂135 171
不破彦三　㊃613
布施伊三郎　㊄79
　金弥　㊃557
　三右衛門　㊂67
　信三郎　㊃61
布施藤兵衛　㊃153
　隼太郎　㊂741 ㊃153
　孫兵衛　㊄64
富貴宮(孝明天皇女)　㊂506 556
富士又八郎　㊂618
深井宇平太　㊃196
深尾小源太　㊂143 571
　繁次郎　㊂571 ㊃622
　善十郎　『納戸勘定仕上目録』㊂107。納戸諸留帳部分調㊂422。養君御用㊂524。和宮降嫁御用㊂821。二丸留守居㊃478／㊂86 347 572 812 823 ㊃55 59 182 224 284 285 295 393
　政五郎　㊂276 772
深沢五平太　㊂273
　左大夫　㊄78
　鉄三郎　㊃674
　鉄太郎　㊃138
　鍋吉　㊃142
　孫太郎(深津)　㊃141
深田衛門(吉郎)　㊃942
深津喜三郎(弥左衛門・摂津守)　㊃310 508 862 ㊄185 372
　正敬(近江守)　㊂644
深津正信(市正・近江守)　㊂644 ㊃407 436 487
　弥五右衛門　㊂761
　弥太郎　㊃163 ㊄388
深町城之助　㊃158 189
深見新八　㊃102
深谷銀之助　㊃673
　桂之丞　㊃133
　左源太　㊂562
　盛房(遠江守)　㊂183
　鍋之助　㊃219
深山宇平太　河川普請御用㊃69 77／㊃53 187 ㊄17 95
福井数馬　㊂657
　金吾　㊃124
　豊後守(豊後)　㊃943 949 950
　平太郎　㊂844
　与十郎　㊃669
福王金三郎　㊃537
　幸三郎　㊂592
　三郎兵衛　㊂592
　信忠(忠左衛門)　㊂478 ㊃383
　平左衛門(駿河守)　㊃538 ㊄285 311 348 372
　弥右衛門　㊃209
福沢諭吉　㊄91

ふ

福島新右衛門 ㊂834
　新之助 ㊂245
　茂平 ㊃652
福田（老女） ㊂321
福田金吾 ㊃112
　重固（作太郎） 遣欧使節㊃187。歩兵頭兼勘定頭取㊄395／㊃129 175 ㊄187 389
　知（所左衛門） 支配所場所替㊃31。預所検見㊃138／㊂187 405 ㊃54 83 103
　道昌（八郎右衛門・八郎左衛門・甲斐守・下総守） 勘定吟味役㊂359。砲筒製造㊂738 850 ㊃107。江戸城本丸普請御用㊂742 816 847。金銀座御用㊂851。目黒村砲薬製所創建㊃93。日光東照宮修復㊃22 28 90 165 287。甲府町奉行兼代官㊃626／㊂181 567 846 ㊃218 225 292 307 357 360 370 ㊄158
　友八郎 ㊃228
　八郎右衛門 ㊄102 158 285 371 426
福原元僴（越後） ㊃903 904 922
　内匠 ㊂605 ㊃89 557 ㊄105
福間刑馬 ㊂112
　式部 ㊃901
福村市左衛門 ㊃118
福村正広（理太夫・淡路守） 新番頭㊃415 ㊄97／㊂628 ㊃246 297 407 ㊄176
　正策（粂之助・久米之助） 撒兵差図役頭取㊄184 388／㊂657 ㊃408 ㊄66 176
　虎之助 ㊃118
伏見猪之助 ㊃163
伏見殿 ㊂330
伏見殿妹 ㊂652
藤井栄太郎 ㊃940
　釜之助 ㊂80 109 288
　鎌八郎 ㊂495
　鎗次郎（河内守・丹後守・若狭守） 上洛供奉㊃407。勤仕並寄合㊄65／㊂657 ㊃254 582 779 889 891 ㊄55 308 392
藤掛源之助 ㊄331
藤懸数馬 ㊂823 ㊃45
　源之助（釆女） ㊂150 178 ㊃892 ㊄66
藤方鍬五郎 ㊃133
藤川清一郎 ㊃46
藤咲伝之允 ㊂290
藤郷間三郎 ㊃134
藤沢幸之助 ㊂215
　讃岐守 ㊃407 668 ㊄72
　讃岐守姉 ㊂684
藤沢次懐（九大夫・本次郎） ㊃171 227 429
　次謙（主税・志摩・志摩守） 役歴㊃451 492 ㊄45 147 187 284 366／㊃429 ㊄382
　包太郎 ㊄80
　弥兵衛 ㊂226 228 849
　錬次郎 ㊂849
藤田求馬 ㊂521
　幸蔵 ㊂18
　主膳 ㊂290
　信（小四郎） ㊃646
　静太郎 ㊄85
　忠蔵 ㊄85
　泰一郎 ㊂287
藤沼源右衛門 ㊂556
　留三郎 ㊂357
藤野延平 ㊃92
　新七郎 ㊃92 ㊄48
藤原実美 →三条実美
藤村源之助 ㊄117
藤本郷右衛門 ㊃123
　宗沢 ㊃32
　良友 ㊃32
伏屋七之助 ㊃3
　重太郎 ㊄405

船越久五郎 ㊄76
　左門 ㊂604
　鎮太郎 ㊄101
　武太郎 ㊂76
船橋康賢(少納言) ㊃584
　宗春 ㊂92 ㊃482
　宗恂 ㊄247
　宗伯 ㊃482
　直次郎 ㊂807
　半右衛門 ㊂407
冬木太郎次 ㊄611
古内右近介 ㊃624
古江栄之助 ㊃50
古川采女 ㊂187
　吉左衛門 ㊃49
　完一郎 ㊂975 ㊃417
　滝之助 ㊂182 ㊃207
　鐸四郎 ㊃207
　忠助 ㊄382
　房次郎 ㊃62
古郡孫大夫 ㊄687 ㊄777 ㊄115
古田秀司 ㊄202
　釧助 198
古谷新太郎 ㊃207

古屋平蔵 ㊄787 ㊂66
古山鱸(善一郎) ㊂563
文次郎(小石川大原町栄助店) ㊃68

へ

ベリー(Perry, M. C. アメリカ国使節) 日米和親条約 ㊂146 147。『アメリカ使節口上書』 ㊂176 177 / ㊃135 136 147 160 171 173
ベント(Bent, S. アメリカ国士官) ㊂176
ベレクール(Bellecourt, D. フランス国公使)
平三郎(小石川七軒町家持貸屋) ㊂322
平七(近江高島郡小荒路村百姓) ㊃67 ㊂268
平七(巣鴨御駕籠町) ㊃67
平内大隅 ㊂18
　長門 ㊃85
別所主税 ㊃228 340 551
　巳之助 ㊄551
逸見源兵衛 ㊃294
　捨四郎 ㊃163
　長昌(若狭守) ㊃93
　長道(甲斐守) ㊂172 175
　東馬 ㊂424

ほ

逸見尚之丞 ㊃105
　房之丞 ㊂424
　理左衛門 ㊃105
ボウトマン(Portman, A. L. C. アメリカ人通詞) ㊂135 171 176
ボウリング(Bowring, J. イギリス人) ㊂391
甫作(陸尺) ㊃441 450
保坂忠蔵 ㊃382
保科俊太郎 ㊃136
　正益(弾正忠) 参勤 ㊂36 89 208 239 546 574 614 839 ㊃212 218 316。大坂定番 ㊃596。若年寄 ㊃122 375。㊄910 / ㊂475 600 ㊃587 880 938 954 959
保々継太郎 ㊂485
　松之助 ㊂132
北条栄太郎 ㊂811
　鍬五郎 ㊂68
　鍬三郎 ㊃134
　薫太郎 ㊃143
　源八郎 ㊂50

ほ（北・法・宝・峯・坊・星・細・堀）

北条 304 ㊃181
　氏恭（智七郎・相模守） ㊃160 181 373 661
　貞之助 ㊃51
　新太郎 ㊃537
　平次郎 ㊃141
　松之丞 ㊃110
　道之丞 ㊃508
法性院（深川八右衛門新田稲荷神主利益院付弟） ㊃22
宝生喜勢三郎 ㊃220
　金五郎 ㊃124
　大夫 ㊂80 ㊃220
峯寿院（峯姫、家斉女・水戸斉脩室） ㊂32 183
坊城俊克（中納言・大納言） ㊂593 595 ㊃202 203 237 571 579
　俊政（弁） ㊃584
　俊明（前大納言） ㊂69 74
星合親住（鉄太郎） ㊂453
　惣吉 ㊃306
　鉄三郎（鉄太郎） ㊃261
星入仙三郎 →星野仙之丞
星戸兼吉郎 ㊃554
星野一郎兵衛 ㊂839
　新太郎 ㊃151 239
星野成美（豊後守） 勘定奉行格禁裏附㊄270／㊄251 271 379 380
　千之（金吾・備中守） ㊂213 484 ㊃36 676 ㊄63 102
　仙之丞（星入） ㊃120
　鉄太郎 ㊃558
　隆益 ㊃174
　隆円 ㊃174
　録三郎 ㊂257 ㊃19
細井宇右衛門 ㊃55
　宗左衛門 ㊃918 ㊄401
　辰之丞 ㊄399
　辰之助 ㊄67
　富之丞 ㊃345
　八太郎 ㊃117
　久之丞 ㊃117
　安次郎 ㊃766
　勇之進 ㊂54
細川官助 ㊄270
　慶順（越中守・右京大夫・少将） 長州征討㊃809 814 958／㊂236 797 ㊃371 441 574 581 764
　行真（主馬助・主米助・主米輔・大和守） ㊃89 195 264 373 600 620
　興貫（玄蕃頭） ㊂534 ㊃373 638 649 ㊄393
細川俊平 ㊄173 202
　斉護（越中守） 相模備場御用㊂63 515 516。長崎警衛㊂262 378。上総富津備場御用㊂504／㊂91 317 385 421 488 562 775 776
　利永（鋼之助・若狭守） ㊂64 ㊃637 ㊄393
　立則（山城守） 公家馳走人㊂44／㊂275 277 ㊃89 264
細倉伊右衛門 ㊂754 ㊃205 ㊄212
　奥兵衛 ㊃206
　謙左衛門 ㊃674
　直兵衛 ㊃230
細谷彦次郎 ㊃189
堀田紀一郎 ㊃126 208
　紀三郎 ㊃125
　熊太郎 ㊃126
　五六郎 ㊂18
　甚兵衛 ㊃126
　正義（式部・讃岐守） ㊂314 ㊃351 666
　正衡（摂津守） ㊂2 28 138
　正頌（鎮太郎・摂津守・左京亮） 参勤㊂474 545 614 796 ㊃20 135 274 374。日光山・水戸浪士騒擾㊃638 645 646 649／㊂240 416 475 ㊃22 633 637 642 ㊄393
　正誠（加賀守・豊前守） ㊂200 341 491 618 690 ㊃

堀田
262 298 319 415
正睦(正篤、備中守・見山) 溜詰㊂166。屋敷替㊂266 542。外国事務・海防取扱㊂303 390。ハリス返翰書署名㊂326。老中勝手掛㊂389。ハリス会見㊂430 434 457。京都御使㊂466 468 488。養君御用掛㊂498。老中免職㊂506。隠居㊂619。蟄居㊃441／㊂10 304 324 326 338 362 376 378 387 388 394 402 406 412 415 416 424 431 444 461 462 466 467 502
正養(豊前守) ㊄176 178 182 316 324
正倫(鴻之丞・相模守) 江戸市中巡邏㊄302。甲府城代㊄377／㊂619 745 836 ㊃374 507 681 ㊄292 311 349
正倫妹 ㊃199
正路(対馬守・土佐守) ㊂416 507 544 691 ㊃255 350
弾正 ㊂102 ㊃617
忠摸(伊勢守) ㊂604 733 ㊃480 666
益吉 ㊃125
林之助 ㊃126
録之助 ㊃55
堀
岩太郎 ㊃695 878 ㊄391
右衛門(三郎) ㊄126

堀
鉛五郎 ㊂785
数馬 ㊃227
勘兵衛 ㊃136
金十郎 ㊂753 785
銀三郎 ㊃620
小市郎 ㊃50
小太郎 ㊃50
鈼五郎 ㊄174
之美(鉚之助・右京亮) ㊃36 642 ㊄125 317 393
之敏(出雲守) 若年寄㊂690 ㊃459。外国御用㊂740 844 845 ㊃333 380 453。蕃書調所・天文方取扱㊂741。若年寄勝手掛㊃114 381 453。軍艦操練取扱㊃367。京都警衛取扱㊃367 423。学問所取扱㊃423。蝦夷地開拓取扱㊃423／㊂537 694 ㊃40 278 370 391 432
七之助 ㊃190 ㊄118
七郎左衛門 ㊃190
主膳 ㊃55
春庵 ㊄56
錠之助 水戸御用㊄43 46 426／㊃45 110 487 ㊄5 280 373
親義(大和守・石見守) ㊂383 537 ㊃96 373 642
助次郎 ㊃227

堀
達之助 ㊂136 173 175
直央(丹波守) ㊂44 454
直賀(左京亮) ㊃334 373 664 ㊄393
直休(義次郎・丹波守) ㊂443 454 745
直虎(大学・内蔵頭・長門守) ㊃171 192 373 ㊄305 367 386
直武(長門守) ㊂428 443 ㊃192
鉄五郎 ㊄198
半左衛門 ㊃611 613
主水 ㊄170
利煕(利忠、織部・織部正) 松前蝦夷地・ロシア国御用㊂127 134 145 160。松前・蝦夷地・北国筋海岸見分㊂240 248 321 382 542 586 825。神奈川開港尽力㊂552 745／㊂18 58 94 132 462 515 578 583 608 805
利堅(伊豆守) 供連掛㊂186。琉球人参府御用㊂477 479。留守居㊂478 ㊃339／㊂4 484 749 ㊃46 98 130 181
利邦(美濃守) ㊂196 296
利孟(孟太郎・宮内・伊賀守・下野守) ㊂276 598 ㊃91 340 458 513 534 546 669 952 ㊄427
堀江源之丞 ㊂394
堀河親賀(三位) ㊂568
堀口真七郎 ㊄96

ほ
（堀・本）

堀越弥助 ㊃142
堀込好太郎 ㊄110
堀屋半之助 ㊂628
本阿弥 ㊂80
本阿弥勝次郎 ㊃51
喜三次 ㊃220
光佐 ㊂570
三郎兵衛 ㊂201 ㊃220
七郎右衛門 ㊃220
平十郎 ㊃220 921
百次郎 ㊃51
本因坊 碁手相㊂66 232 454 557 ㊃200／㊂81 238 ㊃57 224
本郷泰固（丹後守・丹波守） 若年寄㊂410。差扣㊂514／㊂54 82 168 411 413 453
泰次郎 ㊃536
泰清（石見守・近江守） ㊂41 410
与三右衛門 ㊄106
本寿院（おみつの方、家慶側室・家定生母）
二丸入㊄156 166。一橋屋形入㊄421／㊂1 32 634 812 813 ㊃148 ㊄69 292
本庄宮内大輔 ㊄393
五郎麿 ㊂361
宗秀（伯耆守） 寺社奉行加役㊂547。大坂
本庄
城代㊂851 ㊃19。京都所司代㊃336。溜詰格㊃357。差扣㊃444。人払御用㊃708 720 730 735 780 784 798～800 802 803 814 829 830 839 845～847 850 851 860 861 868 879 896～898 906。大坂警衛差図㊃790。外国掛㊃815。長州征討㊃909 910 922 930 946。老中辞任㊃954／㊂762 765 775 781 785 793 795 796 814 818 ㊃16 350 372 391 732 781 806 855 856 864 880
宗武（武通麿・武達麿） ㊂766 ㊃38 491
貞利（鋻一郎） ㊃348
道貫（安芸守） 海岸防禦筋御用㊂121。若年寄辞職願㊂535／㊂3 15 86 168 374 416 535 550
道美（近江守・宮内少輔） ㊂535 550 627 694 ㊃83 87
与九郎 ㊄80
本田三之丞 ㊃133
錠太郎 ㊃59
田宮 ㊃173
徳三郎 ㊃126
力太郎 ㊃126
六十五郎 ㊃173
本多安英（加賀守） 家慶葬送法事御用㊂4 9 15 22／㊂329 336 428 580
本多安重（隼之助） ㊂580 ㊃253 393 ㊄72
意気揚 ㊃21
一学 ㊂77
右近 ㊄101
隠岐守 ㊃262
喜八郎 ㊂172
熊之助 ㊄118
桂之助 ㊃133
健吉（徤吉） ㊄159
光次郎 ㊂320
光太郎 ㊂352
幸七郎 ㊃142
康穣（主膳正） 日光名代㊂753 763。江戸府内戒厳㊄354／㊂745 ㊃374 528 583 602 756
康融（隠岐守） ㊂225 233
興之輔 ㊃839
左内（本田） ㊃55 880 ㊄65 134
作十郎 ㊄101 134
修理 駿府加番㊂365 411 548／㊂4 752 ㊃650 ㊄277 393
助賢（豊後守） ㊂2 35 243 488
助実（助藉・助貫、相模守・豊後守・若狭守） ㊂488 ㊃374 ㊄60 176
助真（日向守） ㊃357 480 512 729 ㊄115

ほ　（本・誉）

本多助成（豊後守・伊勢守・右京亮）　㊃68　㊄176　215　316　393
助藉（助貫、相模守・豊後守・若狭守）
↓本多助実
将監　㊃868　870　㊄64
晋之助　㊂353
図書　㊂331
正応（弥八郎）　㊂747　㊃395
正寛（豊前守）　㊂4　27　53　742
正訥（三弥・紀伊守・伯耆守）　学問所奉行㊃433。学政更張・小学校取建御用㊃534／㊂453　503　742　㊃110　314　376　686　㊄343
成功（邦之助）　大目付㊄394／㊃317　381　527　628　671
成孚（大膳）　㊂207　㊃381
主税助　㊂65
忠貫（大膳・内膳・伊予守）　㊂351　357　384　745　㊃374　491
忠寛（美作守）　㊄194
忠紀（哲四郎・能登守）　大坂加番㊃16　111　396。若年寄㊃943　㊄179　184／㊂797　835　㊃15　374　628　637　952　㊄316　317
忠慎（一学）　㊃171　383
忠正（主税）　㊂615
本多忠陳（本田、寛司）　㊂444　742　㊃383
忠都（伊予守）　㊂239　285　357
忠徳（越中守）　海岸防禦筋御用㊂121。京都警衛取扱㊂741。学問所・天文方取扱㊂732　741。内海台場取扱㊂732。外国御用㊂740。若年寄勝手掛㊂762。若年寄病免願㊂782／㊂18　29　82　85　155　168　235　414　424　525　549　681　683　782　797
忠鵬（修理）　㊄194
忠民（中務大輔・美濃守）　公家衆両山参詣㊂73　344。韓使聘礼、対馬易地㊂298　400。京都所司代㊂406　407。京都御使㊂422　456。ハリス登城㊂431　629　630。老中㊂782。広大院法事惣奉行㊂798　812。溜詰格㊃287　840／㊂4　9　15　22　43　49　166　203　265　302　330　409　413　701　745　752　817　㊃72　269　270　288　293　372　465　541　㊄289
忠明（監物・肥前守）　㊂64　㊃426
忠庸（左京）　㊂207　764　㊄101
忠鄰（肥後守）　大坂定番㊂368　369　386　㊃596　910／㊂139　㊃653　918
藤八郎　㊃11
寅之丞　㊂445
内膳正　㊄393
本多八左衛門　㊂553
八十郎　㊃388
半之助　㊂66
繁亢（丹下）　㊂352
日向守　㊂66
三津助（勝之助）　㊂598　770　㊃516
弥五郎　犬追物㊂737　756　757　762　765　766　769／㊂576
利庸（左京）　㊂207　764　㊄101
本堂親久（内膳）　中川番㊄156　246／㊂183　㊃375　649　㊄215　279
本間勘之助　㊃133
四郎右衛門　㊄106
弾正　㊃907
忠左衛門　㊃898　㊄79
富之助　㊃142
孫六　㊃72
本目権右衛門　㊂54
権之助（権兵衛）　㊂657　㊃892　㊄66　175　296
親民（信濃守・長門守）　㊂280　㊃413　㊄106　175
留五郎　㊃200
縫次郎　㊃45
万之助　㊃918
鐺次郎　㊂287
誉田瓶次郎　㊂49

ま（マ・ま・万・曲・真・間・蒔・前）

ま

マキスヘウツ（ペリー随行医師）㊂135
マルシイ（Marcy, W. L. ウイリアム・エル・マルセイ、ウエ・エル・マルシ）㊂325 430
まん（神田仲町栄次郎地借源七女）㊃121
万里小路侍従 ㊂237
　正房（前大納言）㊂568
　博房（弁）㊄337 339
曲直瀬寿徳院 ㊄176
真崎彦一郎 ㊂341
真下専之丞 ㊂281
真野久左衛門 ㊃31
　鉀太郎 ㊃31
　半助 ㊃30
間部詮実（安房守）㊃440 632
　詮勝（下総守） 老中㊂506 668。京都御使㊂515 517 519 536 592 ㊃474。法令御用㊂592 622。老中勝手掛・外国御用㊂612。ハリス登城㊂629 630。村替、一万石召上・隠居・急度慎㊃440／㊂232 266 515 523～525 605 628 744 ㊃376
間部詮勝女 ㊃38
　詮勝女 ㊃110
　詮道（卍治、下総守）㊃632 642 ㊄316
　定長（飽徳）㊃436
　美作守（季三郎）㊂654 ㊃408 782 815 ㊄55 66 373
　無二三 ㊄154
間宮厚之丞 ㊂359
　猪三郎 ㊃538
　幾十郎 ㊂810
　音次郎 ㊂810
　吉十郎 ㊂68 ㊃133
　鍬太郎 ㊄347
　左衛門 ㊂285
　鈼次郎 ㊄197
　昌五郎 ㊂599
　昌之助 ㊄79
　新右衛門 ㊂110
　新左衛門 道具筋御用㊂567 ㊃218／㊂850 ㊃46 293 337
　帯刀 ㊄159
　鉄四郎 ㊂803 ㊃129
　鉄次郎 ㊃60
　鉄太郎 ㊃45 552
　鉄之丞 ㊃337
間宮所左衛門 ㊂549
　虎之助 ㊄64 124 163
　寅之助 ㊄373
　半左衛門 ㊂332
　半十郎 ㊂68
　孫四郎 ㊂711
　万作 ㊄118
　弥四郎 ㊃662
蒔田広孝（相模守）㊃643 650 652 673 ㊄277
　広甫（数馬介）㊃263
　幸一郎 ㊂280
　権佐 ㊂523
　左衛門 ㊂523
　止五郎 ㊃940
　枚之助 ㊂733
前木新八郎 ㊃96
前島七兵衛 ㊄161
　太郎左衛門 ㊃134
　虎之助 ㊃872 874
前田乙五郎 両番入㊃134。詩歌献上㊃821 870／㊃868 918 ㊄402
　要人 ㊂762
　勘四郎 ㊂155 160 214 ㊃25 78 103
　銀七郎 ㊃118

ま　（前・曲・牧）

前田啓五郎　㊃398
　慶寧（筑前守・加賀守・宰相中将）　病気㊂181 275 507／㊂562 752 ㊃18 968 969 ㊄339。家老㊂317 841
　健助（鍵助・夏陰・夏蔭）　㊂544 803
　五左衛門　㊃207
　幸一郎　㊂354
　左門　㊃118
　左太郎　㊃191
　主馬　㊃61
　鏘太郎　㊃553
　条太郎　㊃683
　斉泰（加賀守・中納言）　上洛㊃410 514 530。京都警衛㊃585 599／㊂153 280 284 293 317 423 ㊃166 276 371 723 783 968 969
　忠三郎　㊃70
　長猷（靱負・伊豆守）　㊃160 259
　長徳（主馬・上総介）　日光名代㊂418 802 806 ㊃607 608 615／㊂307 344 709 ㊃502
　対馬守　㊂280 ㊃345
　八右衛門　㊂56
　安之丞　㊂359
　利豁（丹後守）　㊂427 ㊃98 372 ㊄218
　利豁（丹後守・丹波守）妹　㊃87
前田利声（主計・主計頭・大蔵少輔）　㊂144 248 488 555
　利鬯（飛驒守）　㊂463 ㊃110 372 783 ㊄143 228
　利同（稠松）　㊃372 ㊄143 228 252
　利友（出雲守）　㊂112
前原三蔵　㊂105 357
曲木仙之助　御馬始㊂119 ㊃1 501／㊃219 414 754 ㊄79
曲淵謹一郎　㊃821
　平蔵　㊄82
　景山（出羽守）　㊂106 350 433
　景曜（安芸守・甲斐守）　㊃638 891 ㊄70
　鉒之助　㊂37 150 801
　左門　㊂282 801
　鈴之助　㊃54
　鉄之助　㊄134
　義制（志摩守）　㊂59
　義道（助右衛門・修理）　㊂59 ㊃505 808
　民助　㊂281
　主殿　㊂112
牧
牧田文蔵　㊂111
牧野鉞太郎　㊃127
　隠岐守妹　㊃87
　金助　㊂832
牧野蔵之助　㊂834
　孝助　㊄149
　康哉（遠江守）　若年寄㊂507 544 839。勝手方㊂691 740。江戸城本丸普請御用㊂691 760 815 839／㊂515 566 732 741 826 ㊃31 375
　康済（内膳正・遠江守）　㊃485 642 ㊄215 317 324
　鋼太郎　㊃527 670
　駒太郎　㊃538
　左衛門　㊂67
　佐渡守　㊂544 ㊃410
　升作　㊄301
　信之助　㊄289
　震之丞　㊂413
　成行（伝蔵・若狭守・伊予守・土佐守）　目付㊄205／㊃45 410 642 667 784 848 946 ㊄34 74 94 188 346 379 380
　成之（式部・主計）　㊂36 121 413
　成著（伊予守）　㊂1
　成名（右近・左近・式部）　㊃261 392 523 536 615
　誠成（豊前守・讃岐守・河内守）　江戸城西丸普請御用㊂109 112。大坂加番㊂256／㊂486 489 ㊃376 822 857 938
　忠雅（備前守）　家慶葬送・宝塔普請・法事惣奉行㊂3 5 15。新海防掛㊂113。

ま（牧・槇・正・増・益・増・又・町・松）

牧野 文昭院・慎徳院霊廟普請惣奉行㊂195。ハリス返翰書署名㊂326。韓使聘礼㊂402。村替㊂414。溜詰格㊂414／㊂18 29 88 168 219 239 285 326 329 332 340 361 415 418 501 506 518 538 539 →牧野備後守
忠恭（玄蕃頭・備前守） 奏者番㊂782。寺社奉行加役㊃292。京都所司代㊃357 385 390 603。恩貸金㊃359 381／㊂361 ㊃10 94 558 566 583 609 619 ㊄218
忠訓（考之助・玄蕃頭） ㊃186 ㊄218
忠泰（錠吉・伊勢守） ㊂804 ㊃169 362 558 673 ㊄21 32 317 393
貞明（越中守） 奏者番㊂782 ㊃378。寺社奉行加役㊂851。韓使聘礼㊃307。日光山警衛㊃638。大坂城代辞職㊄390／㊃146 175 180 181 252 271 288 621 715 717 726 849 880 898 954
春四郎 ㊄59
備後守（牧野忠雅カ） ㊂10
武右衛門 ㊃127
録三郎 ㊂834
牧山修節 ㊂833
槇 鉦次郎 ㊃30
政右衛門 ㊄126
槇本源次郎 ㊃131
正木弾正（大膳） ㊃209 458
松次郎 ㊃143
祐三郎 ㊂351
増山奥右衛門 ㊂112
正修（対馬守・河内守） 若年寄辞任㊄53。江戸市中巡邏㊄316／㊂515 518 745 ㊃376 763 790 864 880 957 ㊄317 349
勇之助 ㊃134
益頭駿次郎 ㊃186
益田遇所 ㊂520
新之丞 ㊄17 94
親施（右衛門介） ㊃903 904 935
徳之進 ㊄371
与右衛門 ㊂347
益満休之助 ㊄397 399 423
益山勝蔵 ㊃215
増 建次郎 ㊄372
増岡鉄之助 ㊃754 ㊄82
豊三郎 ㊄83
増田斧太郎 ㊃140
直八郎 ㊄389
頼興（作右衛門・作左衛門） ㊂349 426 484 ㊃634
又六（辻番人） ㊃67
町田稲太郎 ㊃646
町野清典（左近） ㊂402 ㊃340
善太郎 ㊃683 ㊄79 354
悌十郎 ㊃868 ㊄406
松井恭直（助左衛門） ㊂80 235
十左衛門 ㊂38 177
庄左衛門 ㊃154
新三郎 ㊂110 ㊃219
助左衛門 ㊄125
政助 ㊃154
素庵女 ㊂648
惣左衛門 ㊂595
松浦亥太郎 ㊃134
勝太郎 ㊃133
金弥 ㊃468
啓（松平、弾正・備前守・加賀守） ㊂601 ㊃415 417 567 ㊄147 154
左京 ㊄68
作左衛門 ㊄259
四郎三郎 ㊃194
周蔵 ㊂111
脩（豊後守・豊前守） ㊂276 358 498 ㊃373 491
信寔（越中守）『日本外史』献上㊃739。目

松浦 付㊃782。長崎帰任㊃883。公議所取建御用㊄372。町奉行㊄399／㊃779 780 793 870 912 ㊄154 287 303 403
正尹（左衛門尉）㊄50
詮（松平、肥前守）㊂538 ㊃373 602
忠右衛門妹 ㊃200
八郎五郎 ㊄348
平吉郎 ㊃54
孫太郎 ㊃232
与次郎 ㊃668
曜（松平、壱岐守）㊂109 111 378 538
松尾栄太郎 ㊃40
源右衛門 ㊃143
松岡金三郎 ㊃519
重三郎 ㊂565 574 ㊃465 524
正次郎 ㊃873 874
徳太郎 ㊃129
盤吉 ㊄365
万 ㊃534
松木宗有（中将）㊃584
松倉愛次郎 ㊃942
九市郎 ㊄67
甚之丞 ㊃133
丹後（板倉）㊃925 928
松崎幸三郎 ㊃92
昌道（権左衛門・藤十郎）㊂207 733 ㊃361
満太郎 家定将軍宣下祝儀賀文㊂110。日米和親条約全権㊂174／㊂62 124 145 185 224
礼次郎 ㊃92 167
松下加兵衛 ㊄156 374
嘉兵衛 ㊄350
鎌太郎 ㊃132
金吾 ㊃143
幸三郎 ㊂104
次郎左衛門（松平）㊃967 ㊄70
主膳 ㊂591
誠一郎 ㊂287
大之丞 ㊄67
登綱（大学）㊂36 38 616 ㊃667
徳次郎 ㊃942
孫十郎 ㊂178 591
隣之助 ㊄405
松島金左衛門 ㊃79
重左衛門 ㊃39 121 158 188
清右衛門 ㊃50
鉄次郎 ㊃50
鉡五郎 ㊃539
松蔵（麻布新畑町）㊃67
松田行直（四郎左衛門）㊂150
重次郎 ㊂822
新兵衛 ㊃102
鉄助 ㊄48
銕之丞 ㊄67
万之助 ㊄86
弥太郎 ㊂273 ㊃188 229 388
松平安芸守 ㊂455
伊織 ㊄134
伊織（松平康人カ）㊂734
伊勢守 ㊃910 933 ㊄322 389
出雲守（松本穀実カ）㊄279
市左衛門 ㊂280
市郎右衛門 ㊂619
釆女 ㊄34
釆女正 詩作㊃831。奥詰銃隊差図役㊄107 172／㊃726 777 937 ㊄55 66
栄次郎 ㊃143
栄之助（松平忠武カ）犬追物㊂737 756 757 762 765 766 769／㊂556
鋭之丞 ㊃229
鋭之助 ㊃188
鍈次郎 ㊃105

松平鉞五郎 ㊄389
　大蔵大輔 ㊄394
　織部 ㊃376
　上総介 ㊄376
　主計 ㊃83 ㊄134 259
　勝之助 ㊃814
　要人 ㊂65
　鎌蔵 歩兵頭並㊄316 372／㊃784 848 915 ㊄225 271
　勘三郎 ㊃136
　輝照(恭三郎・右京亮) 奏者番㊄251。陸軍奉行並㊄288／㊂798 ㊃233 375 465 645 ㊄349 364
　輝聴(右京亮) 寺社奉行㊂300 783。法事御用㊂329 336 408 424 430 750 754 767 781。大筒置場普請御用㊂615／㊂428 577 590 605 738 762 785 789 798 829
　義建(中務大輔) ㊂120 ㊃358 359 361
　義端(秀麿) ㊂522 783～785
　義比(摂津守) ↓尾張茂徳
　義勇(範次郎) ㊂784
　求馬助 ㊄135
　恭三郎(泰三郎)女 ㊃38
　近韶(式部少輔・対馬守) 一橋家老㊂802。

松平
　江戸城本丸普請御用㊂816。金銀座御用㊂851。小姓組番頭㊃326。差控㊃445／㊂38 601 603 613 615 617 692 745 748 749 762 829 ㊃364 417
　近説(左衛門・左衛門尉) 日光祭祀奉行㊂486 488。若年寄㊄215 378。会計奉行㊄249。国内御用取扱㊄304 367 382／㊂777 ㊃139 166 374 ㊄6 94 217
　近知(四郎・志摩守) ㊂359 369 766 ㊃672
　近知姪 ㊃158
　近直(河内守) 貨幣改鋳御用㊂106。軍制改正御用㊂196。田安家老㊂401／㊂18 58 168 195 291 366 455 766
　近豊(金之丞・若狭守) ㊂208
　金之助 ㊂770 ㊃626
　欽次郎 ㊄259
　謹次郎 ㊂423 579
　九郎右衛門 ㊂596 ㊃408 669 ㊄66 175
　九郎左衛門 ㊂271
　九郎麿 ㊃363
　国之進 ㊃386
　銈丸 ㊄203
　慶永(越前守・春嶽・大蔵大輔、越前宰相) 神奈川横浜警衛㊂504。隠居・

松平
　急度慎㊂514 801。御用向登城、御用部屋入㊃310 312 313。政治向総裁職㊃345 578。上洛㊃391 471 491 501 512。京都守護職㊃623。王政復古大号令㊄337。議定㊄339。在京㊄339／㊂153 373 374 377 418 485 506 507 ㊃327 566 623 639 ㊄335 355
　慶憲(斉憲・定昭、兵部大輔) 河川普請御用㊃114。長州征討㊃808 919／㊂153 248 494 683 745 ㊃371 410 594 769 808 ㊄18 251。家士㊃594
　慶倫(三河守) 中将㊂463。長州征討㊃808 919。内海警衛㊄366／㊂321 745 752 ㊃70 272 372 410
　慶倫妹 ㊃86
　健之助 ㊃153
　源七郎 ㊂619 ㊄47
　源太郎 ㊂23
　五左衛門 ㊃640
　弘之助 ㊃173 ㊄22
　孝次郎 ㊃49
　康圭(左近・左近将監・周防守) ㊂101 213 745 ㊃395
　康圭妹 ㊃199
　康爵(周防守) ㊂213

松平康人(織部)　㊂623　→松平伊織
康正(久之丞・出雲守・備中守)　目付㊂252。長崎御用㊂365 473 520。寛永寺霊廟修復・宝塔普請㊂529。神奈川開港取扱㊂552。江戸城本丸普請御用㊂816 847 848。金銀座御用㊂851。河川普請御用㊃77。海陸備向・軍制取調御用㊃81。蒸気機関建立御用㊃306。留守居㊃357。差控㊃445／㊂8 223 226 289 540 549 583 611 613 615 737 745 749 750 778 781 820 829 846 850 ㊃84 111 152 284 360 ㊄5 53
康正(禎之丞・因幡守)　㊂445 503 658 ㊃103 111 397 459 643
康盛(中務少輔)　㊂1
康泰(厳若)　㊃374 395 452 465
康忠(上総介)　㊂619
康直(万太郎・石見守・周防守)　外国奉行㊂658 804 ㊃65 492。遣欧使節㊃140 187 471 496。人払御用㊃686 705 744 761 776 777 783 784 793 795〜797 807。老中㊃823 ㊄377。外国御用取扱㊃823。会計惣裁㊄189 212。国内御用取扱㊄367／㊂572 731 751 ㊃196 246 642 789 797 798 938 ㊄4 57 93 103 392
腰之助　㊄70
松平駒之丞　㊄144
権之助　㊄406 413
権兵衛　㊂178
権兵衛　㊃55 85
左衛門佐　㊂800 ㊃179
左門(石見守)　㊂417 777 ㊃340 492
貞郎　㊃553
次郎右衛門　㊂338
次郎左衛門　→松下次郎左衛門
信濃守　㊃407 576 ㊄372
順之助　㊃153 505
小左衛門妹　㊃86
正之助　㊃35
庄九郎　㊂104 ㊄265
劭吉　㊂807
昭訓(余四麿・余四郎丸)　㊃582 584 591 593
昭武(民部大輔)　㊃805 806 881 ㊄114 142
勝安(左金吾)　㊃171 541 809 ㊄222 284
勝雅(侶之允・石見守)　鉄砲組㊃383／㊂134 371 746 ㊃850 881 ㊄115 187
勝吉(壱岐守)　二条城警衛㊃491／㊃441 620 635 661 809
勝行(豊後守・大蔵少輔)　参勤㊂28 208 341 407 474 545 614 796 ㊃20 136 274。大坂加番㊂
松平
256。二条定番㊃368／㊂475 745 802 806 ㊃406 567 602 649 673 ㊄176 178 182 317
勝実(銈三郎)　犬追物㊂737 756 757 762 765 766 769。目付介㊃579／㊂576 ㊃3 409 523 536 630 671
勝成(式部大輔・隠岐守)　京都造営手伝㊂311。神奈川警衛㊂360 818。初就封㊂364。長州征討㊃809 922／㊂200 591 745 811 ㊃14 372 391 519 567
勝善(隠岐守)　㊂153 182
勝道(駿河守)　増上寺勤番㊂8／㊂15 19 175 ㊃375 441
勝文(源大夫・源太夫)　講武所㊃47 231 234／㊂149 748 ㊃253 ㊄246
鈔次郎　㊃420
乗原(仲・備後守・石見守)　講武所㊂287 ㊃47 231 234 290 451／㊂285 455 744 ㊃392 472 479 481 493 ㊄40 77 263 286 350 372
乗全(和泉守)　老中㊂506 755 764。海防掛㊂113。勝手掛㊂612 738。溜詰格㊂415。江戸城本丸普請惣奉行㊂638 738。飯泉喜内仕置㊂649 ㊃445。村替㊂650。東禅寺事件処置褒賞㊃141／㊂18 29 168 182 265 285 525 537 558 654 683 690 692 693 696 731 737

松平
乗秩（主水正・和泉守）㊃187 445 ㊄117 779 ㊃374
乗長（大膳亮）㊂616 623
乗謨（兵部少輔・縫殿頭）若年寄㊃826。老中格㊃938 ㊄377／㊃375 390 400 505 609 ㊄38 135 143 162 212 286 367
乗弼（采女正）㊂393
乗樸（甲次郎・駿河守）学問所㊂422 ㊃225。目付㊃391／㊃171 468 523 536 542 719 741 ㊄214 322
乗命（能登守）大坂加番㊃619／㊃376 622 ㊄215 225 324
乗利（上野介）新番頭㊂474。玉川上水普請㊂765 823 ㊃52。神田上水・井之頭池埋立普請御用㊃147／㊂38 213 385 462 648 ㊃7 135 188 332 666
縄氏（余一麿）↓喜連川余一麿
信義（信篤、豊前守）葬送法事御用㊂4 9 15 22 531 537 540 ㊃140 175 180。韓使聘礼・対馬易地簡易作法㊂298 400。大坂城代㊂563。老中㊂851。勝手掛㊃366。日光御用㊃366 474 481 503 521。外国御用取扱㊃546／㊂49 74 202 226 345 428 555 572 575 577 ㊃4 366 391 418 422 471 498 542 544 569 672

松平信謹（左兵衛督）㊄214
信古（伊豆守・刑部大輔）寺社奉行㊂588。韓使聘礼㊃16 350。教律取調㊃300。大坂城代㊃337 350／㊂10 444 617 623 692 ㊃348 565 587 604 ㊄249 250 348
信進（丹後守）二条在番・同定番㊃21 308 368 406／㊂377 510 ㊃619 673 ㊄317
信発（左兵衛督・左衛門督）㊂33 767 ㊃373
信発養女　㊃110
信敏（勘太郎・大内蔵・河内守・大隅守）大坂其外海岸見分㊃460。大坂町奉行㊃594。伏見戦争㊄346。勘定奉行㊄360／㊃3 330 380 451 590 719 847 851 946 ㊄355 379 380
信武（伊予守）大坂在番㊂416 419 ㊃342／㊂156 181 270 280 773
信宝（山城守）大坂加番㊂133 187 783 ㊃150／㊂164 383 531 ㊃298
信庸（彦四郎・安房守・山城守・伊豆守）㊃171 298 374 919 ㊄167 180
信庸（美作守）㊂126 141 282 800
晋（六郎右衛門）㊂527
新七郎　㊄67
親貴（録之助・但馬守）㊂60

松平親良（市正・大隅守・中務大輔）領知判物朱印御用㊂555 738 ㊃33 197 271 288／㊂4 10 15 383 605 ㊃375 465 471 ㊄113 316 392
図書（主税）㊄5
助大夫　㊃49
正孝（筑後守）両番頭㊂522 733／㊂223 525 ㊃392 512
正之（弾正・備後守・対馬守）目付㊂363。印章御用㊂542。喜連川左馬頭在所御使㊂562 564。和宮降嫁御用㊂821 ㊃116 284。日光東照宮修復㊃165 287。大目付㊃357。外国御用㊃496。学政更張・小学校取建御用㊃534／㊂169 199 313 528 551 746 747 749 762 816 829 838 846～848 ㊃74 107 111 181 198 360 370 390 397 453 694
正質（豊前守・弾正忠）遊撃隊御用取扱・指揮㊃964。老中格㊄321 380／㊃857 964 ㊄62 345 347 355 380 390
正修（新九郎）㊂615 ㊃105
正相（作左衛門・備中守）㊂355 ㊃79
正和（織部正・備中守）参勤㊂47 89 208 239 408 461 546 574 ㊃240／㊂466 744 ㊃436
斉貴（出羽守・瑤光翁）㊂17 23 77 490
斉貴室　㊃353

松平斉民（越後守・確堂） 江戸城西丸委任㊄384／㊂153 321 ㊄385 396 418 420
政次郎 ㊃125
清秀（次郎兵衛・伊賀守・若狭守） 目付㊂368 522。神奈川御用㊂809 ㊃83 90 137／㊂209 227 636 747 766 845 846 848 ㊃113 188 199 567 569 574 ㊄406
清秀女 ㊃233
晴正（縫殿頭） ㊂633 ㊃30 116
誠三郎 ㊂598 ㊃154
太七郎 ㊃84
太刀若 ㊃70
太郎 ㊃75 112 ㊄211 394 428
太郎左衛門 ㊄203
太郎助 ㊃930
田宮 ㊂66
大三郎 ㊃158
鷹吉 ㊂733
辰之助 ㊃306
帯刀 ㊃494 ㊄402
為五郎 ㊃683
弾正 ↓松浦弾正
主税 ㊂66
筑前守 ㊄393

松平忠愛（安之丞・主殿頭） ㊂805 ㊃20 375 417
忠右衛門 ㊃408
忠栄（遠江守） ㊂214 557 799 ㊃128
忠凱（鋳之丞・弥三郎） ㊂748 792 797 ㊃173
忠矩（民部大輔） ㊂316 317 431 630
忠固（忠優、伊賀守） 大筒台場新規築立御用掛㊂18。海防掛㊂113。老中㊂415 506。韓使聘礼㊂418／㊂168 182 285 418 475 481 514 620
忠興（与七郎・遠江守） ㊃82 128 374 442
忠国（下総守） 内海警衛㊂63 153。格式㊂241 851。一万両下賜㊂63 295。恩貸金㊂615／㊂599 630 722 744 ㊃157
忠国（下総守）養母 ㊂753
忠左衛門 ㊂596 ㊃297
忠次郎 ㊃116 892 937 ㊄66
忠質（信濃守） ㊂370 386 408 411
忠実（剛之助） ㊃3
忠受（釆女） ㊂556
忠淳（主殿頭） ㊂805
忠恕（摂津守・大蔵少輔） 寺社奉行㊃432。大坂加番㊄167 180。江戸市中巡邏㊄316／㊂383 428 547 555 ㊃20 374 619 919 ㊄215 329
忠誠（下総守） 府内警衛㊄349／㊃372 398 645

松平
忠精（主殿頭） ㊄28 348 ㊂262 341 378 745 750
忠篤（玄蕃頭） ㊂69 197 220
忠敏（主税助・上総守） ㊂287 ㊃463 484 506
忠武（栄之助） ㊄22 ↓松平栄之助
忠優 ↓松平忠固
忠礼（璋之助・与十郎・伊賀守） ㊂620 ㊃287 374 822 880 ㊄316 393
忠和（余六麿・主殿頭） ㊃417 491 621 809
長吉郎（家慶男、景徳院） ㊂12 13 17
直己（盛吉・佐渡守） ㊃189 374 880 951 ㊄201 393
直吉（孫大夫・外記） ㊄5 318
直侯（八郎麿・大和守） ㊂206 241 745 ㊃225 232 237
直克（富之丞・大和守） 朝廷尊崇十八ヶ条奉承㊃659。江戸市中巡邏㊄302 353／㊃225 305 372 465 471 541 ㊄19 100 169 384
直哉（悦之進・主計頭） ㊃20 ㊄316
直春（日向守） ㊂367
直静（実之助・日向守） ㊂553 ㊃296 673 ㊄277 393
直諒（佐渡守） ㊂168 ㊃189
直諒妹 ㊃37
恒次郎 ㊃134

松平鶴松　㊃168
定安（済三郎・出羽守）　武蔵本牧警衛㊂232。京都造営手伝㊂311。安治川台場警衛㊂360。京都警衛㊂504 ㊃398／㊂23 76 101 207 248 360 745 ㊃371 754 809 923 ㊄329
定安養母　㊃353
定敬（越中守、桑名）　京都所司代㊃641 ㊄313 335。人払御用㊃773 775～777 793 795 797～799。条約・兵庫開港勅許請願㊃786。上使㊃956／㊂764 825 839 ㊃372 602 662 672 712 761 767 792 ㊄339 347 355 380
定昭（藤堂、錬五郎・式部大輔・伊予守）　溜詰㊃186。長州征討㊃809。老中上座㊄269。老中辞任㊄286／㊂591 840 ㊃24 215 549 715 729 783 808 ㊄91 332 344 348 351
定節（藤十郎）　㊂207
定猷（猷、越中守）　江戸城西丸普請御用㊂109 111。恩貸金㊂221／㊂153 431 504 623
鉄次郎　㊃83
典則（誠丸・静寿斎）　㊂63 153 206 739
伝之助　㊂148
藤次郎　㊃75
鐙蔵　㊂657
松平篤三郎　㊄396
舎人（鎌之丞）　㊂734 ㊃938 ㊄396
侶之丞　㊄399
中務　㊂445
浪之助　㊂150 ㊃158
八太郎　㊃233
春次郎　㊂761
春之丞　㊄175
彦四郎　㊃171
兵庫頭　㊃780 830 ㊄55 144
兵庫助　㊃154
兵部大輔　浅草御蔵警衛㊂494。河川普請御用㊃114／㊂683 745 ㊃371 594 769 ㊄18。
家士㊃594
武聡（十郎麿・右近将監）　河川普請御用㊃114 651。長州征討㊃809 925 934。伏見戦争㊄347／㊂229 241 304 492 493 745 824 ㊃372
藤之助　㊂657
孫三郎　㊂807 ㊃79
又十郎　㊂131
万三郎　㊃125
茂昭（直廉、鑽之助・越前守・日向守）　初就封㊂716。内海警衛・台場守備㊃177。警衛場所替、五千両下賜㊃195。
松平
長州征討㊃808／㊂367 514 546 551 553 742 744 ㊃372 410 758 819 889
鎗三郎　㊂54 595
鎗次郎　㊂215
靫負　㊄411
与左衛門　㊂740 ㊄178
与次郎　㊂166 ㊃375 650
与十郎　㊃287 374
容保（肥後守・少将、会津少将）　恩貸金㊂316 ㊃362。蝦夷地割合開発㊂622。政事向相談・御用部屋入㊃309 312 795。京都守護職㊃359 639 ㊄313 335。役知五万石下賜㊃362。軍事総裁職㊃623。人払御用㊃721 722 732 773 775～777 793 797 798。条約・兵庫開港勅許請願㊃786。一橋慶喜、家督相続要請㊃956。官位召上、登城禁止㊄380／㊂32 62 153 240 258 316 513 745 840 ㊃14 396 406 566 583 602 603 672 712 720 787 792 ㊄339 355 384。家士㊄365
庸（織部）　㊃23 97 322 339 415
庸理（友三郎）　㊂324 747 ㊄134
頼胤（讃岐守・玄蕃頭）　将軍宣下・京都御使㊂89。京都造営手伝㊂311。ハリス登城、着座㊂431 630。京都警衛

松平

頼英（宮内大輔・左京大夫）㊂504／140 360 513 722 744 ㊃106 108 444

頼学（左京大夫・弾正大弼）㊂181 229 513 ㊃441 471 328 ㊄50

頼升（掃部頭・大学頭）㊂182 471 619 ㊄50

頼之（廿二麿）㊃452 471 619

頼策（勇次郎・雅楽頭）㊃619

頼久 →紀伊茂承　328

頼縄（播磨守）㊂117 181 513 ㊄50 328

頼誠（大学頭）㊂181 513 ㊄353 354

頼聡（万之助・宮内大輔・讃岐守）長州征討㊃822 934 938。伏見戦争347／

松永助三郎 ㊄80 463 630 106 301 372 583 585 721 880　36 59

捨造 ㊄519

善三郎 ㊃610

祐貫（善之助）㊂223 405 ㊃54

松波安芸守（道太郎）㊃430 133

傳三郎 ㊃133

蒼一　389

恒太郎 ㊃889 909 134

常太郎 ㊃45

勇之助 ㊃430

松之助（神谷村無宿）㊃67

松野三平二（三平次）㊃527 808 ㊂316 ㊄36 77

孫八郎　長州藩糾問、広島派遣㊃808 830／

八郎兵衛 ㊃610 718 784 806 946

幹右衛門 ㊂112

松原留次郎 ㊄102

又七郎 ㊄81

松兵衛（常陸国行方郡谷島村）㊃176

侯 →松前伊豆守

松前家 ㊂160

崇広（伊豆守）蝦夷地上知㊂260。家格三万石高㊃20。箱館警衛㊂276 341。

広茂（三郎兵衛）㊂353

玄蔵 ㊄68

織部 ㊄547

徳広（準之助・志摩守）㊂574 37 ㊃218 327 ㊄265 547 770

召上謹慎㊃784／373 726 746 749 750 755 760

払御用㊃680 683 686 705 707 720 721 724 725 730 732　官位

八郎 ㊃485

久次郎

松村鈺之助 ㊃19

松村綱之助 ㊃104

鋼之助 ㊃49

晋次郎 ㊄431

忠四郎 ㊂165 185 ㊄163 322

弥三郎 ㊄214 137

泰八郎 ㊄552

雄吉

与惣右衛門 ㊂671 ㊄255 312

金之助 ㊃290

金太郎 ㊃169

金三郎 ㊃249

勝之助 ㊃133

松本鉞之助 ㊃214

穀実（松平、十郎兵衛・駿河守・出雲守）→松平出雲守㊂224 229 253。学問所㊂244。韓使聘礼、対馬易地簡易作法御用㊂下田御用㊂。江戸城本丸普請御用㊂749 816

三之丞 →松平出雲守 ㊂766 847 ／665

三平二 →松野三平二

寿大夫 アメリカ国派遣㊄44 73 234／665

十太 ㊂111 ㊄376 411

ま（松）

松本庄次郎　㊃125
　新次郎　㊃138
　豊蔵　㊃214
　彦次郎　㊃206
　俵四郎　㊃119
　美作（美作介）　㊂596　㊃238　572
　元次郎　㊃119
　良順　『万国公法』上覧㊃882　903。歩兵頭格　陸軍附医師取締㊄408／㊃654　㊄358　368
　良甫　㊃408
　礼助　㊂224　㊃138　145　402　㊄189
松屋道太郎　㊃107
松山善蔵　㊃519
　忠左衛門　㊃538
黛　松之助　㊄81
丸尾銀之丞　㊃32
丸橋銈之助　㊃219
丸毛亀次郎　㊂347
丸屋卯兵衛　㊃630
丸山運八郎　㊂808
　次左衛門　㊂831　㊃345
　昌貞　㊃920
万次郎（武蔵荏原郡品川宿）　㊃176
万年佐左衛門　㊃132
万年七郎　㊃552
　真太郎（隠岐守）　㊂771　㊃558　㊄217　222　284　398
　鎮平　㊃55
満成（増上寺伴頭）　㊄156

み

みつ（家慶側室・家定生母）　↓本寿院
みね（神田仲町源七後家）　㊃121
三浦猪八郎　㊃629
　一郎　㊂599
　勝太郎　㊃59　㊄182
　勝之助　㊃206
　義韶（美作守）　㊂170　㊃285
　金五郎　㊃285
　敬兵衛　㊃131
　弘次（鱗之助・備後守）　㊃98　298　303　375
　七兵衛（七之助）　㊃236　241
　新十郎　㊄348　372
　慎平　㊃51
　甚五郎　㊃55
　銓之丞　㊄405
　半之助　㊃41
　雄之助　㊃51
三浦朗次（志摩守）　㊂4　10　15
三上快庵　㊂508　㊃254　950
　季温（備前守・主膳正）　㊂41　736　846　㊃139
　半之丞　㊃45
　半兵衛　㊃667　859　㊄72
三木伊左衛門　㊂215　365
　勘解由　㊂228　460　778　803
　勘左衛門　㊂155
　十兵衛　㊄159
　多一郎　㊄159
三碕亀次郎　㊃940
三雲新左衛門　裏判取㊂165　255　471　㊃16　167／㊃616　644　㊄169
三島平九郎　㊂359
　芳五郎　㊂598　㊃208
三隅孫左衛門　㊃940
三田伊右衛門　㊄202
　喜六　㊃129
　新之丞　㊃207
　鋳三郎　㊃538
　鉄之助　㊃109
三田村一郎左衛門　㊂210
三谷九郎兵衛　㊃309
　三九郎　㊂607　751

三宅市右衛門　㊂335 ㊃365
　隠岐守　㊂764
　勘解由　↓酒井忠顕
　亀五郎　㊄118
　内蔵之助　㊂23
　康済（駿河守・長門守）　㊂89 161 ㊃332 365
　康保（対馬守・備前守・備後守）　㊂210 418 ㊃342 374 587 ㊄316 327
　三郎（康明）　㊂265
　十大夫　㊃123
　重吉　㊃555
　真吾　㊃831 ㊄67 285 357
　助次郎　㊃173
　助之進　㊃173
　大学　㊃536 ㊄372
　鉄五郎　㊃133 ㊄134
　久右衛門　㊄107
　弥作　㊃92
　立太郎　㊃92
　連介　㊃63
三好長済（大膳・阿波守・山城守）　㊂36 48 223 267 385 417 ㊃165 196 302
　長貞（内蔵助）　㊃54 171 938 ㊄134
　悌次郎（大膳）　㊃627 ㊄399
三輪金三郎　㊂599
　清右衛門（清左衛門）　㊂229 306 ㊃125
　虎之助　㊃125
　彦之丞　㊂740
水戸慶篤（中納言）　上書㊂410。差扣㊂617 623。赦免・登城許可㊂625 827。勅諚承奉㊃474。上洛㊃479 533。関東守衛㊃578。留守中、非常時差図㊃609。浪士取締令㊃649 670 674。慎御免㊄362／㊂32 71 80 111 290 367 434 445 476 483 649 722 842 ㊃10 181 211 248 272 318 371 396 412 549 568 569 574 657 ㊄248 289
　慶篤室　↓線姫（イトヒメ）
　斉昭（前中納言・贈大納言）　大砲献上㊂53。海岸防禦筋㊂111 400。軍制改正㊃御用㊂196 400／㊂262 290 410 514 617 798 799 ㊃42 146 353 360 ㊄1 416
　斉昭室（登美宮、有栖宮熾仁親王女・慶喜母）　㊄1
　斉昭妹　㊂8
　斉昭男（余四麻呂・余四郎丸）　↓松平昭訓
水戸老公　↓水戸斉昭
壬生官務　㊂69
未高鑑三郎　㊃118
未高忠五郎　㊃118
見走勝蔵　㊃174
　芳之助　㊃174
美賀子（今出川実順妹・一条忠香養女・慶喜室）　↓貞粛院
美濃部栄次郎　㊂807
　勘之助　㊂67
　勘兵衛　㊄372 411
　三十郎　㊂174
　七右衛門（七左衛門）　㊂498 ㊃111 137 217
　庄右衛門　裏判取㊂165 255 471 ㊃16 167／㊂805 ㊃616
　常次郎　㊄67
　八十郎　㊃134
　彦十郎　㊂748
　又五郎　㊃646～648
癸生川次郎　㊃97
御手洗幹一郎（寛一郎・筑後守）　㊃552 640 ㊄52 217 221 405
御牧壮一郎　㊂599
　又一郎（又三郎）　㊃28 40 ㊄133
箕作阮甫　㊃493
　秋坪　㊄35 214
水越由次郎　㊃135

み　（水）

水品楽太郎 ㊂598 ㊃185
水谷左京 ㊂445
　勝昌(主水) 組合銃隊頭㊄153 318／㊂207 445 ㊃507 508 653
　勝茫(弥之助) ㊂387 408 462 747 816
水野岩之丞 鉄砲組㊃382／㊂310 478 ㊃394 534 666
　右近 ㊃768
　英三郎 ㊃133
　甲子太郎 ㊂598
　熊蔵 ㊄118
　圭之進 ㊂428
　健次郎 ㊃133
　監物 ㊂104
　監物 ㊃453
　甲一郎 ㊃386
　佐渡守 ㊃205 217
　式部(主膳) ㊂807 ㊃170 532 620 ㊄89
　重麗(采女) ㊂687 777 ㊃539 624
　小右衛門 ㊃809
　小左衛門 ㊃27
　小左衛門女 ㊃159
　正左衛門 ㊂132
　正之助 ㊂281
　庄太郎 ㊃134
水野勝進(日向守) ㊂302 604
　勝知(蔵人・日向守) 日光祭祀奉行㊃633 637 652。日光山警衛㊃638／㊃465 646 649 880 ㊄215 316 393
　勝任(下野守・日向守) ㊂604 783 ㊃149 342 374 444
　勝用(荒三郎) ㊂54 546
　晋之助 ㊂104
　新右衛門 江戸城本丸普請御用㊂816。和宮下向御用㊂831 838／㊂92 814 829 ㊃59
　甚五右衛門 ㊂314
　助大夫 ㊂112
　鈴之助 ㊂546
　清助 ㊂823 ㊃537 ㊄299
　惣右衛門 ㊂184
　太郎 ㊃831 892 ㊄67
　但馬守 ㊄63
　痴雲 ㊃839 859
　主税 ㊂103
　忠央(土佐守) ㊂175 285 546 578
　忠勧(山城守) ㊂735 795 ㊃532
　忠幹(大炊頭) 長州征討㊃930～932 935 960 963／㊂792 ㊃37 923
　忠幹女 ㊃110
水野忠寛(河内守・左京大夫・出羽守) ㊂491 516 546 547 592 630 658 666 711 ㊃323 368 445
　忠敬(清六) 駿府目付㊂516 530 574／㊂747 803 ㊃624
　忠敬(吉太郎・出羽守) ㊄59 343 392
　忠順(周防守・肥前守) 参勤㊂208 239 408 546 548 614／㊃240 376 ㊄317 327
　忠成(出羽守) ㊂1
　忠誠(出羽守・豊後守) 一条城警衛㊃491。日光法会御用㊃628。老中㊃946 ㊄54。長州征討㊃949 955／㊃368 374 952 ㊄57～59 61 89。家老㊃683
　忠精(和泉守・大監物・左近将監・侍従) 寺社奉行加役㊂563。若年寄㊂839。老中㊃289 938。外国御用㊃299 302。勝手掛㊃313 315 319。蝦夷地開拓取扱㊃366。京都滞留㊃661／㊂10 616 799 806 814 829 ㊃16 57 292 306 324 370 391 418 519 561 563 567 574 595 601 602 605 659 ㊄34。家士㊂511
　忠全(伊勢守) 江戸城本丸普請㊂816 847 848。日光東照宮修復㊃22 27 100 165 287 419／㊂639 830 ㊃295 415 418 550 964 ㊄189 303 387
　忠徳(下総守・筑後守) 勘定奉行・勝手方㊂247 600 617。長崎奉行㊂353。外国

水野
奉行㊂515㊃82。アメリカ派遣㊂534。神奈川奉行㊂551 608。軍艦奉行㊂616。遣欧使節㊃85。箱館奉行㊃346／㊂88 169 189 238 256 291 298 354 360 400 453 459 577 638 746 798 846㊃111 164 195 301 306 335 386
忠篤(真次郎)㊄34 316
忠良(出羽守)㊂10 247 491
直次郎㊄349
兵庫㊃909㊄135
増次郎㊄79
又三郎㊃172
良之(若狭守)㊄271
水本竜太郎㊃145
溝口伊織㊂112
胤央(五左衛門・美作守)㊂653 660 701㊃407 668
官兵衛㊃909㊄134
勘兵衛㊃809
紀伊守㊄56 66
黄一郎㊂761
相模守㊃739 777
勝如(八十五郎・伊勢守)神奈川御用㊂752 827 842。陸軍奉行㊃741㊄77。対馬見廻㊃64 66。箱館派遣㊃103。外国立会貿易筋取扱㊃103／㊂279 747㊃120 364 394 492 850 867 945㊄331
溝口
正直(誠之進)㊄247
誠之助㊂592
筑後㊃229 239
直清(讃岐守)浦賀奉行㊂281。外国奉行㊂613。神奈川奉行㊂617 805。大目付㊃122 671／㊂126 360 755 789 798 814 815㊃124 326 342 628 637㊄299
直溥(主膳正)公家衆馳走人㊂554㊃138 202。十万石高㊂842。京都警衛㊃642／㊂109 112 592㊃371 410㊄247
徳之助(越前守・出羽守)㊂787㊃86 782 855㊄99
隼人助 日光門跡上京差添㊃197 294 426／㊃375㊄279 393
彦兵衛㊃59 148 151
孫四郎㊃407 442
松次郎㊂843
三井善三郎㊂279
八郎右衛門㊄281
孫十郎㊂406 799
万三郎㊄107
理兵衛㊃148 151
三井隆助㊃188
三橋信行(貫之進)和宮広敷番頭㊃91 206。和宮・天璋院用人㊄185／㊂363㊃91 217 230㊄26 206
富三郎㊃61
富太郎㊂811
虎蔵㊂287 308㊃60㊄78 265
三淵正道(縫殿助)㊂748 792㊃179 187
三間小膳㊃133
万寿之助㊃144
満井専蔵㊃941
満田作内㊃221
作之助㊄46 95
蜜翁(増上寺)㊃13
水上右近㊂518
鐃太郎㊃910㊄167
金之丞㊃128㊄107
正典(内膳)㊂810㊃93
皆川栄八郎㊃28 98
源五兵衛㊂112
治兵衛㊂808
周助㊃25
専右衛門㊃940
庸用(山城守)㊃421

み・む　（湊・嶺・箕・簑・宮・妙・ム・无・牟・武・向）

湊　信八郎 ㊃60 ㊄79 265
　甚之丞 ㊃942
　又右衛門 ㊄206
嶺田敬右衛門 ㊂112
　半平 ㊃138
箕浦右膳 ㊂112
箕輪又三郎 ㊃131 ㊄18 95
簑　関之助 ㊃174
　波之助 ㊃174
宮内礼輔 ㊄85
宮川安之丞 ㊂111
宮城敬之助 ㊄156
　甚左衛門 ㊂102
　鋤五郎 ㊂404
　兵庫 ㊂404
宮倉扉之助 ㊄96
宮崎璣次郎 ㊃134
　儀一郎 ㊃155
　七郎右衛門 ㊄221
　成身（次郎大夫） ㊂104 311 402 542
　平四郎 ㊃155
　立元 ㊂832 833 ㊃233
　連次郎 ㊃207
　録之丞 ㊃235
宮沢幸右衛門 ㊂104
　竹蔵 ㊃145
　録之進 ㊃131
宮地一平　↓宮路一平
　久右衛門 ㊃593
宮路一平（宮地） ㊃7 156 614
宮重一之助 ㊄431
　久右衛門（丹後守） ㊂217 ㊃369 ㊄206 431
宮下政治郎 ㊄83
宮田菅太郎（管太郎） ㊂18 272 ㊃107 111
　正之（文吉・文吾） ㊂105 286 ㊄217
宮成大蔵 ㊂478
宮原義以（内蔵頭） ㊂345 510 517 556
　義周（弾正大弼）　将軍宣下規式㊂49 69／㊂14 73 109 182 216
　義直（摂津守）　京都御使㊂251 260 465 476 574 589 591 ㊃1 259 281／㊂73 218 589 ㊄250
　義路（弾正大弼・民部大輔） ㊂753 760 775 ㊄140 152
　寿三郎 ㊄95 220
　丹之助 ㊂775
　民部少輔 ㊂553
　保之丞 ㊂108
宮部豊次郎 ㊃25
宮本亥之吉 ㊃191
　久平 ㊃120
　金右衛門 ㊄80
　小一郎 ㊃65
　次郎右衛門 ㊃50
　多喜蔵 ㊃191
　恒太郎 ㊃50
　鉄三郎 ㊃101
妙勝定院宮（日光准后母） ㊄43 48

む

ムリロムレ（ペリー随行医師） ㊂135
无上覚院門跡 ㊃581 597
牟礼清左衛門 ㊃133
武藤桜橋 ㊂599
　左衛門権大尉 ㊂198
　義太郎 ㊃109
向井勘助 ㊃148 151
　金三郎（将監・伊豆守・豊前守） ㊂150 483 570 733 ㊃340 341 ㊄280 285 331 350 373
　順三郎 ㊂269
　正道（将監） ㊂83 226 481 483
　善八郎 ㊄64

む （向・村・室）

向井六左衛門 ㊂269
向山一履（栄五郎・隼人正） 箱館運上所・産物会所普請御用㊃97。外国奉行・フランス国在留㊄45／㊂292 ㊃120 601 694 784 793 ㊄50 103 399 404 412
駒次郎 ㊃109
村井鑽作 ㊃229 ㊄96
三郎右衛門 ㊃11
又兵衛 ㊂36 154
村石銀平 ㊃145
村垣左大夫 ㊄153
弟太郎 ㊂145 346
範正（与三郎・淡路守） 勘定吟味役・海防掛・松前蝦夷地御用㊂123 134 145 223 248。外国奉行㊂547。神奈川奉行㊂552 608。勘定奉行勝手掛㊂600。アメリカ国御使㊂813 832／㊂83 224 229 251 296 298 321 350 690 738 745 846 ㊃128
与三郎 ㊄405
村上愛助 ㊃101 124 ㊄182
市三郎 ㊂761
永次郎 ㊃229
其太郎 ㊃615
義比（彦六郎） ㊂797 ㊃666
村上求馬 ㊃527 626
鍵次郎 ㊄122
左衛門尉 ㊄122
四郎八 ㊃187
次郎太郎 ㊃19
常右衛門 ㊃630
常要（信濃守） ㊂207 803 ㊃10
友之助 ㊄206
弥右衛門 ㊃186
弥左衛門 ㊃975 ㊄417
村越三蔵 ㊂427
正利（三十郎） ㊂49 748 ㊃462
鐸五郎 ㊂445
只五郎 ㊃407 442 628
隼之助 ㊃462
村瀬重教（平四郎） ㊃171 ㊄2
真次郎 ㊄2
村田三大夫 ㊃131
寿五郎 ㊄96
正阿弥 ㊂84
蔵六（大村益次郎） ㊃841
鉄太郎 ㊃118
藤兵衛 ㊄198
篤蔵 ㊃118
村高鎌次郎 ㊃80
孝之助 ㊃80
村野金五郎 ㊃35
村松鎌次郎 ㊂822
吉次郎（遠江守） ㊂596 ㊃334 407 ㊄55 63 65
四兵衛 ㊂80
静之助 ㊂469 567 ㊃218 297 414
武義（一郎右衛門・郷右衛門・伊勢守・出羽守・備中守） 上洛御供㊃391 489 567／㊂507 520 574 711 783 ㊃330 337 431 602 802 ㊄63 90
万蔵 ㊃754 ㊄79
村山栄蔵 ㊃62
左中 ㊂602
三十郎 ㊃55
自伯 ㊂311 ㊃408
友三郎 ㊃131
伯元 ㊂832 833 ㊃72 479
久五郎（久吾郎） ㊃974 ㊄417
了伯 ㊂678
室賀厚之助 ㊄411
正発（美作守） 駿府城代㊂336 361。側衆㊂590。上洛御供㊃391 471 567／㊂187 348 629 671 673
正容（熊太郎・伊予守・甲斐・甲斐守・但

室賀　馬守　人払御用㈣836 848 850 851 859 903 905。御側御用取次㈣934／㈢655 407 903

室田与左衛門　㈣88 ㈤97

め

明治天皇（祐宮）172

米良主膳
　種太郎　㈣105
　帯刀　803

目賀田幸助　㈣105

メイストン（アメリカ人、ペリー随員）㈢135

毛受忠之丞（豊後守）㈣566 667 798 796 815 ㈤154 347 380 419 203 145 179 360 55 66 156 388

も

モロー（Morrow, J.　アメリカ人、ペリー随員）㈢135

最上采女助（最上、采女介）㈢503 ㈣375

熊丸　㈢64

茂呂房太郎　㈣122

茂木玄隆　㈣975 ㈤182 206 382 417

百々平八郎　㈣135

最上監物　㈢459

毛利
　駿河守　㈤459
　内記　㈢459 ㈤279
　伊織　㈣901
　幾之進　㈣935
　慶親（敬親、大膳・大膳大夫・宰相）相模備場御用㈢63。三本舘㈢91。下関小倉渡海船㈢332 340。金紋付挟箱免許㈢421。兵庫海岸警衛㈢504。幕府糺問㈢841。広島出頭㈣889 890。裁許申渡㈣901。十万石召上蟄居隠居㈣903／㈢141 463 717 655 288 349 371 672 731 757 781

元敬（筑前）㈣788 808 822 829 842 859 889 890 894 906 908 912 913 916 917

元功　㈤335

元周（左京・左京亮）㈣373 672 757 889 890 901 908

元純（讃岐・讃岐守）㈣373 673 731 757 889 890 901

元昭（興丸）914 ㈣890 903 913 916 917

元徳（定広・広封、録尉・長門・長門守、少将）㈣912 914 916 917。幕府糺問㈣841。裁許申渡㈣912／㈢141

毛利
　元蕃（淡路・淡路守）長州征討㈣889 890 901 912 914／㈤109 842。上坂令㈤730 757 842。903 908 913 916 917／144 149 248 454 580 584 586 655 731 808 842 859 889 890

高謙（岩之助・伊勢守）家士㈤112。373 672 781 842 916 917。㈤219 462 491 672 ㈢494 554 ㈣372 462

高泰（安房守）㈢144

能登　㈣652

本地市兵衛　㈤138

望月翁太郎　㈤87

新八郎　㈢287

大象　㈢121

寅平　㈣121

万一郎　㈣79 525 534 673

良平　㈤96

元康元哲　㈣242

本木品蔵　㈢173 175 177 339

本保平大夫　㈢124 408

本康宗達　㈣102

本山七蔵　㈣628

桃井儀八（可堂）太郎　㈤615

春蔵　㈤80

守能与右衛門 ㊃975
守山金太左衛門 ㊃408
太郎兵衛 ㊃80
森 壱岐 ㊃558
幾次郎 ㊃118
勝太郎 ㊂93
規大夫 ㊃77 82 ㊄130 191
求馬 ㊂508
金三郎 ㊂834
熊次郎 ㊃133
五六郎 ㊃121
四郎次郎 ㊄182
次郎七 ㊃145
俊滋（伊豆守） ㊂536 ㊃373
鐘蔵 ㊃174
信八郎 ㊂832
陣之助 ㊂112
政澄（孫三郎） ㊂409 ㊃54 152 179
清八郎 ㊃59
詮之助 ㊃76 88
宗兵衛 ㊄135
泰次郎 ㊃175 ㊄182 401
忠儀（帯刀） ㊄304
忠典（美作守） ㊃264 372 ㊄304 393
森 忠徳（越中守） ㊂232 413 494 745 ㊃264
伝右衛門 ㊂31 80
藤助 ㊄80
豊次郎 ㊃118
内膳正 ㊄329
半蔵 ㊃96
武大夫 ㊂172
充之丞 ㊃174
遊亀丸 ㊂413
用左衛門 ㊂729
養竹 ㊂557 574
柳太郎 ㊂729
鉚次郎 ㊄66
若狭（墨屋） ㊂90
森川右京 ㊄405
主計 ㊃41
岸五郎 ㊃142
金太郎 ㊃870 872
錦之助 ㊃109
彩太郎 ㊂771
俊位（出羽守） ㊂539
俊朝（伊豆守） ㊂258
俊迪（肥後守） ㊃253 480 672 ㊄70
俊徳（出羽守） 参勤㊂614 839 ㊃136 240 375／㊂753 760
森川 俊方（内膳正） ㊃610 649 ㊄317
俊民（出羽守） ㊂274
荘次郎（壮次郎） ㊃551 ㊄294 431
綻之進 ㊄114
新三郎 ㊂688
善次郎 ㊃55
主税 ㊃809 909
主殿 ㊃769
兵庫助 ㊄119
兵助 ㊄114
峯五郎 ㊃109
利義（久右衛門） ㊂292 306 ㊃13
廉次郎 ㊃32
廉八郎 ㊂67
森澄 録之丞 ㊃155
狷介 ㊄214 365
太郎作 ㊃155
森田岡太郎 ㊂832 833 ㊃53 107 111
亀太郎 ㊄83
金吾 ㊂821 ㊃417
柔次郎 ㊃148
太刀五郎 ㊃143
多右衛門 ㊄82

も・や　（森・諸・門・ヤ・や・八・矢・屋・家・柳）

森田初太郎　㊃220
森止平次郎　㊃942
森村金之丞　㊃206 230
森本兼太郎　㊃207
森山栄之助　㊂136 140 146 173 177 236
　季次郎（宗次郎）　㊂336
　多吉郎　㊂380
　繁之助　㊃121
諸岡辰三郎　㊃9
諸星一郎右衛門　㊃92
　一郎左衛門　㊃91
　二郎右衛門　㊃60
　藤次郎　㊄119
　虎次郎　㊃444
　弁之丞　㊃444
門奈寛之助　㊃297 408
　帯刀　㊃94 ㊄67
　伝十郎　㊂813 ㊄66
　銃太郎　㊂844
門入（碁師）　↓林門入

や

ヤーメス・スチルリング（イギリス人、水師提督）　↓スターリング
ヤン・ヨーステン（リーフデ号乗組員）　↓ヨーステン
やす（本郷元町家主鉄五郎女）　㊂193
八木岡三郎　㊃78
　鎌次郎　㊃134
　為次郎（為五郎）　㊃132
　補職（多三郎・但馬守）　火消役㊂847。目付㊃391／㊂22 223 748 ㊃471 512 861 ㊄176 290
　安五郎　㊄84
矢口浩一郎　㊂257 ㊄411 412
　清三郎　㊂141
矢崎右京　㊂105
矢沢金之助　㊃96
　舛彦　㊃208
矢島鉞五郎　㊃228
　久太郎（久三郎）　㊃206
　四郎左衛門　㊃926
矢田部式部　㊂351
矢田堀鴻（景蔵・讃岐・讃岐守）　㊂155 ㊃112 466
矢田堀　㊄52 111 257 361 366 382 424
矢都木弥一右衛門　㊂159 201
矢野清三郎　㊃214
　連之助　㊃214
矢橋金次郎　㊃117
　五右衛門　㊃117
矢吹恒蔵　㊄389
　類平　㊃754
矢部栄之助　㊃182
　勝太郎　㊃62
　金十郎　㊃13
　源八郎　㊃118 ㊄80
　三平　㊃118
　万平　㊄126
　勇之助　㊃41
屋代忠規（甚三郎）　㊃421
　忠良（増之助）　㊂563 ㊃262 307
　彦五郎　㊃555
　益之助　㊃621
家城道二郎　㊄389
柳生久徳（織之助・主膳・小膳）　㊂324 747 ㊃808 909 ㊄18 69
　久包　㊂34 109 186
　健三郎　㊂843

や　（柳・薬・安・保・柳・梁・柳・藪・山）

柳生俊益（但馬守）　㊄294 318
　俊順（但馬守・対馬守）　剣術稽古㊂230 234 244 548 563 633 655 665 694 718 ㊃236／㊃402
薬師寺元寛（甲斐守・駿河守・備中守）　㊂739 ㊃354 440 673 ㊄133
　元真（静山・筑前守）　御側御用取次㊂646 738 ㊃329／㊂178 601 647 650 669 714 ㊃354 440
安井算英　㊃106
　算知　碁手相㊂65 232 454 557 ㊃200／㊂81 238 ㊃106
　算□　㊂836
　仲平（息軒）　㊃466
安川十郎左衛門　㊃228
　太左衛門　㊃228
安五郎妻（江戸芝柴井町勘助店、白銀師）　㊂206
安田市太郎　㊄86
　作太郎　㊄355
　司馬　㊄86
　轍三　㊃203
　又五郎　㊃222
　佳蔵　㊃412
安兵衛（美濃国石津郡安田村）　㊂558
安間純之進　㊃129 179
安村猛太郎　㊃941
保田鉛太郎　㊃669
　邦太郎　㊄35
　左一郎　㊂496
　左七郎　㊃36 77 ㊄35
　鈼太郎　奥儒者㊃764。『通鑑綱目』素読㊃880。目付㊄221／㊃831 835 950 ㊄56 346
柳河春三　㊄405
柳瀬喜七　㊃941
梁瀬大一郎　㊂427
柳　英三郎　㊄123
　道太郎　㊂355 ㊄123
柳沢伊三郎　㊃133
　光昭（伊勢守・民部少輔）　㊂408 ㊃298 303 673 ㊄64 316 393
　左太郎　㊄405
　正信（能登守・豊後守）　㊂594 ㊃340
　徳忠（彰太郎）　㊂475 ㊃673 ㊄393
　勉次郎　㊃31 218 276
　保徳（時之助・甲斐守）　江戸城西丸普請御用㊂109。ロシア船大坂近海来航警衛㊂214／㊂233 304 744 ㊃141 374 626 672。
　　家士㊂111
柳田安右衛門　㊄84
柳多忠兵衛　㊂77
柳原叺十郎　㊂812
　前光　㊄415 420 424
藪　七郎左衛門　㊃54
　新太郎　㊄117
　近右衛門　㊃926
　忠良（益次郎）　㊂741 ㊄5 322
山内鉞太郎　㊃78
　五郎助　㊃735 875
　志摩守　↓山田清之助
　繁太郎　㊂64
　主馬　㊃83 85
　崇正（源七郎）　㊃154 ㊄309
　惣左衛門　㊃154
　文次郎　㊃555
　豊賢（遠江守）　㊂44
　豊信（土佐守・前少将、容堂）　慎御免㊂801 802。御用談所入㊃424。上洛㊃476 491 ㊄339。恩貸金㊃486。御所守衛㊄335／㊂61 348 494 505 ㊃351 360 430 503 514 515 530 576 578 ㊄337 339
　豊範（土佐守）　㊂840 850 ㊃4 372 672 730
　豊福（遠江守・摂津守）　㊃76 150 362 406 673 ㊄64

山浦環（清麿） ㊃832
山条林之助 ㊄197
山尾助衛右門 ㊃151
山岡岩五郎 ㊂405
　喜八郎 ㊃646
　儀左衛門 ㊃652
　熊次郎 ㊂598
　景恭（八郎左衛門・備前守・備後守） 佐渡奉行㊂162 351。日光奉行㊂815／㊂38 270 498 751 776 ㊃364 494 ㊄225
　五郎作 ㊄144
　十兵衛（重兵衛） ㊂747 ㊃462 808 928 ㊄134
　精次郎 ㊂311
　仙太郎 ㊃462
　鉄太郎（鉄舟） ㊃534 ㊄392 399 403 404
　直次郎 ㊂711
　兵部 ㊃647 648 676
　雄三郎 ㊄107 117
　連之助 ㊂254 ㊃310
山家三左衛門 ㊄95
山縣三郎兵衛 ㊂164
　十三郎 ㊃207
　常右衛門 ㊃151
　豊三郎 ㊃614
山縣半蔵 →宍戸璣
山角礒之助（磯之助） ㊃553 813 ㊄372
　六郎左衛門 ㊃538 ㊄399
山川伊十郎 ㊄93
　清右衛門 ㊂266
　清作 ㊃931
　安右衛門 ㊃233
　安左衛門 ㊃133
山木数馬 ㊂265
　鑑之助 ㊂265
　八十八 ㊂67
山口顕之進 ㊃129
　勝次郎（内匠） ㊂753 ㊃352 408 ㊄357
　銀之丞 ㊄95
　小一郎 ㊂150
　小次郎 ㊃151
　弘敞（筑前守・筑後守） 参勤㊂28 138 208 258 341 407 474 545 614 796 ㊃20 136 274／㊂212 215 475 ㊃352
　弘敞養女 ㊃158
　弘達（長次郎） ㊃352 376 649 ㊄317
　権左衛門 ㊃95
　繁蔵 ㊄160
　晋太郎 ㊃306
山口善左衛門 ㊄151
　唯輔 ㊂399
　直毅（勘兵衛・五郎次郎・五郎八郎・信濃・信濃守・駿州） 箱館・蝦夷御用㊃41 69 354 358。一橋殿附添㊃459。外国御用㊃496。フランス公使会見㊃788。外国事務総裁㊄366。会計総裁㊄378／㊂831 ㊃357 382 392 402 437 462 464 468 485 493 523 535 536 571 687 784 797 ㊄63 98 202 211 345 382
　直信（丹後・丹後守） 大目付・日記・差物掛㊂504 540 839 ㊃124。勘定奉行㊂588。大関和七郎一件吟味㊃145／㊂466 514 547 604 616 846 ㊃326 352
　直邦（采女・織部・近江守） ㊂285 ㊃261 492 ㊄82 263 354
　直養（勘兵衛） ㊂139 159 366 571
　彦十郎 ㊃521
　弁蔵 ㊂286 ㊃61
　又左衛門 ㊃131
山崎岩次郎 ㊃158
　栄七 ㊃51
　応助 ㊃145
　家仁 ㊃174
　健次郎 ㊂771 ㊃62 ㊄67

や（山）

山崎助右衛門 ㊃146
主税助（主税介） ㊂183 ㊃76 375 650 ㊄279
鉄五郎 ㊃134 891
茂三郎 ㊄161
安之助 ㊃174
保次郎 ㊃51
山路一郎 ㊃23
金之助 ㊃126
弥左衛門 ㊃126
山下岩次郎 ㊄198
金次郎 ㊃163
九十郎 ㊄79
小十郎 ㊃219
左内 ㊃873 877
式部 ㊃516
新次郎 ㊃44
正助 ㊄198
専之助 ㊃554
山科筑前守 ㊂69
山階宮（晃親王） ㊄337 339
山 角 →ヤマカド
山 煤 弥 ㊃941
山田一郎 ㊃646 647 662 663
栄次郎 ㊃173
山田鉞三郎 ㊄215
鉛太郎 ㊃227
金之助 ㊃91 92 206 218
熊蔵 ㊃539 ㊄395
鉎次郎 ㊄215
五郎八 ㊃344
幸之助 ㊃220 921
郷右衛門 ㊄81
左衛門 ㊂589 ㊃22
左太郎 ㊃489
才曹 ㊂210
章太郎 ㊂43
勝三郎 ㊃163 ㊄265
辛太郎 ㊃227
尽三郎 ㊃208
清之助（山内、志摩守） 江戸城大奥模様替㊃228 230／㊂110 366 ㊃206 230 ㊄129
善左衛門 ㊄218
豊三郎 ㊄183
虎五郎 ㊃208
虎次郎 ㊃120 ㊄379
中務 ㊂145
半左衛門 ㊃79
秀之助 ㊄205
山田日向守 ㊂43
平右衛門 ㊄183
又蔵 ㊃669
万介 ㊄76
茂兵衛 ㊂111
祐三郎 ㊂655 664 ㊄112
利教（佐渡守） ㊂207 ㊃340 489
利行（十大夫） ㊃881 ㊄70
柳次 ㊃67
隆次郎 ㊃101
録太郎 ㊃173 219
山高石見守 ㊄126
左大夫 ㊄199
信離（主計・弾正） ㊃86 516 630 ㊄8 44 126 128
鏞蔵 ㊃132
山名壱岐守（因幡守） 京都警衛㊃550／㊂727 847 ㊃254 322 393 ㊄70
鉦之助（佐渡守） ㊂657 ㊃407 668 ㊄318 392
鏘之助 ㊂394
鉄之丞 ㊂64
主殿輔 ㊂612
平三郎 ㊃227
主水助 ㊂612 761 ㊃375 ㊄279
鎗太郎 ㊃227

や・ゆ　（山・ユ・由・湯・友）

山中権右衛門　㊃219
　三九郎　㊃207
　祝之丞　㊄85
　盛美（又兵衛）　㊂207 ㊃340
　盛美女　㊃38
　直太郎　㊂230
　湊　㊂104
山野井平太郎　㊃942
山野辺主水正　㊂48 197
山羽佐平次　㊂112
山村八百之丞　㊂102
山本岩右衛門　㊃941
　加兵衛　㊂220
　艾太郎　㊃73
　数馬　㊃345
　勝五郎　㊃78
　鎌之助　㊃555
　鎌兵衛　㊂427
　喜内　㊂148
　切一郎　㊄118
　敬次郎　㊃62
　駒次郎　㊂771
　権右衛門　㊃163
　四郎　㊃975 ㊄417
山本庄右衛門　㊂281
　新十郎　家定将軍宣下御用㊂109。和宮降嫁御用㊂821／㊂83 84 564 845 ㊄88
　正朝（小膳）　㊂289 ㊃325
　清次郎　㊃206
　清兵衛　㊂148
　惣太郎姉　㊂641
　滝之助　㊂375
　千代蔵　㊄67
　長次郎　㊃660
　鉄太郎　㊃41
　富三郎　㊃11
　友一郎　㊃80
　虎太郎　㊃766 ㊄88
　半弥　㊃928
　肥後（大椽）　㊃645
　文助　㊂18
　分三郎　㊃325
　平之助　㊃80
　平六郎　㊃132
　益右衛門　㊂112
　万之丞　㊂741
　無兵衛　㊂220
　弥七郎　㊃941
山本祐九郎　㊄85
山脇治右衛門　㊃935

ゆ

ユハイネ（ペリー随行画工）　↓ハイネ
由井藤右衛門　㊄118
　万太郎　㊃146
由比図書　㊄5 6 113 299
由田歓右衛門　㊃109
　峯高（太左衛門）　㊃66 101 196
由良貞時（信濃守）　高家㊂41。日光名代㊃275 279／㊂160 174 345 ㊄163
　貞靖（播磨守）　京都御使㊂89 91 140 148 325 338 542 547 559 ㊃1 2 25／㊂73 109 141 344 729 735 ㊃362
湯浅猪之助　㊂306
　貫一郎　㊄113
　伴右衛門　㊂45 265 292 330 555
湯川安道　㊂311
湯原英之進　㊄382
　平馬　㊃2 5
湯本多門之助　㊃614
友楚（数寄屋坊主組頭）　㊃234

友珉(奥坊主組頭) ㊂712
友美(碁師) →林有美
勇八(三河町一町目五人組持地借) ㊂733
結城一万丸 ㊂290
　寅寿 ㊂290
　源吾 ㊄84
弓場儀惣兵衛 ㊃930

よ

ヨーステン(ヤン・ヨーステン、Joosten, J.
　リーフデ号乗員) ㊂148
与右衛門(遠江国榛原郡金谷河原町罪人) ㊂261
余語延昌(源三郎) ㊂54
　金八郎 ㊄97
依田壱岐 ㊃46 131 192
　吉左衛門 ㊂37
　吉三郎 ㊂37
　玉庵 ㊂561
　耕作 ㊄85
　陞之助 ㊄362 389
　政保(信濃守・駿河守) ㊂645 ㊃380 831 ㊄55 65
依田盛克(克之丞・伊勢守・山城守) ㊂313 470 ㊄65 233
　鶴次郎 ㊂359 657
　伝之助 ㊂54
　平左衛門(伊賀守) ㊃286 407 777
要右衛門(本石町一町目) ㊂296
要右衛門(巣鴨辻町家主) ㊃68
溶姫(家斉女・前田斉泰室) ㊂8 280 469 ㊃299
横沢弥三兵衛 ㊂479
横瀬貞固(美濃守・山城守・侍従) 日光名代㊂271 275 486 488。高家肝煎㊂456。京都御使㊂802 ㊃10 27 277 305 502 591 602／㊂345 461 537 682 719 ㊃574 607 608 618
　貞篤(左京亮・左衛門・左兵衛佐・大炊頭) ㊂355 562 580 633 ㊃149 152 ㊄250 350
横田内蔵允 ㊂455 ㊃55 493
　源七 ㊃610
　五郎三郎(伊豆守) ㊃492 524 640 ㊄347
　新五兵衛(如松) ㊃393 398 413 493
　新太郎 ㊂834
　新之丞 ㊂224
　甚三郎 ㊂613
　甚太郎 ㊂742
　筑後守(春松) ㊂223 406 586 587 613
横田隼之助 ㊄127
横地勝之助 ㊂496
　左平太 ㊃922
　帯刀 ㊂346
　豊太郎 ㊃145
横山一大夫 ㊂103
　一路(紀伊守) ㊃859 ㊄115 175
　蔵人 ㊄204
　左内 ㊃756 765 868
　十五郎 ㊃78 108
　淳三郎 ㊃620 623
　鐘太郎 ㊄175
　宗叔 ㊃97
　宗泉 ㊃126
　宗知 ㊂84 ㊃126
　為次郎 ㊃138 230
　半左衛門 ㊃800 887 ㊄162
　又三 ㊃229
　良助 ㊃869 870 874
吉江波之丞 ㊃55
　由次郎 ㊃25
吉岡栄之助 ㊃644
　元平 ㊃610
　源蔵 ㊃222

よ　（吉・好）

吉岡豊前 ㊃921
　豊後 ㊃222
　文平 ㊂18
　勇平 ㊂833 ㊃34
吉川一学 ㊃133
　右近 ㊂423
　采女 ㊂409
　栄左衛門 ㊂353 ㊃138 187
　勘三郎 ㊃182 555
　金次郎 ㊃862 ㊄113 196
　従縄（一学） ㊂300 423
　小三郎 ㊃112
　忠尚（幸七郎） ㊂230 251 363 ㊃193
　房次郎 ㊂771
　松太郎 ㊃902
吉際鎌五郎 ㊂198
　繁三郎 ㊂197
吉沢源次郎 ㊃78
吉田伊左衛門 ㊂263
　猪左衛門 ㊂92
　陰陽頭 ㊃711
　陰陽亮 ㊃801
　勝之助 ㊂287
　久大夫 ㊂209
吉田休庵 ㊃124
　敬之助 ㊃150
　元策 ㊄257
　玄安 ㊃124
　玄琇 ㊂690
　源次郎 ㊃153
　幸次郎 ㊂122
　権右衛門 ㊃153
　佐五左衛門 ㊂832 833 ㊃70
　作左衛門 ㊄116
　三郎兵衛 ㊂763 ㊃254
　次郎右衛門 ㊂111
　自庵 ㊂451 ㊄149
　秀貞 ㊂406 ㊄112
　秀哲 ㊂311 678
　昇太郎 ㊂259 433 ㊃145 224 ㊄209
　昌順 ㊃234
　条太郎 ㊃35
　正方（与助） ㊂104
　荘太郎 ㊃73
　太右衛門 ㊃766
　太左衛門 ㊃869
　貞庵 ㊄9
　貞順 ㊃210
吉田直次郎 ㊃726 878 ㊄79
　半左衛門 ㊂365 ㊃36 77
　夲之丞 ㊂104
吉永錠之丞 ㊄96
　徳三郎 ㊂427
吉松数之進 ㊃32
　金三郎 ㊂269 ㊃32
　式部少輔 ㊄417
　平兵衛 ㊄66 117
　政之助 ㊃974
吉見本次郎 ㊂84 151
吉村右京 ㊃598
　栄左衛門 ㊃940
　勝蔵 ㊃942
　又一郎 ㊃126
　又右衛門 ㊂111
　又之丞 ㊃126
吉本勇五郎 ㊃151
　与惣右衛門 ㊃388
　与惣左衛門 ㊃193 ㊄48
吉山勝太郎 ㊃941
　仁右衛門 ㊄85
　仁三郎 ㊄85
好田吉右衛門 ㊃750

よ・ら・り・れ・ろ

好田治左衛門 （四）750
筑後 （三）210
好橋幸之助 （四）646
芳野金陵（立蔵）（四）466 488 534
四辻公賀（少将）（四）574
米倉昌偽（能登守）（四）107
　昌言（直吉、丹後守・下野守・下総守）
　　参勤（三）839 136 240 364 375／（四）494 781 （四）58
　昌寿（丹後守）奏者番（三）368 776／（三）131 466 546
　昌富（主膳・兵部）574 614 780 （三）37 91 379
　昌明（六郎右衛門）（五）92
　丹波守 →米倉昌寿
米沢斉憲（少将）→上杉斉憲
米津政懿（越中守）（三）128
　政易（啓次郎・相模守）64 70 729 196 317 （三）128 346 386 767
　政敏（伊勢守）（四）317 394
　政明（伊勢守・鎰助・鎰輔）（三）742 767 （四）375
　大膳 （三）747 782
　田利（小大夫）（三）131 746 （四）383 620

ら

ラースン（ヲーソン、アメリカ人）（三）135

り

リセ（エリサ・エ・ソセ）（三）325
利兵衛（巣鴨原町）（四）68
陸田主膳 651
了栄（数寄屋坊主）（四）234
了郷（増上寺月行事）（三）786
了碩（肝煎）（三）634
了道（増上寺伴頭）（五）2
良悦（紅葉山）（三）39
林北（蒙古僧）（三）337

れ

レスン（ヲースンレスン、アメリカ人）（三）135
冷泉為理（中納言）（四）800
霊鑑寺宮 （四）584
霊鏡院（松平頼胤室）（三）592 （四）556
霊瑞（増上寺伴頭）（四）412

ろ

ロクノシケ（ロシア国船将）（三）382
ロッシュ（Roches, L. レオン・ロッシュ、ロセス・フランス国ミニストル）（四）787〜789 829 939 364／（三）73 823 826 京都御使（三）501
六角広泰（越前守）364
六郷五平（四）32
六郷助左衛門（五）86
六草助左衛門 126 154
　主税 842 126
七五郎家士 121
政股（筑前守）（三）48 554 （四）93
政鑑（長五郎・兵庫頭）（四）93 373 452 （五）201 393
磨太郎（四）32
六条有容（宰相中将）（四）584

（好・芳・四・米・ラ・リ・利・陸・了・良・林・レ・冷・霊・ロ・六）

わ

和田惟明（伝右衛門）　京都御使㊃150 217。目付助・目付㊃292 ㊄98／㊂174 747 ㊃140 296 ㊄6 94 122
印哲　㊂66 81 232 238
勝太郎　㊂67
桂太郎　㊂657
寿賀太郎　㊄80
春孝　㊂92
主税　㊂67
忠四郎　㊂267 ㊃394 550
若沢綱之助　㊃145
若代鋋太郎　㊃555 ㊄218
誕三郎　㊄6
若菜三男三郎　㊂258 427 470 ㊃14 196
若橋鉚之助　㊃144
若林鑵太郎　㊃763
源作　㊂38 562
忠蔵　㊄82
若山壮吉（勿堂）　㊃48 57
脇坂安宅（淡路守・中務大輔・揖水）　京都御使㊂422 461。宰相（家茂）付㊂507。老

脇坂

中本丸勤㊂544 826 831 ㊃351 380 387。老中外国御用・勝手方㊂612 816 ㊃319 365。ハリス登城㊂630。フランス使節応接㊂646。イギリス使節応接㊂717。蝦夷地開拓、蕃書調所取扱㊂732 737／㊂228 405 407 519 616 637 638 645 647 688 692 705 757 762 ㊃4 304 318 324 445
安董（中務大輔）　㊂2
安斐（淡路守）　初就封㊃333。浜海軍所警衛㊄317 349／㊃226 304 375 808 814 920
円蔵　㊃614
寿之助　㊃226
甚兵衛　㊃31
轍三郎　㊃31
八郎　㊃226
脇屋卯三郎　㊂427 470 ㊃196 611
三輔　㊃877
分部光貞（若狭守）　㊂494 587 813 ㊃316 376
鷲尾右中将　㊂237
鷲巣鶴太郎　㊃61
渡瀬源四郎　㊃101
渡辺栄五郎　㊃407 669 ㊄56
大隅守　㊃407
橘次郎　㊃228

渡辺久三郎　㊃133
久次郎　㊂156
庫次郎　㊃537
健次郎　㊃909
鈷三郎　㊃831 ㊄67 404 413
孝綱（甲斐守・肥後守）　浦賀奉行㊃10。大坂警衛見分㊃459／㊂151 474 481 744 777 ㊃342 415 861 ㊄51 183
孝次郎　㊃134
剛蔵　㊃96
左大夫　㊂355
三十郎　㊃77 ㊄181
四郎　㊄150
修理　㊄64
章綱（丹後守・備中守）　大坂加番㊂411。系譜提出㊃673／㊂214 486 488 ㊃376 ㊄317 393
鍋太郎　㊄183 199 405
信太郎　㊃113
清三郎　㊃119
高之助　㊃175
為三郎　㊂122 ㊃55 171 393 ㊄150
主税　㊄411
忠五郎　㊃119

わ（渡）

渡辺澄綱（下総守） ㊂207
伝太郎 ㊃78
友次郎 ㊂87
虎之助 ㊄185
半九郎 ㊃836
半十郎 ㊂400 ㊃219 ㊄79
半蔵 ㊂138 167
武大夫 ㊂104
平八郎 ㊂843
政吉 ㊂719
主水 ㊃243
弥太郎 ㊃496
雄伯 ㊂655 664
靭負 ㊃892 ㊄67
鏻之丞 ㊃219
渡来仙太郎 ㊃118
又左衛門 ㊃118

事項の部

あ

会津藩　(五)345 347 348 426
会津藩兵　(五)584
愛染院（稲荷境内）　(四)344
相対貸　(四)23
相対済令　31
青野（家茂乗馬）　→馬
赤坂宿（東海道）　(五)713 773
赤坂門（赤坂口門）　(三)246 (四)696
明石藩兵　(三)520 (四)384 (五)41 279 323 393
安芸藩（芸藩）　(五)960
安芸藩兵（芸州藩兵・芸州人数）　(五)337 (四)922 (五)336 352
明地（三番町）　(三)460
明御殿（西丸）　(三)54
上尾宿（中山道）　(三)295 (四)147
上松宿（中山道）　(三)497
上　知　(五)233
明屋敷伊賀者　→伊賀者
アゲント（官名）　(三)324 325 435 441
浅草橋場町御用油絞所　→油絞所
浅草御蔵火之番　→火之番
浅草御蔵　修復　(三)350 (四)18 189 202 / (三)140 349

浅草頒暦調所　→暦調所
浅草門（浅草口御門・浅草橋門）　(四)188 384 (五)41
浅草山之宿　(三)279 323 393 (四)444
旭丸（雲州軍艦）　→軍艦
足軽　失業　(三)359
葭　(三)385
安治川台場（大坂）　→台場
蘆沢（家茂乗馬）　→馬
蘆宿（中山道）　(三)246
蘆野宿（奥州道中）　(三)332 (四)280
網代端反笠令　→端反笠令
梓神子　(四)929
麻生陣屋（常陸）　(三)495
愛宕本地堂　(四)670
新し橋　(三)324 329
熱田宿（東海道）　(三)816
熱田大工頭　→大工頭
アドミラル　(三)446
跡目願　(五)387
穴八幡社　(四)185
油絞所（浅草橋場町）　(五)307
油絞種物　(五)307
油払底（江戸）　(四)633

アヘン戦争　(三)333 391 436 ~ 438 448
阿弥陀海道宿（甲州道中）　(三)113 581
アメリカ（亜墨利加・亜墨利加合衆国・米利堅・北アメリカ合衆国・米利堅・亜国・米・米国・合衆国・北アメリカ合衆国）　軍事援助　(四)441 /
官吏（亜墨利加・米利堅）　(三)140 176 190 222 243 334 339 376 435 439 447 458 606
規定書取替　(三)376。建白書　(三)324 325。下田奉行会見　(三)
軍艦（亜墨利加）　(三)380 389 394 396 / (三)324 325 386 387 402 406 410 412
公使（ミニストル）　(三)25 26 192 294 302 / (三)57 388 431　登城目見　(四)629 630 784
国書（亜墨利加）　(三)485 492 / (三)783
国務卿マルセイ書翰（米国）　(三)324 325
使節（亜墨利加）　書翰　(三)11 173 444。口上書。答書　(三)176 177。堀田正睦邸訪問　(三)430 434。日米通商条約　(三)505。応接　(三)645
商人（亜国）　(三)362
蒸気船（亜墨利加）　(三)502
酒　(三)140

あめり——いし

水師提督 ㊂437
政府 ㊂191
船　再渡㊂121。渡来・防禦備方㊂134。江戸湾退帆㊂157。帰帆㊂180／㊂11 13 124 133 135 136 144 145 173
大史官 ㊂325
大統領(国主プレシデント) ㊂129 380 391 394 397 430 431
地図 ㊂140
農具種物代 ㊂176
厦門開港(清国) ㊂333
新居宿(東海道) ㊂227 254 ㊃695
荒　銅 ↓銅
荒地起返 ㊃19 187
荒地見分取調 ㊄87
アロー号事件 ㊂333 334
粟林八幡宮 ㊃757
阿波藩 ㊃599
安政一分金 ↓一分金
安政一分銀 ↓一分銀
安政改元 ㊂238
安政小判 ↓小判
安政条約 ㊃784 786
安政新小判 ↓小判
安政二分金 ↓二分金
安政の大獄 ㊃447 449
アンテリョ号 ㊂325
安中宿(中山道) ㊂553

い

井伊家家臣 ㊃963 ㊄352 ↓彦根藩兵
飯田村(武蔵) ㊂434
飯塚宿(日光壬生道) ㊂582
医学館 ㊂92 425 ㊄368
医学所 ㊃555 ㊄431
医学伝習 ㊃176
伊賀袴 ㊂481
伊賀明神 ㊃698
伊賀者 ㊂304 ㊄364
明屋敷伊賀者 ㊃519 ㊄132 364
小普請方伊賀者 ㊄298
天璋院広敷伊賀者 ㊃112
伊賀者組頭
小普請方伊賀者組頭 ㊄298
イギリス教師 ㊄374
軍艦 ㊂513
軍艦総督 ㊂333
語 ㊂175 194
公使(パークス) ㊃788 789
交易 ㊂194 606
公使館 ㊃96
国書 ㊂193 194
式模造騎銃 ↓鉄砲
使節　応接㊂642 665 713 717／㊂193 513 519 609
蒸気船献上 ㊂518
女王 ㊂193 391
人 ㊂173 339 407 ㊃277 841
水師提督 ㊂435
政府 ㊃788
船 ㊂193 206 212 502 586
総督 ㊂441
『評判記』 ㊂339
ミニストル ㊂787 ㊃275
生野(但馬国)一揆 ↓一揆
池上本門寺 ↓本門寺
威光寺(石見) ㊃924
異国船　渡来㊂41 106 107 110 113 122 123 125～128 131 149 157 166
医師　和蘭医術兼学許可㊂512 513。惣医師家業令㊃365。着服令㊃412 ㊄278。蓄髪許可㊃460 ㊄277。養子令㊄277 295 296

医師（承前）　387／㊀1 35 671 817 ㊃101 525 798 804 948 ㊄60 62 214 278 368

奥（詰）医師　惣医師、家業令㊄366。拾七人家茂遺金下賜56／㊃412 523 793 794 804 984

奥医師雑科　56

奥医師並　112

奥医師見習　㊃72 479

甲府医師　204

小普請医師　㊃460 278 296

番医師　医師令㊁278。養子令㊃296／㊃412

番医師並　460 525 804 60

番外科　525 817

法印之医師　㊃415 431 412

法印之奥医師　㊃415 431 412

法眼之医師　263 ㊃431 412 277

法眼之奥医師　263 ㊃431 412 277

町医師　365 366

無官医師　㊄128

寄合医師　医師令㊄278。医師養子令㊄296

和宮（静寛院宮）付医師　／㊃412 460 525 804 60

末姫付奥詰医師見習　㊂655 664 ㊄434

誠順院奥詰医師　㊄412

精姫医師　㊄174 183

泰栄院様御付奥詰医師　㊄412

溶姫付奥詰医師　㊂690

石献上　155

石之間番　㊄526 805 984

石灰　㊂615 836

石灰蠣殻灰　㊂615 836

石灰蠣殻灰会所（深川新大橋際会所）　㊂615

石橋宿（日光道中）　㊂581

石原宿（甲州道中）　㊂582

石部宿（東海道）　477 ㊃566

石薬師宿（東海道）　㊂113 581

医術（西洋）　378 278

伊豆諸島防備　㊃164 184 195

和泉橋　324 329

出雲大社　818

伊勢神宮　657 217

伊勢奉幣使　566

板橋宿（中山道）　㊂327

板鼻宿（中山道）　246

市ヶ谷門　㊂520 384 ㊄41 279 323 393

市川番所　㊄233

一分金（一歩判）　吹直御用㊂106／㊁126 198 293 294　↓貨幣

安政一分金　㊂605～607 610

天保一分金（保字一分判）　㊂606 607 610 755 758

万延一分金　↓貨幣

一分銀　㊂105 126 293 294 673 769／㊁106。吹直㊂606。吹増㊂

安政一分銀　㊂606 614

一文銭　㊂838　↓貨幣

一揆

生野（但馬）一揆　㊄50

羽州宝錦（置賜）郡村々騒立　660

一朱銀（古一朱銀）　通用停止㊂52 227 304 434 554 647 828。㊂吹立㊂105 126／㊁293 606　↓貨幣

文政一朱銀　52 304

南鐐一朱銀　105 126

嘉永一朱銀　㊂105 126

糸　↓生糸

紅糸　49

糸巻落雁　↓落雁

暇願制　㊄387

稲葉宿（美濃路）　㊄288 ㊃45 46 701

稲荷山村（信濃）　㊃472

犬追物　勤者任命㊂756 757 762 765 766 769　調練場

犬目宿（甲州道中）③582
井上流（砲術）③156
井之頭池 ③147 ④554
揖斐川（伊尾川・尾張）③481
衣服令 ③423
今市宿（日光道中）③320 377 385 503 112 156 157 273
今切渡（東海道）③227 254 256
今須宿（中山道）③316 691～694
鋳物職 ③620
岩倉（家茂乗馬）→馬
鰯油漬 ③433
石清水八幡宮 ③809 217
石清水（家茂乗馬）→馬
岩塚宿（佐屋路）③581
岩槻宿（日光御成道）③582
岩槻城（武蔵）③587
岩鼻陣屋（上野）⑤274 304
岩淵宿（日光御成道）⑤582 327
石見の戦 →長州征伐
石見口の戦 →長州征伐 ⑤295 ⑤147
岩村田宿（中山道）→長州征伐
隠居跡目願 →跡目願
隠居制（令）④43 348 608 ⑤387

隠居料 ④43 267
因州藩（鳥取藩）④599

ろ

ウイルレミナエシカウ号（和蘭商船）③339
ウインセストル号 ③194
上野原宿（甲州道中）③219 234
伺届書料紙 ③486
請負上納地 ③444
請人制 ③740
烏崎（家茂乗馬）→馬
宇佐八幡宮（豊前）④478
烏沢（家茂乗馬）→馬
牛（牧牛）③253
氏家宿（奥州道中）③332 ④280
牛込門（牛込口門）③384 ⑤41 279 323 393
牛込宿（奥州道中）③817
宇治採茶 ③325 ⑤175
碓氷川（中山道）③282 ⑤559 633
碓氷宿（中山道）③364 ⑤817
薄衣（家茂乗馬）→馬
内桜田下馬先（前）→下馬先（前）
内桜田門 ⑤392 422

馬

打割剣術 ④739 742 744
宇都宮（城）⑤426
宇都宮宿（日光道中）③227 ④426 406 641 ⑤194

青野（家茂乗馬）④747 751 753 755 808 810 815 821 826 829 839 840
石清水（家茂乗馬）④833 836 850 857 858 863 867 872 878 879 882 884
岩倉（家茂乗馬）④755 822 826 830 836 846 858 891 899
烏崎（家茂乗馬）④732 747 808 810 815 827 830 833 836
烏沢（家茂乗馬）④855 857 858 863 867 872 878 879 882 884 886 891
蘆沢（家茂乗馬）④892 896
梅崎（家茂乗馬）④876
蝦夷馬 ④592 858
大浦（家茂乗馬）④815～817 819 827 836 839 846
大迫（家茂乗馬）④751 753 761 762 770 810 811 820 826
薄衣（家茂乗馬）④852 855 861 863 866 867 872 876 879 881 891 892 896 900
五戸（家茂乗馬）④685 694
黒岩（家茂乗馬）④839 846 852 853 864 879

852 853 855 861 878 879 882 899
白川(家茂乗馬)　㊃811 815 817 826 827 829 830 833 836 850 863 867 881 884 885
新庄(家茂乗馬)　㊃594
関根(家茂乗馬)　㊃811 815 820 821 826
関村(家茂乗馬)　紀伊茂承下賜㊃981／㊃840 846 850 852 857 858 863 866〜868 871 875 878 879 881 885 886 891〜895 900
玉造(家茂乗馬)　㊃680 704 732 746 747 753 817 820 850 855 858 872 880 885 886 896 899 900
千引(家茂乗馬)　㊃773 779 808 811 816 819 821 822 829 836 839 840 845 846 852 857 864 867 875 884 885 892 893 896 900 909
鶴ヶ崎(家茂乗馬)　㊃755
鶴ヶ沢(家茂乗馬)　㊃679 680 763 772 817 872 881 885 891 894
鶴巻(家茂乗馬)　㊃696 733 826 828 833 836 845 853 855 858 863 864 867 876 879 884〜886 892 894 896 899
能代(家茂乗馬)　㊃861
野代(家茂乗馬)　㊃881
畑岡(家茂乗馬)　㊃564
花巻(家茂乗馬)　㊃833
前沢(家茂乗馬)　㊃855 858 867
松坂(家茂乗馬)　㊃899

道村(家茂乗馬)　㊃879
名生(家茂乗馬)　㊃699 701 703 747 751 763 770
馬　預　勤仕出精褒賜㊂80 83 567 570 ㊃218。御召初㊂119 469 ㊃1 260 501。廃止㊄83／㊂274 548 564 ㊃229 297 414 524 804 ㊄59 79
並　㊂119 567 ㊃219 ㊄79
馬　飼　㊂274 ㊃526 805 ㊄82 83
中間　㊃450
馬飼料　㊃685
馬買御用　㊂61 76 452 470 ㊃184 232 454
馬　方　上洛供奉㊃414。銃隊編成㊄59／㊃524
見習　㊂568 ㊃219
見習並　㊃219
馬代金呈上制　㊂197
馬爪髪役(師)　㊃526 ㊄84
馬　乗　㊃297 526 ㊄82〜84
見習　㊄83
麁(新橋)　㊄81
湖村(信濃)　㊂434
梅崎(家茂乗馬)　↓馬
浦賀番所(関所)　㊂132 ㊃363 483 ㊄241
浦賀奉行　場所高・役金㊂63 ㊄262／㊂129 140 235 504

支配組頭　㊂172
同心　↓同心
同心見習　↓同心見習
番船　㊂133
与力組頭　↓与力
浦和宿(中山道)　㊂295 ㊃147
漆栽培令　㊂475
漆 奉 行　㊂282 394 529
ウルップ島　㊂99
宇和島藩　㊄201
上乗役(御召船)　㊂80
上家足代師　㊃125
雲山院(黒子千妙寺)　㊂39
雲州藩蔵屋敷　↓蔵屋敷
『雲上明鑑』　㊂606
運上役所(運上所)　㊂609 611 ㊃97

え

英勝寺（鎌倉） ㊂8
永代橋 ㊂491
絵掛 ㊃705
『易経』 ㊃870 877
絵師 ㊄387
　見習 ㊃38 ㊄294
江尻宿（東海道） ㊂245
絵図
　江戸絵図 ㊂607
　大坂絵図 ㊃823
　長崎絵図 ㊃872
　長崎製鉄所器械見取絵図 ㊃863
　長崎製鉄所総絵図 ㊃863
　沼津城惣絵図 ㊃683
　浜松城絵図 ㊃693
蝦夷馬 ↓馬
蝦夷語音 ㊂382
蝦夷地 ㊂350 369 375 436 457 622 ㊄298
　北蝦夷地（カラフト・唐太） ㊂276 797 ㊃64
　西蝦夷地 ㊂276 611
　東蝦夷地 ㊂276
蝦夷地産物会所（大坂） ↓産物会所
『蝦夷地志料』 ㊂803
蝦夷地役人（与力） ㊄222 309
穢多頭 ㊄41 54
愛知川宿（中山道） ㊂316 ㊃256 707
越後縮 ㊂401
越前家（藩） ㊄201 336 337 375
越中島調練場（深川） ↓調練場
越中島調練場定番（深川） ㊂469
江戸
　警衛（防備）㊂41。大雨㊂299 300。大風㊂299 300 403。地震㊂229 403。絵図㊂607。曲輪内屋敷㊂730 734。市中巡邏㊃642。火災㊄93。外国人居留地㊄202。開市延期㊄297。外国人家屋貸渡㊄300。騒擾㊄302 316 317 405 433。不穏㊄311。府内出口関門取建㊄327。官軍討入㊄398 404 408。市中混乱㊄411。
　鎮撫万端取締㊄428
江戸城
　警衛㊂128。曲輪出火㊂224 718 ㊃269。
　諸門勤番㊂283 421 559 ㊃17 322 384 494 497 500 ㊄41 147 248 279 290 323 392〜394 412 422 424。曲輪内屋敷㊂730 734 ㊃401。曲輪内外市中巡邏㊃642。明渡㊄404 407 416 422
江戸伝習兵屯所 ↓伝習兵屯所
江戸銅座 ↓銅座
江戸湾防備（内海警衛） ↓海防
エトロフ島 ㊂99
絵踏 ↓踏絵
烏帽子師 ㊃572
衣紋掛 ㊃705 783
エルキトル・テレガラーフ ㊂140 435
円覚院（江戸） ㊂39
沿革調頭取 ㊄265
円眼寺（近江） ㊃707
縁組制 ㊄387
猿橋宿（甲州道中） ㊂486
円珠院（江戸） ㊃349
遠州路道橋普請 ↓道普請・橋普請
焔硝庫勤番 ㊃664
遠馬 ㊂298 340 595 ㊃297
遠望鏡 ↓望遠鏡
円明寺（伊豆三島） ㊂589
エンルモロヤフ詰合同心 ↓同心

お

追鳥狩 ㊂483
追分宿(中山道) ㊂246
大磯宿(東海道) ㊂816 ㊃563 681
大浦(家茂乗馬) ↓馬
大奥御殿(二丸) ㊃192
大奥女中(西丸) ㊂45
大垣宿(美濃路) ㊂471
大垣城 ㊃702
大垣藩兵 ㊃931 935
扇稲荷前勤番所 ㊃641
正親町家 ㊂181
大坂 戸口復古計画㊂362。道筋普請㊃123。絵図㊃823。市中巡邏㊃897。市中騒擾㊃905 906／㊂114 362 ㊃879 897 ㊄202
　絵図 ↓絵図
大坂加番 ㊂214 ㊄167
大坂近海台場 ↓台場
大坂国産改所 ↓国産改所
大坂在番 ㊂25 419 ㊃166 401 517 ㊄167 203
大坂城(浪華城) ㊃990 ㊄308 352
大坂城代 ㊂114 214 332 362 ㊃350
大坂定番 ㊂214
大坂町人 ↓町人
大坂鉄砲方 ↓鉄砲方
　見習 ↓鉄砲方見習
大坂銅座 ↓銅座
大坂中之島商社会所 ↓商社会所
大坂船手 ↓船手
大坂町奉行 軍役・兵卒弁金納差出御免㊄222 309。役金㊄262／㊂113～115 214 362 ㊃742
　同心 ↓同心
　並 ㊄376 392
　与力 ↓与力
大坂町奉行所 ㊂478 619
大坂道筋普請 ↓道普請
大坂目付 帰任㊂36 223 453 ㊃179 187 453／㊃123
　目付代 任・免・暇㊂198 209 210 376 393 404 415 416 498 521 615 782 792 ㊃100
大迫(家茂乗馬) ↓馬
大沢宿(日光道中) ㊂816
大島口戦 ↓長州征伐
王政復古 ㊄335 337 338 433 435 436
太田宿(日光例幣使道) ㊂582
太田原宿(奥州道中) ㊂332 ㊃280
大茶船 ㊃987 ㊄11
大塚調練場 ↓調練場
大月宿(甲州道中) ㊂486
大津宿(東海道) ㊂246 ㊃710
大筒(砲) 鋳立・修復㊂18 196 544。献上㊂22 53 111 218 219。(奥)秘事大筒製造㊂482。
　大筒置場㊂615 ↓大砲
　車台 ㊂95 155 156 482
　稽古令 ↓砲術調練(稽古)
大筒下役 ㊄86
　下役組頭 ㊄60 86
　下役組頭介 ㊄86
　下役無足見習 ㊄86
大筒台場 ↓台場
大筒火役御用定手伝 ㊄86
　介 ㊄86
大筒付属品 ㊂212
大手下馬先 ↓下馬先
大手三之門 ㊄195
大手橋(浜) ㊃215
大手門 ㊄392 422
　西丸大手門 ㊂54 ㊄290 392 422
大手門番(西丸) ㊂54
大沼山稲荷(出羽村山郡) ㊂148

大鋸棟梁 ㊂104

大野城（越前） ㊂555

大野村戦（安芸） →長州征伐

大判　貯蔵禁㊂501。吹直㊂750㊃525
　天保大判 ㊂750
　万延大判 ㊃252
　幣 →貨

大番　番入㊂91 102 109 163。二条・大坂在番㊂306 368 473 495 577 770 772 788 811 812　㊃139 172 187。芸術㊂625 735 736 739 741 742 745 747 751 759 763　㊂849 854 877／㊃433 631 830 387　㊄59 99 101 107

大番頭　ロシア船大坂近海渡来出張㊂214。跡役・減切㊃368。改の令401。大坂在番帰任番改役・勤向461／㊄244 317　二条・大坂在番頭㊂139 172 210

大番組頭（与頭）210 259 341 365 386 417 475 510 608 773 319 556 724 ㊃21 196／㊄244 317 →三番頭

大番組与力 →与力

大番組同心 →同心
　無足見習 →与力無足見習

大広間
大広間同席 59 196 259 341 365 386 416 475 491 510 608 773 783 ㊃21 187 ㊄210
　無足見習 ㊂433 ㊃229

大広間席 ㊃371 467

大的　上覧㊂122 252 253 279 280 467 481 553 625 ㊃11 161

大宮御所 ㊄251 271 288 293 ㊃295 147
　大宮宿（中山道） ㊄929

大村藩兵 ㊄876

『嚶鳴館遺草』 ㊃876

大目付　軍艦操練所御用㊂597。御用部屋・若年寄部屋㊃326 360。大目付家来㊃983。役高・役金・席次㊄260 261。京都見廻役、御用向取扱令㊄291。外国事務其他伺書并指令㊄294。表黒裏金御印付陣笠使用令㊄356／㊃76 131 146 61 71 161 169 275 299 317 402 412 415

大目付部屋 ㊄161 167 169 416 495 497 524 725 790

大森町打場（石見国） →町打場（チョウウチバ）㊄951

大森村陣屋（石見国） ㊄477 565

小笠原島 ㊄164 184 195 335

岡崎宿（東海道） ㊃58 565 ㊄689

岡部宿（東海道）

岡山藩 →備前（藩）

岡山藩兵 →備前藩兵

小川館（水戸） ㊃636～638

興津宿（東海道） ㊂245 ㊂429

翁草玉（干菓子） →干菓子

奥医師　雑科→医師
　並→医師
　見習→医師

奥儒者 →儒者

御櫛番 ㊂705 ㊃783 →儒者

奥小人 →小人

奥御金蔵 →御金蔵

奥上洛別帳 ㊄394 404 418 420 425 428 442 457 458 462 464 468 471／㊄475 477 483 489 490 494 495 499 ㊃60 794 898 975 ㊄382

奥膳所台所頭 →台所頭

奥詰 ㊃122

奥詰銃隊　任・免・転㊄93 97 99 101 107 108 117 118 144／一名豆州土着㊄151 156 173 200 202 301 354 405 406 411。㊄89 115 122 150 159 172 187 196 285 374

奥詰銃隊改役 ㊄125 126 261 275 418 420

奥詰銃隊頭 ㊄292 348 416 418 420
　頭並 ㊄383

奥詰銃隊差図役 ㊄383 385 386

差図役頭取 ㊄88 144

奥右筆組頭格　㊂162　290　405　517　562　609　622　757　802　㊃324　344　419　㊄

奥右筆組頭　211　289　㊃223　289

奥右筆格　827　㊃31　95　112　161　218　324　369　419　673　㊄61　88　113

奥右筆　㊂18　84　162　290　405　468　489　490　517　549　571　622　757　804

奥坊主　→坊主
　組頭　→坊主組頭格

奥火之番　→火之番

奥之番日記　㊂717

奥之番当分助　㊂653

奥之番　㊃293

奥之衆　60

奥能　→能

奥入用　77

奥鉄砲掛　→鉄砲掛

奥詰遊撃隊　㊄108

奥詰槍術方　㊄51

奥詰銃隊頭取　78

　屯所　409

奥詰銃隊詰所　285

奥詰銃隊調役　107　117

差図役頭取改役　㊄383

小田原宿（東海道）　㊂113　581　784　㊃563

小田宿（甲州道中）　246

御台場　→台場

小田井宿（中山道）　295　147

御側　→側衆

オーステンレーキ（オーストリア）　㊂447

御膳所（新御殿）　㊂106

押太鼓役　→太鼓役

忍城（武蔵）　㊂615

押送船　㊃987

『御仕置例類集』認方御用出役　㊃106

御座敷　㊂112　252　㊃427

起宿（美濃路）　㊃452　702

桶川宿（中山道）　㊃295　147

奥　六尺　→六尺
　組頭　→六尺組頭

御蔵火之番　→火之番

御蔵小揚之者　→小揚之者

御右筆所見習　㊄405

奥右筆所見習　㊄84　258　㊃105　112　223　556　673

奥右筆所留物方　㊃112　139　223　277

奥右筆所詰　266　289

奥右筆所掃除之者　→掃除之者

天璋院御広敷侍見習　㊃208

御広敷侍見習

本寿院御広敷侍並　3

実成院御広敷侍並　㊃182　230

御広敷侍並

本寿院御広敷侍　㊃59　60　182

天璋院御広敷侍　㊄3

実成院御広敷侍　3

和宮（静寛院宮）侍　㊃132

御広敷侍　208

本寿院御広敷御用部屋書役　㊃182　611

天璋院御広敷御用部屋書役　92　151

御広敷御用部屋書人　㊂305

和宮（静寛院宮）御広敷御用部屋書役　㊃59　91　148　182　㊄

御用達商人　→御用達商人

御用書物　230

伊賀者　→伊賀者

御広敷　㊂580　321

小浜藩　344

小幡城（上野）　㊂555

御庭海岸通角矢来新規取立　→矢来

御手大工　→大工

御広敷侍無足見習
　天璋院侍無足見習　㊃208
御広敷仕丁
　本寿院仕丁　㊃611
御広敷添番　㊄80
　和宮(静寛院宮)御広敷添番　㊃92 151 228 230
　天璋院御広敷添番　初見㊃46。免・転㊃91 118 119 147 206／㊃130 138 182 192
御広敷添番格侍
　和宮(静寛院宮)御広敷添番格侍　㊃92
　天璋院御広敷添番格侍　㊃60 91 182
御広敷添番並
　和宮(静寛院宮)御広敷添番並　㊃151
　天璋院御広敷添番並　㊃148
御広敷番頭　㊂106 112
　和宮(静寛院宮)御広敷番頭　任・転・免㊃91 147 206 492 493 624 673 ㊄5 127 185 190 220 325 428。初見㊃210／㊃150 217 228～230
　御簾中御広敷番頭　㊄185 190 220 325 428
　天璋院御広敷番頭　初見㊂814。任・転・免㊃5 9 23 91 135 147 161 205 ㊄127 185 190 220 325 428／㊂816 829 831 832 838 845 ㊃46 59 130 182 192
　御台様御広敷番頭　㊂378
御広敷役人　㊂93 ㊄326
御広敷用達　㊂305
　和宮(静寛院宮)御広敷用達　㊃91 92 206 ㊄182 206
　御簾中御広敷用達　㊄182 206
　実成院御広敷用達　㊄3
　松栄院御広敷用達　㊂414
　末姫御広敷用達　㊂350
　晴光院御広敷用達　㊃80
　誠順院御広敷用達　㊄431
　線教院御広敷用達　㊂349 350
　天璋院御広敷用達　初見㊃23。転出㊃91 137 206 ㊄182 206／㊂754 755 845 ㊃59 182
　本寿院御広敷用達　㊄310
御広敷用人　㊂671
　和宮(静寛院宮)御広敷用人　初見㊃210。就任㊃492 674 675 ㊄65 185 206 431／㊃148 217 254 344 527 671 676 ㊄127 129 183 263 276
　御簾中様御広敷用人　㊄263
　実成院御広敷用人　㊄3 266 310
　松栄院御広敷用人　㊂8 414
　末姫御広敷用人　㊂8
　晴光院御広敷用人　㊂8 763 ㊃254 312
　誠順院御広敷用人　就任㊂347 349／㊂8 579 671 ㊃122 254 255 ㊄431
　精姫御広敷用人　㊂8
　線姫御広敷用人　㊂8
　貞粛院(慶喜夫人)用人　㊄127
　天璋院御広敷用人　任・免・転㊂565 577 588 590 617 804 ㊃23 148 209 ㊄127 183 185 206 431。行賞㊂605 791 823 829 ㊃59 98 181 285 ㊄129／㊂563 575 643 661 821 ㊃140 284 470 ㊄263 276
　姫君様方御広敷用人　㊄266 277
　本寿院御広敷用人　㊃135 ㊄266 310
　御台様御広敷用人　㊄276
　溶姫御広敷用人　㊂8
御広敷用人格
　天璋院御広敷用人格　㊂577
御広敷用人並
　実成院御広敷用人並　㊄3 310 428
　松栄院御広敷用人並　㊂414
　晴光院御広敷用人並　㊃255 312 671
　誠順院御広敷用人並　㊄431
　本寿院御広敷用人並　㊃137 ㊄310 428
御風呂屋小間遣　↓小間遣
御風呂屋六尺　↓六尺
御召御鉄砲鍛冶　↓鉄砲鍛冶
御目見以下　老衰致仕令㊃331。褒美申立令㊃

369。養子令㊃675。惣髪令㊄166。三兵伝習制㊄290／㊂110 294 404 497 533㊃721㊄119 384
抱場の者　㊃384
御譜代場　㊄213
席以下　㊂759
百俵以下　㊃411
百俵以上　㊃411
御目見以上　系譜提出㊃672。上洛供奉㊃709 721。三兵伝習制㊄290／㊂294 759㊃765 769
席已上　㊂759
表高家　高家・転出㊂307 831㊃160 474／㊂197㊃79 216
表小間遣頭　↓小間遣頭
表台所改役　↓台所改役
表台所頭　↓台所頭
表台所組頭　↓台所組頭
表台所人　↓台所人
格　↓台所人格
無足見習　↓台所人無足見習
表大名　㊂82
表入用　㊂77
表火の番　↓火の番
表坊主　↓坊主
組頭　↓坊主組頭
見習　↓坊主見習
無足見習　↓坊主無足見習
表右筆　葬送法事御用㊂22 198 529 541㊃17 181㊄17 94 95。判物朱印御用㊂45 265 330 557。召出㊂306 772㊃673。日記取調・清書㊃163 226。廃止㊄119／㊂80 110 271 292 352 495 567 592㊃76 112 153 173 174 219 276 524 618㊄59 62
表右筆格　㊃223
表右筆(組)頭　㊂555
表右筆家督掛　㊃219
家督掛助　㊃219
表右筆組頭　判物朱印御用㊂44 265 330。任・免・転・兼㊂292㊃369 418 451 453㊄88 119／㊂80 109 288 570㊃393 542 804㊄59
組頭助　㊂570
表右筆所　㊃368
表六尺　↓六尺
小山宿(日光道中)　㊂581
オランダ医術　㊂512 513
甲比丹　㊂236 325 332〜335 392 403 410 480
献上蒸気船　㊂353 369
交(貿)易許可　㊂444 606
公使　㊃789
国　㊂189 296 347
国王　㊂189
士官　㊂191
蒸気船　㊂190
商船　㊂339 378
政府　㊂189
船　㊂173 600
通商仕法　㊂444
領事館　㊂339
御路次之者　↓露地之者
尾張家老　㊂61㊃473 613 616㊄112
尾張家　㊄305〜307　↓三家
尾張殿浜屋形　㊃565
尾張藩　㊄336 337 416
遠国御用　㊃846㊄92 145 247 254 330
遠国奉行　㊃363㊄174 222 309
遠国役人　㊄99 167 174
恩貸金　役向㊂102 348 369 409 512 518 572 618㊃161 348 359 362 381 382 406 486 487 652。領分㊂221 230 238 239 243 247 312 423 495 555 587 615㊃120／㊂30 95 267 316 468㊃28 29 64 419㊄84 99 171　↓拝借金
陰陽道　㊄161

か

海　軍　㊂353 369 ㊄420
海軍軍役之平服　㊄81
海軍御用　㊃938 ㊄189 284
海軍御用軍金　㊄257
海軍士官　㊂441
海軍術　㊄146
海軍所　㊄168 188 317 349
海軍所付同心　↓同心
海軍所頭取　㊄388 411
海軍総裁　㊃479 ㊄143 162 212
海軍操練所　㊃642 675
海軍付勘定役　㊄335
海軍付調役組頭　㊄205
　勤方　㊄330
海軍付調役並勤方　㊄335
　出役　㊄335
海軍伝習　↓伝習
海軍奉行　㊄146 303
　並　役高・役金・席順(次)㊄48 76 260 261／㊄33 36 275 294
海軍奉行並組　㊄220
海軍奉行並組世話役　㊄81
海軍奉行並支配　㊄205 242 287 330 335
　並支配組頭　㊄37 78
　並支配世話取扱　㊄80
海軍副総裁　㊄366
会計総(惣)裁　㊄189 212 391
会計奉行　㊄210
会計副総裁　㊄366
開　港　㊂439 ㊄297 334　↓神奈川(港)
　神奈川開港　㊂552 609 743 ㊃792　↓神奈川(港)
　兵庫開港　㊃785 789 ㊄201 202 244 288 301
開港場　㊂609
外国方書物御用出役　㊃132
外国御用(外国掛)　任・免㊂303 550 612 691 740 816 826 831 834 844 845 ㊃299 302 318 321 333 365 380 381 406 453 480 481 540 546 595 815 823 826 938 ㊄43 55 91 143 189 204 246 297／㊂629 630 ㊃40
外国御用出役　㊃109 132 141 538 553
外国事務伺書　㊄287 291
外国事務宰相　㊂430 445 459
　事務総裁　㊄202 204 212 366
　事務副総裁　㊄366
外国人　不作法取扱制㊂612。仮止宿所㊂616。銅、米麦購入禁止㊂814 823。宿寺㊃348。居留㊄202。居留地制定并家屋貸渡令㊄300／㊂609 612 613 674 825 ㊃409 ㊄151 224 301 334
　往復書翰其外取調之御用頭取　㊄211
外国船　㊂748 ㊃180
外国総奉行　㊄185
　並　役高・役金・席次㊄212 260 261／㊄211 275 291 294
外国奉行　創置㊂515。席次・役高・役金㊂515 805 ㊄262。海外諸国御免之印章手数料納入令㊄246。外国事務其他伺書并指令㊄291／㊂516 612 629 630 ㊃326 360 409 ㊄188 276 294
　格　㊄271
　手付出役　↓手付
　並　㊃492 ㊄264 276
外国奉行支配　㊂587
　組頭　㊂629 797 823
外国奉行支配重役元〆　㊃555
外国奉行支配定役　㊂550 ㊄166
　定役並　㊄259
外国奉行支配書物御用出役　㊃25
外国奉行支配調役　㊂550

調役格　㊄35 213
調役並　創置㊂550。席次㊂550。仏蘭西、
　英吉利其外御用㊃185。魯西亜国へ
　　派遣㊄35／㊃66 120 215 669 670
調役並格　㊄166
調役並出役　㊃195 215 461
調役並定(出)役　㊂550
外国奉行支配同心　↓同心
外国奉行支配別手組出役頭取改方　↓別手組
外国貿易税則　↓貿易
開市(江戸)　㊄297
海上砲術学　㊃630
開成所　㊃629 ㊄135
開成所寄宿寮頭取出役　㊄103
開成所教授方　㊄371
　教授方手伝出役　㊄102
　教授職　㊄367
　教授職並　㊄103 368 398 405
開成所御用向　㊄294
開成所書物御用出役　㊄118
開成所調役勤方　㊃872 873
開成所惣奉行　㊄430
開成所頭取　㊃629 ㊄265 276 277 431
　頭取格　㊄117 265 315 433
　頭取並　㊄44 73 199 234
開成所取締役　㊃662
開成所奉行　㊄431
　奉行並　㊄431
廻漕会所　㊄254
海防　㊂3 113 114 206 214 400 ㊃657
　内海警衛　㊂153
　大坂近海・勢州海岸見分　㊂272
　南部領分海岸防禦　㊂375
海防掛　任命㊂91 127 161 170 196 402。米利堅官吏
　建白書㊂324。外国処置振取調㊂338
　／㊂124 131 168 387 388
海防掛助　㊂465
海防掛目付　↓目付
海防願書　㊂20 21
海防御用月番　㊂121 303
貝役　㊃525 804
開陽　↓軍艦
海陸御備向掛　㊃935
海陸御備向掛目付　↓目付
海陸軍調所　㊄167
海陸軍付病院　㊄431
海陸備向掛手付　↓手付
嘉永一朱銀　↓一朱銀
家屋　三階家造り許可(京都)㊄259。外国
　人へ貸渡制㊄300
抱席(場)　㊂209 ㊃384 675 ㊄185 333
花岳院(増上寺)　㊂705
書替奉行　㊃409 ㊄8 291
蠣殻灰　㊂615 836
覚王院(寛永寺)　㊂39
覚樹王院(深川)　㊂39
楽人　㊂39
学政更張　㊃534
学問掛　㊃705
学問吟味令　㊂281
学問所　建増普請幷修復㊂443 ㊃121。付属洋
　書調所㊃533。旗本・御家人之面々
　入学令㊄150／㊂91 92 244 257 281 404 497 534
学問所北二階世話取締　㊃453
　㊃283 ㊄164
学問所教授方　㊃135 ㊄208 396
　教授方出役　転出㊂292 379 ㊃201。初見㊃92
　／㊂266 571 ㊃140 458
　教授方手付手伝出役　↓手付
　教授方手伝出役　㊃621
　教授方手伝並出役　㊄198
　教授方頭取　㊄208 411

教授方並 ㊄208
学問所教授頭取勤方 ㊄209
学問所稽古人調方出役並 ㊃132
学問所出役 ㊃83
学問所調方出役 ㊄164
学問所世話心得頭取 ㊂422 808
学問所勤番 ㊂379 470 ㊃9 81
勤番組頭勤方 ㊂160 ㊃18
勤番無足見習 ㊃174
学問所頭取 ㊃34
頭取出役 ㊃624
学問所取締役 ㊃621
取締役並 ㊃621 ㊄92 113
学問所二階世話心得取締 ㊃454
学問所奉行 ㊃433 449
掛川宿(東海道) ㊂284 ㊃30 564
掛川城(遠江) ㊂243
欠　競 ㊃731 923
蔭　判 ㊃442
駕　籠 ㊂181 248 ㊃379
囲　銅 ↓銅
駕籠師 ㊃527
鹿児島藩 ↓薩摩藩
水主同心 ↓同心
駕籠之者 ㊃450 526 805
駕籠之者頭 ㊃78 525 804
駕籠之者組頭 ㊃526
家作(百姓) ㊄390
餝棟梁見習 ㊃119
火　事 ↓出火
下賜金 百俵以下旗本・御家人㊂30 ㊃28 29。
屋敷替㊂413 418 500 ㊃653／㊂63 295 406 ㊃195 815 ㊄55 56 389
下賜銀 ㊂232 514
貸金銀 ㊂31
鍛冶師 作事鍛冶師㊃107
貸付会所 ㊄181
貸付金 ㊂31 482 ㊄181 266
馬喰町貸付金 ㊃497
貸付金口入世話人 ㊂482
鍛冶橋御門 ㊄290 323 393
火事場見廻 ㊄272
本所深川火事場見廻 ㊃420
柏原宿(中山道) ㊂452 ㊃703
春日社 ㊄217
春日之出新田会所 ㊃591 ↓新田会所
粕壁宿(日光道中) ㊂848 849
和宮侍 ↓御広敷侍
和宮膳所台所頭 ↓台所頭
膳所台所頭格 ↓台所頭格
和宮広敷添番 ↓御広敷添番
御広敷添番格侍 ↓御広敷添番格侍
御広敷添番並 ↓御広敷添番並
和宮広敷番頭 ↓御広敷番頭
和宮広敷用部屋書役 ↓御広敷御用部屋書役
和宮用達 ↓御広敷用達
和宮用人 ↓御広敷用人
風邪流行 ㊂623 ↓流行病
河川普請(諸国) ㊃331 ㊄27 76
伊勢河川普請 ㊃5 6 69 77 114 651 ㊄131
尾張河川普請 ㊃5 6 69 77 114 651
関東河川普請 ㊂353 750 752 ㊄106 131 191
甲斐河川普請 ㊃439 ㊄131 302
東海道河川普請 ㊂283 496 ㊃5 6 36 69 77 114 439 651 ㊄106 130 191 302
美濃河川普請 ㊃5 6 69 77 114 651 ㊄131
徒　押 ㊂305 ㊃11 151 525 804
徒　頭 公家衆両山参詣㊂74 345。外国使節登城着服令㊂784 785 788 ㊃24 189 275 293 302 320 361 ㊄36／㊂302 512 630 756 ㊃381 524
徒　方 ㊄33
徒　組 譜代(席)・場所替㊃381。銃隊㊄60

徒組頭　一三一／㊃二五・一五〇・三八一・五二六・七四一・八〇四・八二七・八二八

徒目付　諸国御用六六・七五・九七・一二〇・一二四・一二九・一三八・一五一・一六九・一九五・二二一・二五七・三九七・四〇二・四六八・四九〇・四九五・五二五・七・四五・八〇四・四四・四六・一七五・二二〇。任・転・格転㊂。遣㊂。諸国派遣㊂二八二・三〇一・四六九・八三二・六七三・六七四・三九〇。一三二・一五六・二一二・二二六・二九二・三〇一・三一七・三六五・四二九・四六九・七六〇・一八・三八・五五・九五・一二二・五九・七七・七八・八〇・九三・一〇七・一一二・一三〇・一四五・一七二・一八二・一八八・一九二・二三〇・二三七・二三九・三八六・六七三・八七二・㊄九五・一八九・三九一

徒目付組頭　引渡㊃八六／㊂三八・二七二・五二四・五二五・八〇四。組中
組頭格　㊂一八
勝手掛　㊃三四八
甲冑貿易禁止　㊂六〇六
『勝安房守日記』㊄三二六・三六二・三九九・四二五・四二六
『勝安房守義邦日記』㊄三五五・三九七・四〇六
『勝安房守義邦戊辰日記』㊂三六六・三六八・三八二・三八四
合戦場宿（日光例幣使道）㊂五八二
勝野流（早込打方）㊃五九二
勝退藪（岡部）㊃五六四・六八九
勝沼宿（甲州道中）㊂五八二
勝山城（越前）㊂五五五
『勝義邦日記』㊄三六一・四〇三・四〇七～四〇九・四一二～四一五・四二〇・四二一・四二三・四二四

『勝義邦戊辰日記』㊄三六九・三七四・三七五
家督の令　㊃三四八
神奈川（港）自由貿易許可㊂六〇六。目付在勤、半年交代・目付在勤制㊂六二一。目付在勤㊂一二八。往
神奈川宿（東海道）㊂一七六・六〇七
神奈川開港
返人馬㊃六五三／㊂一七七・五〇五・五一一　↓開港・
金物師㊃九二一
並　㊃六二〇・六二七・㊄八〇五・二六四・二七六／㊂三四一・二四六・二七六・二九一
神奈川奉行　初見㊂六〇八。役高・役金・席次㊂
神奈川奉行支配組頭　㊂六二〇・六二一
支配組頭勤方　㊂一九六・一八二
神奈川奉行支配定役　㊂六二〇・六二一
支配定役出役　㊂六二〇・六二一
支配定役出役見習　㊂六二〇・六二一
支配定役元〆　㊂六二〇・六二一
神奈川奉行支配調役　㊂六二〇・六二一
支配調役並　創置㊂六二〇。役高・役金・席
支配調役並出役　創置㊂六二〇。役高・役金・次㊂六二〇・六二一／㊃八三二・一三・六五・七〇・一七五・一九七
神奈川奉行支配調向の者　㊂六〇九
神奈川役宅向　㊃一九六
金具師　㊂五七一／㊃二二二

御召金具師　㊄八三／㊃一〇四
太刀金具師　㊃一〇四
金崎宿（日光例幣使道）㊂五八二
金沢宿（甲州道中）㊂五八三
金物師　㊃九二一
金谷宿（東海道）㊂二四六・六九〇
仮名暦　㊃八五六
鹿沼宿（日光壬生道）㊂五八二
金奉行　㊂二七三
加納宿（中山道）㊂二四六
冠　㊃一〇四
貨幣　㊂三七六
上石原宿（甲州道中）㊂五八二
紙合羽　㊃四一四
紙幣　㊂三二三・七一三
上諏訪宿（甲州道中）㊂五八三
上高井戸宿（甲州道中）㊂五八二
上布田宿（甲州道中）㊂五八二
上鳥沢宿（甲州道中）㊂四八六
雷　㊂四七五
紙培養令　㊂四八六
上花咲宿（甲州道中）㊂四八六
亀山宿（東海道）㊂四七七・五六六
亀山城（伊勢）㊂二三八
加茂下上社　行幸㊃五七三・五七四／㊂二三七

神守宿(佐屋路) ㊂581

芥子泥 ㊂533

唐津藩兵 ㊃928

唐銅 ↓銅

カラフト(サガレン・唐太島・北蝦夷) ㊂99 276 436 797 ㊃64 ㊄298

唐船(風聞書) ㊂336 337

狩 ㊂775

雁之間詰 外国使節登城着服令㊂415 784 785 787 ㊃24 189 275 293 301 320 361。参勤割合㊃371 383／㊂430 506 512 516 624 629 630 ㊄343

カリホルニヤ ㊂435

狩令 ㊂775

軽井沢宿(中山道) ㊂246

川口宿(日光御成道) ㊂582

皮履(洋風) ㊃104

川越城(武蔵) ㊄64 124 135 163

川越賃銭 東海道中㊂58 452 565 566 ㊃282 559 632。甲州道中㊂58 174 ㊃282 559 565 566 633。中山道㊂816 817 ㊃282 559 633。奥州道中㊃282 559 633。日光道中㊃282 559 633。美濃路㊃282 559。佐屋路㊃282 559。日光壬生道㊃282 559

川越賃銭割増 東海道六郷川㊂566 ㊃282 559 632。馬入川㊂566 ㊃282 559 632。酒匂川㊂452 566 ㊃282 559 632。富士川㊂58 565 566 ㊃282 559 632。天竜川㊂566 ㊃282 632。横田川㊂566 ㊃282 559 633。中山道碓氷川㊃282 559 633。千曲川㊃282 559 633。河渡川㊃282 559 633。甲州道中玉川㊂174 ㊃282 559 633。浅川㊂174 ㊃282 559 633。鶴川㊂58 565 ㊃282 559 633。日光道中房川㊃282 559 633。奥州道中鬼怒川㊂282 559

川崎宿(東海道) ㊂176 607 ㊃561 680

為替御用所(十人組) ㊂607 751

川場賃銭割増 五街道㊄256 300。脇往還㊄300。東海道横川宿㊂581。彦根宿㊂581。日光道中栗橋宿㊂581。日光例幣使道五科宿㊂582。柴宿㊂582。簗田宿㊂582。天明宿㊂582。日光御成道岩淵宿㊂582。川口宿㊂582。日光壬生道壬生宿㊂582。飯塚宿㊂582。甲州道中府中宿㊂582。日野宿㊂582。美濃路名古屋宿㊂581。清須宿㊂581。佐屋路佐屋宿㊂581。水戸佐倉道新宿㊂582。八幡宿㊂582

川船改役 ㊃610

川船極印改(府内川筋通行船) ㊄334 ↓船改・番船

川船役所(大川端) ㊄334

寛永寺 三山代参制㊂15～17。普請㊂46 188 530 592 603／㊂86 349 365 793 ㊃33 152 291 292 427 449

東叡山 ㊂15～17 257 279 326 350 424 530 531 585 592 693～697 ㊃421 ㊄38 401

東叡山社家 ㊂39

東叡山宿坊 ㊂529

東叡山惣中 ㊂39

東叡山中堂 ㊂529

東叡山名代 ㊂730

東叡山目代 ㊂39

寛永通宝 ㊂375 838 ↓貨幣

乾姜 ㊂533

官軍 ㊄361 362 375 384 396 403 407 416 422 424 425

江戸討入 ㊄398 404 408

斥候隊 ㊄411

三海道官軍陣営 ㊄410

先鋒総督府 ㊄427

東海道官軍陣営 ㊄410

東海道先鋒総督府 ㊄425

東海道先鋒人数止宿令 ㊄412

東海道総督 ㊄403

東海道鎮撫総督府 ㊄421
東山道官軍陣営 ㊄510
東山道総督 ㊄410
東山道総督府参謀 ㊄403
中山道総督府 ㊄403
北陸道官軍陣営 ㊄510
北陸道総督 ㊄403
観　光 ↓軍艦
カンサツカ(カムシヤツカ) ㊂99 436
韓　使 ㊂186 296 388 401 406 409
勘　定 諸国御用㊂52 132 141 145 150 159 160 165 185 197 214 230 231 251 253 260 273 353 365 384 468 490 ㊃12 19 27〜29 33 36 69 76 77 83 86〜88 90 97 98 101 104 108 109 111 112 115 120 123 137 138 146 152 155 161 181 193 196 218 241 397 403 412 525 580 804 ㊄92 106 130 131 170 191 214 234 302 365。免・卒・転出㊂103 236 281 282 308 403 423 808 ㊃64 92 123 228 610。仏蘭西、伊吉利、其外国々御用派遣㊃187／㊂18 46 93 112 155 226 236 239 292 340 349 355 365 378 400 498 529 565 604 832 ㊃16 38 53 82 92 107 111 127 140 191 ㊄17 35 48 95
勘定格 諸外国御用派遣㊂832 ㊃187 214。箱館御使・上洛㊃75 397 402 525／㊂301 544 803 ㊃69 76 107 175 188 ㊄248
勘定方 武器修復製造㊂95 212 544／㊂156 428 ㊄62
勘定仮役 ㊃30
勘定吟味方 ㊂214
勘定吟味方改役 諸国御用㊂141 165 224 258 ㊃120 216 525 804。修復普請御用㊂496 ㊃6 29 36 69 77 78 90 101 169 193 417 ㊄130／㊂187 286 832 ㊃25 ㊄35
改役下役 ㊃526
改役出役 ㊂286
改役並 普請修復御用㊂215 ㊃29 77 78 93 193。任・転㊂286 ㊃14 ㊄151／㊂150 155 160 ㊃107 112 525
改役並出役 ㊃14
勘定吟味役 ㊃497 524 ㊄61
格 ㊂18 83 160 168 171
勘定組頭 町会所、貸付積金取扱㊂565。上洛供奉の面々万石以下御扶持方渡方令㊃435／㊂46 292 529 ㊃524 804
勘定出役 修復普請御用㊂104 254 ㊃93 193／㊂156 281 ㊃53
勘定仕上げ ㊂343
勘定所 ㊂343 ㊃435 455 ㊄203
本丸元下勘定所 ㊄285
勘定所書物御用出役 ㊄86
勘定所付属御抱歩兵 ↓歩兵
勘定頭取 初見㊄244。役高・役料・役金・席次㊄244 265／㊄276 285
格 ㊄293
勘定評定所書物方 ㊃145
勘定評定所留役 諸国御使㊂169 224 435 472 ㊃179 218 660。転出㊂259 474 ㊃139 555 628／㊃35
評定所留役助 ㊃628
勘定奉行 箱館最寄田畑開発㊂321。拝借金・物成㊂587 ㊃29 419 497 ㊄182。役高・役金・席次㊄260 261／㊂22 300 355 360 412 466 482 519 621 759 ㊃300 313 497 517 522 524 ㊄61 275 394
↓三奉行
勘定奉行格 任・卒免・転㊂516 601 848 ㊃58 105 199 346 386 ㊄202 270。町会所・積金取扱㊂564。野戦連砲・列車製造㊂611 850／㊂524 737 745 750 766 799 810 814 846 847 ㊃46 100 165 287 295 ㊄271
勘定奉行家来 ㊃983
勘定奉行支配 ㊃499 ㊄200
勘定奉行支配向の者 ㊂18
勘定奉行並 公事出入之吟味取扱㊄177。任・免・転㊄210 234 242 270 285 292 293 328 372 376 379

かんじ――きへい

383 394。役金㊄261／㊃618 ㊄212 222 274 276
295 304 309
勘定役　修復普請御用㊃30 85 101 189／㊃398 ㊄
96
国益主法方勘定役 ㊃352 499
勘定役格 ㊃229 ㊄96
勘定役小役 ㊃30
勘定役出役 ㊃158 229
勘定役手代 ↓手代
勘定役頭取(細工所) ㊃526
勘定役見習 ㊃39 79 158 189
勘定役元〆(国益主法方勘定役元〆) ㊃352 499
願書料紙 ㊄219 234
艦船 ↓軍艦
神田橋御門 ㊄290 323 393 422
神田橋外勤番所 ㊄206
神田祭 ㊂610
関東郡代 ㊄5 87 152
陣屋 ㊄177
関東在方掛 ㊄212 222
関東筋川々定掛場 ㊄131
関東取締出役 ㊃500 670
広東 ㊂333 338
蒲原宿(東海道) ㊂113 581 ㊄685
神戸城(伊勢) ㊂239
貫目改方出役役所(宇都宮) ㊃635
官名忌避(山城守) ㊄173
冠師 ㊂572
咸臨 ↓軍艦

き

紀伊家家老 ㊂507 508 ㊃613 935 ㊄112
生糸 ㊂743 ㊄229 296
棄捐令 ㊂23 31
器械製造方俗事役 ㊄210
俗事役下役 ㊄210
器械製造所 ㊄297
機関銃(舶来之六拾発込之御筒) ㊃726
桔梗之間 ㊂295
菊之間縁頬詰　諸家参勤上使㊃383。屋敷最寄
巡邏㊄343／㊂415 431 506 624 ㊃371 467
『紀侯言行録』 ㊃876
木崎宿(日光例幣使道) ㊂582
『気朔暦』 ㊃856
規式 ㊃320
雉子橋門 ㊄41 290 323 393 422
騎射 ㊃67 68 235 463 482 568 651 654 ㊃300
騎射笠 ㊂259
騎銃 ↓鉄砲
紀州家(藩) ㊂247 ㊃590 931 ↓三家
騎銃隊 ↓銃隊
紀州藩兵 ㊃924 932
紀州蜜柑 ↓蜜柑
宜秋門 ㊃658
議定 ㊄308 337 339
騎戦調練 ↓調練
議奏 ㊄337 339
木銭 ㊄256
木津川台場 ↓台場
北蝦夷 ↓カラフト
北御番所 ↓町奉行所
北野寺(近江・彦根) ㊂469
切手門 ㊄325 326
切手門番之頭
西丸切手門番之頭 ㊂38
喜連川宿(奥州道中) ㊂113 581
鬼怒川(奥州道中) ㊂340 ㊃282 559 633
騎兵　芸州出立行軍㊃813。江戸移転㊄202。
御雇㊄258。伏見戦争㊄347／㊃718 724
737 ㊄258
騎兵改役 ㊄431

騎兵頭　初見㈣492。役高・席次・役金㈣502
　並　初見㈤263／㈤761　㈤33　36　62　276
　介　㈤209
　並介　㈤264／㈤761　㈤33　36　62　276
騎兵頭組　819
騎兵頭役　㈣554　557
騎兵差図役　㈣554　557
差図役勤方　㈣555
差図役頭取　㈣553　556
差図役頭取勤方　㈤847
差図役並　㈤554　371
差図役並　㈤557
差図役並勤方　㈣555
騎兵隊　㈣460　556　722　㈤203　344
奇兵隊　㈣822　924　927　928　963
騎兵当番所　㈤205
　屯所　205
騎兵奉行　㈤603　261　275
　並　262　276
肝煎坊主　↓坊主
ギヤマン　㈣947　950
給仕肝煎　就任㈢180　271　338　366　373　404　406　416　525　537　㈣432
給仕進物番　130
九　州　㈢457

弓　術　㈢692　752　㈣383　387
弓術の令　㈢497
休息御庭之者支配　↓庭之者
御庭之者支配　↓庭之者支配
休息所
　下之休息所　㈢429
求肥飴　㈢429
臼砲（モルチール）
究理学　135
『教戦略記』　897
京　都　大地震㈢229。警衛下命㈢233　㈣585　599。三階屋家造り許可㈤626　642　99　288　259／㈢263　410　447　449　575　707　709　902　932　936　955　959
京都御守衛御用掛　㈣585
京都御所向　㈢200
京都司代　廃止㈤308　337　339／㈢233　350　385　288
京都守護職　㈣359　362　㈤308　337　339
京都造営　㈢311
京都町奉行　㈢268　222　262　309
京都町奉行　㈤288
京都町奉行組与力　↓与力
京都町奉行支配組頭　↓与力

京都町奉行支配調役　㈤222
　支配調役並　㈤222　223
　支配調役並出役　㈤223
　支配調役並勤方　㈤223
京都町奉行所　㈤288
京都見廻役　創置㈣643。席次・役金㈣643　㈤260
　並　㈤261／㈤262　289　309　321
京都見廻組組頭　㈣662　㈤175
　組頭勤方　㈤662
　並　㈤188　262　289　309　321
嚮導役　㈤389
享保大判　↓大判
享保金　㈢610　758　↓貨幣
教来石宿（甲州道中）　㈢583
玉泉寺（下田柿崎）　㈢175　380
玉　薬　↓玉薬（タマグスリ）
玉薬方　↓玉薬方（タマグスリガタ）
玉薬組　↓玉薬組（タマグスリグミ）
玉薬奉行支配向之者　↓玉薬奉行支配向之者（タマグスリブギョウシハイムキノモノ）
玉薬奉行手付硝石製造掛り　↓玉薬奉行手付硝石製造掛り（タマグスリブギョ…）

ウテツケショウセキセイゾウカカリ）
清須宿（美濃路） ㊂581
居留地（江戸） ㊄202 300
切米扶持方 ㊂300 ㊄321
切米渡方制（借米） ㊃16 166 ㊄174
麒麟丸 ㊃589 592 594 604
金改役所 ㊂607 750
金銀 棄捐令㊂23。金銀位㊂176 177。金銀銭引替㊂326 362。日本銀㊂377。金㊂605。銀㊂605。金銀米㊄182。金銀貸借利息令㊄391 ↓銀銭
金座 ㊂80 851
銀座 外国銀銭通用制㊂673 769。精鋳銭吹立㊂838／㊂79 851 ㊄227
　年寄 ㊂49 179
金札 ㊄244 281 288 303
勤仕並寄合 ↓寄合
銀絞銅 ㊂824
銀銭 ㊂105 198 293 606 673 769 ↓金銀
金蔵 ↓御金蔵
金奉行 ㊄273
金分銅 ㊄394
銀分銅 ㊄394
禁門の変 ㊃829
禁裏 炎上㊂158 177。警衛㊃658／㊂409 ㊄233
　御所 ㊂157 214 215 247
　御所方作事惣奉行 ㊂159
　御料 ㊄233 284 288
　守衛総督 ㊃632 ㊄1
　付 ㊄222 226 261 309
　賄頭 ㊂316
　賄組頭格 ㊃241
　賄向改革 ㊃658

く

喰違門 ㊄324 329
弘経寺（下総） ㊂40 ㊃13
公家家領 ↓摂家・宮門跡・堂上
草鹿 ㊃308
草津宿（東海道） ㊂477 ㊃710
草薙大明神（駿河） ㊃558
公事出入 ㊄288
屑銅 ↓銅
楠原陣所 ㊃926
具足師 ㊂137
具足奉行 ㊃286 387
口糸代金 ㊄229
口之者 ㊃450 526 805 ㊄84
口之者組頭 ㊃526 562 ㊄84
沓掛宿（中山道） ㊂246
国持大名 ㊂106 180 309 ㊃577 ㊄31
国役普請（国役普請金・国役割） ㊂353 ㊃177 ㊄27 76 251 271 288 293
公人朝夕人 ㊃525
久能御門番 ㊄222 309
久能山東照宮 ↓東照宮
玖波戦（安芸） ↓長州征伐
弘福寺（弘法寺、下総） ㊃29
熊ヶ谷宿（中山道） ㊂471
熊本藩蔵屋敷 ↓蔵屋敷
熊本藩兵 ㊃927 ↓肥後藩兵
組合銃隊 ㊄64 196 309 317 318
組合銃隊改役 ㊄5 6 35 40
組合銃隊頭 初見㊄5。大隊付属㊄22。江戸城諸門勤番㊄41／㊄6 33 36 64 116 196
組合銃隊頭取 ㊃544 ㊄150
組合屋敷 ㊂56 226 551
組中（番）改 ㊂25 175 ㊃87
組同心 ↓同心

組与力　→与力
　格　→与力格
倉賀野宿(中山道)　㊂471
蔵証文　㊄150 291 376
蔵奉行格　普請修復御用㊂365 499 ㊃90 188 193／㊂575 ㊃85 229 665
蔵米取　借米㊄369 376 402／㊃455 497 521 ㊄150 219 222 291 309
蔵米引替令　㊄272
蔵屋敷
　肥後藩蔵屋敷　㊂214
　松江藩(雲州藩)蔵屋敷　㊂214
栗橋宿(日光道中)　㊂581
久里浜(相模)　㊂235
栗原宿(甲州道中)　㊂582
クリミア戦争　㊂436
久留米藩兵　㊃924 927 928
黒岩(家茂乗馬)　→馬
黒鍬御掃除之者　→掃除之者
黒鍬之者　人員減㊄298／㊂317 ㊃450 519 526 608 722 805 ㊄257
黒鍬之者頭　㊃525 ㊄299
黒鍬之者組頭　㊃804 ㊄299
黒鍬之者触番　㊄299

黒野田宿(甲州道中)　㊂113 581
桑　㊃203
桑枝皮　㊃19
桑名宿(東海道)　㊂477
桑名城(伊勢)　㊂221
桑名藩兵　㊄344
軍艦　㊂441 ㊃363 642 ㊄280 404 416 424〜427　→麒麟丸
　旭丸(雲州松平家)　㊃928 960
　威徳　㊃416
　開陽　㊄354
　艦船　㊃341
　観光　㊂470 479 ㊄427
　咸臨　㊃416 605
　旭日　㊂468
　公儀軍艦　㊂586 824
　翔鶴　㊃926 927 ㊄427
　順動　家茂乗船㊃589 592 594 604／㊃927 ㊄325
　朝鶴　㊃928
　長鯨　㊄144 311
　朝陽　㊃300 605 ㊄427
　長崎　㊃932 ㊄311
　富士山(不二山)　㊃926〜928 958 987 ㊄427
　砲艦　㊃655 656

　鯉魚門　㊃605
　明光　㊃915 918 960
　八雲　㊃928
軍艦改　㊄111
軍艦頭　㊄52 262 276
軍艦頭並　創置㊄152。席次・役高・役金㊄152
　支配　㊄221 264／㊄188 276
軍艦教授所　㊂353 369
軍艦組　初見㊃112。亜墨利加国御用派遣㊄73／㊃209 210 413 416 539 ㊄188
軍艦組出役　㊃209 224 412
軍艦組当分出役　㊃519
軍艦蒸気役一等　㊄362
　三等　㊄362
　二等　㊄362
　見習　㊄362
軍艦操練　㊃473
軍艦操練教授所　㊂394
軍艦操練所　御用向㊂597。入学令㊂780。焼失㊃630／㊂787 ㊃42 99 283 467 512 634
軍艦操練所頭取　㊃340 341 366
軍艦操練所教授方頭取　㊂822
　教授方頭取出役　㊃66 112

教授方出役 ㊃65 66 112
教授方出役手伝 ㊃113
教授方手伝 ㊃132
教授方手伝出役 ㊂822 ㊃132
軍艦操練所勤番 ㊂593
　勤番組頭 ㊂593
軍艦操練所御用取扱 ㊃353
軍艦操練所下役 ㊂620
軍艦操練所出役 ㊂587
軍艦操練所調方出役 ㊃191
軍艦頭取 ㊃112
軍艦取調役 ㊂833 ㊃65 191 ㊄335
　取調役組頭 初見㊃34。廃止㊄305／㊃65 66 187 224 416 ㊄205
　取調役組頭勤方 ㊂833 ㊃34
　取調役出役 ㊃25 66 ㊄335
軍艦奉行 創置㊂591。役高・席次・役金㊂591 ㊄147 261／㊃319 ㊄33 36 62 275
　組の者 ㊃381 519 520
　並 初見㊂648。役高・席次・役金㊄147／㊄33 36 276
軍艦奉行支配 ㊃341 342 531 ㊄217
　支配組頭 ㊃424
　支配組頭勤方 ㊃424
軍艦役 ㊄152 221 322
　格 ㊄371
軍艦役並 ㊄217 221
　並勤方 ㊄217
　並見習一等 ㊄362
　並見習三等 ㊄362
　並見習二等 ㊄362
軍器 ㊂441 ㊄404 407
軍事援助（アメリカ） ㊂441
軍事掛手付 ↓手付
軍事総裁職 ㊃623 639
『群書治要』 ㊃887
軍制改正 軍役㊃455。歩騎兵組編成㊃556／㊂196 400 ㊃449 ㊄81 104 142
軍制掛 ㊃460 ㊄71
　掛目付 ↓目付
軍制調所 ㊂409
軍制取調 掛任命㊃81 90 367 418 424 488
郡内縞 ㊂141
軍費 ㊄354
軍服
　戎服唱替令 ㊄81
軍役 銃手（卒）・兵卒㊄113 222 309 ㊃455 509 962 977 978 ㊄266 ↓兵賦
軍役金 ㊃978 ㊄186 222 266 270 272 309 ↓上納金・兵賦金
軍用金 ㊃663 670

け

経学 講釈㊂404 459 497
桂枝 ㊂533
芸州藩兵 ↓安芸藩兵
慶長金 ㊂610 758
系譜所 ㊃367
系譜調出役 ㊃159
系譜提出 ㊃672
ゲエール銃 ↓鉄砲
下男頭 ㊂305
下男組頭 ㊂305
下馬先 着笠令（大手・西丸大手・内桜田）㊂289
下馬所 ㊂128
検見 代官支配所㊂405 409 ㊃116 138 141 152 162 ㊄92
　代検見 ㊃112 187 241
家領 ㊄288
乾字金 ↓小判

元治改元 ㊃625
『元治夢物語』 ㊃567 569 573 584 590 598 602～604
剣　術 ㊂628 692 ㊃556 736 ㊄357
原　書 ㊂294
献上物の令 ㊃371 378 412
減省令 ㊄177
建穂寺(駿河) ㊂849
剣槍術稽古場　普請㊄357
検　地 ㊂159 201 472
原長寺(千住) ㊃509
元文金 ㊂610 758　↓貨幣
倹約令 ㊂17 30 31 77 240 ㊃42 509
元禄金 ㊂610 758　↓貨幣

こ

小揚者 ㊂140
小石川請負上納地　↓上納地
小石川(橋)門 ㊃384 ㊄41 279 323 394
小石川薬園奉行　↓薬園奉行
古一朱銀　↓一朱銀
交　易　↓貿易
航海術 ㊃642
公議規則書 ㊄370
公儀祝儀 ㊂17
公　議　所 ㊄368 369 372 386
公議所議員 ㊄370
公議頭取 ㊄370
『孝　経』 献上㊃735
高　家　外国使節登城着服制㊂415 430 512 516 629 630 783 785 787 ㊃24 189 275 293 301 320 361。地下之者披露㊃379。学問修業試験㊃474。役金㊄261／㊂13 74 76 345 506 624 ㊃108 317 318 449 467 524　↓表高家
高家肝煎 ㊄261
高家見習　任・転㊂41 442 580 ㊃139 170／㊂103
耕作具 ㊂140
公使館 ㊃111 115
高室院(高野山) ㊂48
皇　女 ㊃658
香　水 ㊂140
洪　水 ㊂615
楮 ㊂475
交代寄合　江戸城諸門㊄278 279／㊃37 43 371 436 ㊄394
高　知　藩　↓土佐藩
高知藩兵　↓土佐藩兵
広忠寺(三河) ㊂293
『皇統略伝』 ㊄136
河渡川(中山道) ㊂246 ㊃282 559 633
河渡宿(中山道) ㊂284 ㊃30
広徳寺(武蔵) ㊄215
港内案内者 ㊂175
港内取納役 ㊄175
鴻巣宿(中山道) ㊂295 ㊃147
甲府医師　↓医師
甲府勝手小普請 ㊄204 309
甲府勝手普請 ㊃557 ㊄222
甲府勤番 ㊄204 222 309
　勤番組頭 ㊄204
　勤番支配 ㊃345 ㊄204
甲府小普請 ㊄204 222 309
　小普請組支配 ㊄204 222 261 309
甲府城代　支配㊄204／㊄251 260 261
甲府八幡宮 ㊂85
甲府町奉行　初見㊃626。場所高・役料・役金㊃627 ㊄262／㊃627 ㊄222 309
甲府柳町 ㊂246
弘福寺(下総) ㊃29
講　武　所　創建㊂287。軍艦教授所開設㊂353 369。付属調練場普請㊂467 ㊃295。普請㊂613 748。小川町移転㊂692。開業㊂712。

御蔵普請㊃295。家茂御成㊃721～724 732 737 741 744 746 760 819 823 825 827 863 871 875 884。陸軍所㊄81／㊂409 521 731 787 ㊃42 283 304 387 410 465 536 718 719 897
講武所犬追物教授方出役 ㊃310
講武所方槍術修行人 ㊃732
講武所弓術師範役 ㊃47
講武所教授方 ㊂286 687 ㊃324 724 732
　教授方出役 ㊃492 558
　教授方並 ㊃742
講武所勤番 ㊃80 520 525 539 ㊄81
　勤番組頭 ㊂282 611 ㊄80
講武所剣術方　上洛㊃527。試合㊃722 735 736 742 743 749 757 759 766
　剣術教授方 ㊃60 128 463 506 825
　剣術教授方出役 ㊄79～81
　剣術師範役 ㊂292 ㊃47 290 407 459 524
　剣術師範役並 ㊃60 128 506 ㊄80
　剣術修業人 ㊃825
　剣術世話心得 ㊃60 825
　剣術世話心得出役 ㊃325
講武所下番 ㊃983
講武所師範役 ㊂578
講武所柔術形教授方 ㊃62
　柔術形世話心得 ㊃62
　柔術教授方頭取 ㊃410
　柔術師範役 ㊃232
講武所修業人 ㊃580 724
講武所調方出役　初見㊃214／㊃232 310 527 554 983
講武所調物出役　初見㊃234
　調物頭取 ㊃47 231 234
　調物頭取並 ㊃234
講武所世話心得 ㊃536 724 732
　世話心得出役 ㊃153
　世話心得介 ㊃742
　世話役 ㊃871
講武所総裁 ㊂433 746
講武所槍術方　上洛㊃527。試合㊃742 743 749 751 757 759 766
　槍術教授方 ㊃61
　槍術教授方出役 ㊄79 80
　槍術師範役 ㊃47 524
　槍術師範役並 ㊃61 232 463 600 ㊄79
　槍術修行人 ㊃722 825 875
　槍術世話心得 ㊃61 ㊄79
　槍術世話役 ㊃875
講武所頭取　初見㊂289。席次㊃235。役高㊃235／㊂329 473 ㊃495 524 761
　頭取並　初見・役高・席次㊃235／㊃301 426 622 800 847 929 ㊄78
講武所奉行　初見㊂690。席次・場所高㊂779。
　兵賦取扱㊃455 467／㊂392 731 ㊃60 317 411 449 524 761 ㊄33 36
講武所奉行組の者 ㊃381
講武所奉行組世話役 ㊄81
講武所奉行支配 ㊃286 532 538 554
　支配組頭 ㊄78
　支配世話取扱 ㊄80
　支配取締役 ㊃310 311 508 619 622
講武所奉行手付　↓手付
講武所奉行並 ㊃451 ㊄33 36
講武所砲術方 ㊃527 718 878 929
　砲術教授方 ㊃537 538 854 856 858
　砲術教授方出役 ㊃507 537 539 551～555 ㊄80
　砲術師範役 ㊃47 761
　砲術師範役介 ㊄78
　砲術師範役並 ㊃47 183 232 492
　砲術修行人 ㊃854 856 858
　砲術世話心得 ㊃536～539 ㊃854 856 858
　砲術世話心得介 ㊃854 856 858
講武所乱取世話心得 ㊃62
『公武風聞記』 ㊃786 792

工兵改役 ㊃406
工兵頭 ㊄433
工兵頭並 ㊄377
工兵差図役頭取 ㊄406
神戸操練所 →海軍操練所
高宝院（高野山）㊂46
煩砲弾薬器機 ㊃963
光明寺（鎌倉）㊂847 ㊃113
合薬 ㊂283 ㊄52
合力米 ㊂174
氷砂糖 ㊂536 ㊃684 794 ㊄12 699 713 773 953 968 987
幸若 ㊃23
小買物方 ㊃527
古河宿（日光道中）㊂581
小金井宿（日光道中）㊂581
御金蔵 ㊄394
古金銀引替 ㊂52 227 303 434 554 610 647 758 828 ㊃265
奥御金蔵 ㊄394
蓮池御金蔵 ㊄767 321
平川門梅林内御金蔵 ㊄352
国益主法方 ㊄352 499
国益主法方勘定役 ㊃352 499
／勘定役元〆 ㊃352 499

国益主法方書物御用出役 ㊃499
国益主法方調役 ㊃352 499
国益主法方頭取 ㊃352 499
国益主法方門番人出役 ㊃352
国産改所 ㊃224
国産物改所 ㊃246
国事御用掛 ㊃337
国書作製 ㊃511
国泰寺（広島）㊃901
国内事務総裁 ㊃204 212 367
小倉（領）口戦 →長州征伐
小倉城（豊前）㊃958
小倉藩家中 ㊃928 941
小倉藩兵 ㊃924 929
国領宿（甲州道中）㊂582
穀類 ㊂301
御家人 ㊂30 31 62 353 369 ㊃28 304 450 ㊄150 249 304 378
小座敷詰 ㊄705
御座之間 ㊃112
護持院 ㊄40 175
忽微砲 →ホートホーウイッスル
越ヶ谷宿（日光道中）㊂332 280
越堀宿（奥州道中）㊂581
腰物方 行賞㊂31 80 567 ㊃47 110 219。任・免・

転 ㊂353 744 ㊃194 201 628 ㊄97 118 ／㊃524 204
腰物方同心 →同心 ㊄59
腰物方役所 ㊄137
腰物奉行 ㊄137
腰札人足 ㊄326

小十人 ㊄759 763 766 770 849 854 865 877 ／764 804 828 ㊃97 108 剣術打割試合㊄580 ／㊃735 736 739 742 749 751 753 757
小十人頭 外国使節着服制㊃784 785 788 ㊄24 189 275 ／㊄293 302 320 361 36 ／302 512 630 460 534 387 ／718 722 741 743
頭格 ㊄340 110 276
小十人組 番入㊂24 209 306 651 770 772 787 822 33 ／隊編成㊃460。転出新番㊄2 830。親衛狙撃㊃387
小十人組頭 組番所㊃197 ／㊄524 60 ／組（与）頭㊄59
小十人屯所 ㊄651
御守殿 ㊄917 956 ㊃180 713
御所 本丸付㊃35。㊄200 293
小姓 ㊄935。役高㊃42。役金㊄263／㊄1 431 ㊃860 875 879 885 887

522 737 748 767 793 794 798 827 832 874 972 ㊄55 276 382
小姓組　芸術㊃161 724 747 827／㊂433 631 ㊃525 718 804
　㊄59 93 117　↓両番
　番頭　歩騎兵組編成㊃556／㊃317 319 512 524
　↓両番頭・三番頭
　組(与)頭　㊃524 764　↓両番組(与)頭
小姓家来　㊃984
小姓頭取　㊃853 860 973
小姓頭取御書付留　㊃689
小姓頭取勤方　㊃778
小姓頭取介　㊂628 ㊃447 985
小姓頭取日記　㊃680〜682 716
御前給仕　小姓組番頭㊂141 403 421 525 550 ㊃33 130。
　中奥小姓㊂35 96 460 544 554 ㊃188
　肝煎　㊂141
御前詰　㊂668 ㊃247
『梧窓漫筆』　㊃876
小　袖
　花色小袖　㊂320
国　旗
　日本国惣印(日の丸)　㊂586 824
　日本惣船印　㊂192
　日の丸(白地)　㊂586 824
　日の丸(船印)　㊂192
　日の丸幟　㊂192
小　筒　㊂521 873 ㊃107　↓小銃・鉄砲
小筒組　㊃760 813 897
小筒組差図役　㊃640
小筒隊　㊃987
小伝馬町　㊂107
御殿山　㊂19
御殿山下台場　↓台場
古地銅　↓銅
古　銅　↓銅
　切　↓銅
小道具役　㊂712 727
古銅吹方役所(江戸)　㊂619
古銅吹所　㊂619 620 ㊃369
小納戸　遺金下賜㊄56。武芸㊃737 748 767 827 832
　860 874 875 879 885 887 935／㊂1 35 45 46 54 ㊃
　793 794 798 972
小納戸肝煎　㊂660 705
　肝煎介　㊂653 659 660 ㊃246 250
　肝煎当分介　㊂660
小納戸家来　㊃983
小納戸頭取　㊃433 793 794 860 973
　頭取格　㊂385 628 ㊃293 433 436 ㊄56
　頭取格介　㊂642
　頭取代り　㊄29
　頭取介　㊃293 436 628
小納戸元掛り　㊂645
古二朱銀　↓二朱銀
五人組　㊂606
近　衛　㊂777
近衛殿亭　㊂181
五戸(家茂乗馬)　↓馬
御場掛り　㊂642
小　判　吹立御用　㊂106／㊂126 198 293 294　↓
　貨幣
　安政小判(正字小判・新小判)　㊂605〜607
　610 640
　天保小判(保字小判)　㊂606 607 610 755 758
　万延小判(新小判)　㊂755 756
木挽町　㊂444
小　人　㊃450 526 805 ㊄204
　二丸小人　㊄146
　奥小人　㊂305
小人押　㊂305 ㊃562
小人頭　㊃525 804
小人組頭　㊃526
小人新組　㊃901
小人目付　大筒台場普請御用掛㊂18。上洛供

奉㊃437 495 562。北海湊々見分御用派
遣㊄220／㊂760 825 ㊃526 653 805 ㊄189
呉　服　㊂743
呉服之間修復(西丸大奥)　㊃46
呉服橋御門　㊄290 323 393
拳　場　㊄184 275 289 297 ↓鷹場(狩)・狩
小　普　請　武術芸術㊂174 271 442 444 765 766 ㊃323。親
類制㊃341／㊂161 170 459 ㊄266 312
小普請医師　↓医師
小普請(組)入　㊃341
小普請入制　㊃43 44
小普請方　廃止㊃389／㊂86 93 106 112
小普請方改役　修復行賞㊂86 349 ㊃33 52 78 108 122
130 172 192 215／㊃388 ㊄298
改役格　㊃52 172
改役下役　㊄298
改役下役組頭　㊃239 ㊄298
改役大工棟梁　↓大工棟梁
改役勤方　㊃52
改役並　㊃78
改役並格　㊃78
改役並仮役　㊃33
改役並大工棟梁　↓大工棟梁
小普請方伊賀者　↓伊賀者
伊賀者組頭　↓伊賀者組頭
小普請方格　㊃172
小普請方仮役　修復行賞㊃46 93 108 122 131 172 192 215
228 239
小普請方吟味方　修復行賞㊃52 78 172 228 239。廃
止㊄298
小普請方吟味手伝役　㊄298
小普請方定小屋門番人　㊄298
小普請方掃除之者　↓掃除之者
小普請方大工棟梁　↓大工棟梁
小普請方手代　↓手代
手代組頭　↓手代組頭
手代組頭助　↓手代組頭助
小普請方物書役　㊄298
小普請組　譜代席㊃381。殿中平服令㊄157／㊂
244 255 350 577 830 ㊃365 ㊄330
小普請組支配　㊂244 ㊃319 365
小普請組世話取扱　㊃65 80 ㊄157
小普請奉行　㊂46 ㊃331
小普請役金　㊂107 ㊃225
護法院(谷中)　㊂39
小仏宿(甲州道中)　㊂817
駒飼宿(甲州道中)　㊂582
駒木野宿(甲州道中)　㊂817
小間遣
御膳所台所小間遣　㊃526
御風呂屋小間遣　㊂727
御台所小間遣　㊃450
小間遣頭
表小間遣頭　㊃51
駒橋宿(甲州道中)　㊂486
駒場野　㊂775
駒場薬園奉行　↓薬園奉行
米相場　㊂214 ㊄45 182
菰野陣屋(伊勢)　㊂230
小役人　㊂271 ㊃336 411 ㊄243
御油宿(東海道)　㊂246
御用油絞所(浅草橋場町)　↓油絞所
御用金　㊂177
御用達商人
御広敷向御用達商人　㊄325
御用部屋坊主　↓坊主
御用屋敷(馬喰町)　㊄304
暦　↓レキ
御料改所　㊄229
御料所　㊂214 ㊃544 ㊄251 271
五両判　㊂126 198 227 304 434 554 610 647 758 828 ↓貨幣
コレラ　㊂533

さ

西雲寺(五軒屋新田) ㊃698
在方掛 ㊄394
細工頭 ㊂80 347 ㊃524 ㊄137
　格 ㊂272 301 365 469 ㊃524 673 ㊄391
細工方改役 ㊃59 162 182
細工所 ㊂366 ㊃462 481 ㊄137
　勘定役頭取 ↓勘定役頭取
　同心組頭改役勤方 ↓同心組頭改役勤方
西国郡代 ㊄266
材木 ㊂299 300 409 ㊄92 93
　檜材 ㊂247
　松材 ㊂730
　松丸太 ㊂836
材木石奉行 ㊂46 355 ㊃540 ㊄59 153
　出役 ㊂281
材木方改役 ㊃78
材木方手代 ↓手代
材木蔵(猿江町) ㊃349
祭礼 ㊂188
幸橋御門 ㊃384 ㊄279 323 394
堺 ㊄352
堺奉行組同心 ↓同心
堺奉行組与力 ↓与力
堺奉行役宅 ㊃592
榊原組ミニー隊 ㊃595
榊原藩兵 ↓高田藩兵
坂下御門 ㊃498 ㊄420
坂の下宿(東海道) ㊂113 581
坂本宿(中山道) ㊂246
サガレン ↓カラフト
酒匂川(東海道) ㊂452 566 ㊃282 559 632
先手 改革㊃44。一組減切㊃480／㊃319 524 723 741 828
先手格 ㊃290 407 459
先手頭格 ㊄110
先手組同心 ↓同心
　組与力 ↓与力
先手調練 ↓調練
作事 ↓鍛冶師
作事方 ㊄62
作事方御手大工 ↓大工
作事方御被官 ㊃525
作事方書役 ㊄298
　書役出役 ㊂281
作事方仮役 ㊃79

作事方定仮役 ㊃193
作事方定小屋門番人 ㊄298
作事方定普請同心出役 ↓同心
作事方支配棟梁並 ↓大工棟梁並
作事方手代 ↓手代
　手代並 ↓手代並
作事方役所 ㊄324
作事下奉行 普請修復御用㊂46 104 113 273 499 ㊃29 39 79 121 158 188 193 229 ㊄17 48／㊃388 525 804
　格 修復御用㊃30 85 91 193。行賞㊃59 162 182 230 ㊄96／㊃205 206 222 525
作事下奉行勤方 ㊃85 525
作事下奉行並 ㊂104
作事奉行 屋敷改御用取扱㊄156。役金㊄261／㊂22 46 ㊃349 494 983 ㊄61 257 276 332
　格 目付㊃198 357 ㊄128 225 372／㊃284 287 905 ㊄372 433
　支配組頭 任命㊃388。場所高㊃427／㊃389 427 524
　並 ㊄264 276 292
作久山宿(奥州道中) ㊂332 ㊃280
桜田事変 ㊃120 145
佐倉野馬 ㊂654
柘榴弾 ㊃936
酒 ㊄301
鎖国 ㊂388 396
座敷奉行 ㊃379
指物師 ㊃527
佐州役所 ㊂751
雑穀 ㊂743
幸手宿(日光道中) ㊂581
撒兵 持小筒組改役㊄26。諸組同心編入(成)㊄73 74 100 199。江戸城内諸所勤番㊄115 197 209 230 248 277 279 308 392〜394／㊄85 102 110 161 195 258 280 284 309 348
　吹上方散兵 ㊃923
撒兵改役 ㊄389 414
撒兵頭 持小筒組之頭改称㊄26。役金㊄263／㊄33 36 62 276
　頭並 ㊄33 36 62 264 276
　頭並介 ㊄218
撒兵方 ㊄280
撒兵肝煎 ㊄389
撒兵組 長州征伐㊃932 935 936 955 956 959 960 963／㊄426
『撒兵組戦争記』 ㊃932 935 955 956 959 960 963
撒兵組勤方 ㊃956
撒兵差図改役 ㊄221
撒兵差図役 ㊄118 296 318 392
　差図役下役 ㊄159 304
　差図役下役並 ㊄161
　差図役下役並勤方 ㊄161
　差図役下役並勤方雇 ㊄160
　差図役勤方 ㊄232
　差図役頭取 任・免・転㊄117 118 156 162 183 184 210 308 388 392 414
　差図役頭取勤方 ㊄102 118
　差図役並 ㊄118
撒兵隊 ㊄248 304
撒兵調練場 ↓調練場
撒兵勤方 任㊄83〜85 102／㊄258 304
　勤方御雇 ㊄258
撒兵奉行並 ㊄286
薩摩藩 ㊂214 285 ㊃590 599 788 789 ㊄201 335 337 344 ↓島津家
薩摩藩罪状 ㊄353
薩摩藩隊長 ㊄409
薩摩藩邸 ㊄326
薩摩藩兵 ㊃584
砂糖漬 ㊂331 ㊃292 378
佐渡奉行 ㊄262
醒井宿(中山道) ㊃316 ㊃256

鮫 屋　㈤571
鞘 師　㈣571　㈤220　㈣222　㈤921
鞘塗師　㈣571　㈣222
鞘巻師　㈣921

佐屋宿（佐屋路）㈢581
佐屋路　㈢566　㈣581　㈤559　632

猿江材木蔵　→材木蔵
猿江材木蔵火之番　→火之番
猿楽　㈤773　787
猿座頭　㈢343

三　家造り許可（京都）㈤259
三階屋
三卿　㈢21　249　→田安・一橋・清水
参勤交代（制）㈢378　600　341　363　365　370　642　657　→代参制
三 家　張・紀伊・水戸　㈢21　410　506　657　248　289　305　306　→尾

三山代参制　→代参制
三拾三間堂（京都）㈢490
三十万石以上之面々　㈣514　515　530
三間場御船溜り　㈣215

算術学　630
三千石以下　㈣411　466　627　㈤311　331
寄合　㈤59
勤仕並寄合
三千石以上　㈣411　㈤91

御軍役組合人数　㈤22
寄合　㈤341　401
三千俵以下　㈤267
三千俵以上　㈤267
三田藩　㈤344
山丹織　㈣947
サントゥウィス島　㈢435
山王御宮　㈢394
山王祭礼　㈢610　㈣330
三ノ丸口番　㈢727
三丸腰掛　㈣309
三番頭　外国使節登場着服令㈢283／㈢24　189　275　293　301　320　361　㈣512　628　784　785　788。頭・書院番頭・小姓組番頭　→大番。文武修業監督

三奉行
御用部屋・若年寄部屋㈣326　360。土
主間入㈢362　511。外国事務其他伺書
令㈤291／㈢131　426　㈣497　→寺社

三番町馬場　→馬場
三番町明地　→明地

産　物
奉行　㈤224
産物会所
蝦夷地産物会所（大坂）㈣28

箱館産物会所　㈣27　28　97

山陵普請　㈣363
山陵奉行　㈣219　260
参与　㈣308　337　339
山砲　→大砲
三兵伝習　→伝習

し

塩尻宿（中山道）㈢497
塩名田宿（中山道）㈢246
信楽茂（水茶屋）㈢427
地方取　→知行取
地借　㈢177
直断状　8
『詩経』㈣876
『自警蒙求』㈣872　874　877
使者　㈣379

寺社奉行
連印勧化状　㈣478　618　741　776　849　㈤56　85　105　143　148　222　293　302　351
上寺盆料御使　㈣185　256　265　670　㈤114　148。席次㈢382／増
寺社奉行吟味物調役　任・転㈢255　259　㈣350。大

関和七郎一件吟味㊃145／㊂212 213 404 472 484 ㊃35 64
吟味物調役当分助 ㊃35
寺社奉行支配定役 ㊄400
支配定役並 ㊄400
支配同心 ↓同心
寺社奉行所 ㊃678
寺社奉行手付 ↓手付
寺社奉行並 ㊄396 398
並手付 ↓手付
寺社領 ㊂166 284 ㊄251 271 288
四条院 ㊃146
シシリヤ ㊂447
地震 江戸㊂229 320 403 655 ㊃162 ㊄48 195 376。京都㊂230 301。伊勢・近江㊂238 239／㊂181 230 231 565
自身番 ㊂424 731 740
下谷新し橋 ㊄324 329
下谷長者町 ㊂444
下谷三輪町 ㊂444
質銅 ↓銅
市中取締 ㊂425
市中取締役頭 ㊄436
仕丁(本寿院付) ㊃611
仕丁頭 ㊃236
七曜暦 ㊃856
『実紀』 ㊂357 ㊃248 358
実紀調出役 ㊄118
実紀調出役頭取 ㊃870
実成院侍 ↓御広敷御侍
実成院侍並 ↓御広敷御侍並
実成院用達 ↓御広敷用達
実成院用人 ↓御広敷用人
用人並 ↓御広敷用人並
執政 ㊂395 397 ↓老中
司天台 ㊃158
支那 ㊂391
品川沖入津船 ㊄351
品川宿(東海道) ㊂176 607 ㊄219 327
品川台場 ↓台場
地主 ㊂177
司農総裁 ㊄382
司農副総裁 ㊄382
不忍池 ㊂89
芝赤羽根外国人旅宿厩 ㊃39
支配勘定 諸国御用㊂52 132 141 169 224 434 472 ㊃12 135 139 239 397 403 804。修復・普請㊂349 384 499 ㊃16 29 35 46 77 82 127 130 146 156 172 177 188 192 193 ㊄48 131／㊂355 ㊃19 79 92 107 111 496 525 674 ㊄18 95
支配勘定格 修復・普請㊃78 79 129 147 193／㊃229 398 461 ㊄95 183
支配勘定出役 法事御用㊄18 95／㊂141 257 ㊃107 610
支配勘定見習 ㊃674 ㊄131
柴宿(日光例幣使道) ㊂582
芝田町上陸場 ㊃39
市兵屯所 ㊄356
絞油屋 ㊄307
仕舞掛 ㊃705
島会所出役 ㊃672
島田宿(東海道) ㊂246
島津家 ㊃598 ↓薩摩藩
島津(邸)第台場 ↓台場
島廻(家茂乗馬) ↓馬
清水仮御殿 ㊃633
清水家 ㊃643 ↓三卿
清水郡奉行 ㊂242
清水小普請 ㊃872 873 ㊄320 330
小普請組支配 ㊄263 280 373
清水小姓 ㊃126
清水支配 ㊂496 802

清水書院番無足見習雇　㊃126
清　水　付　㊂731
　家老　㊂496
清水番頭　㊃675
清水物頭用人並　㊂452
清水(口)門　㊂730 ㊃498 ㊄41 277 290 393 424
清水屋形(敷)　長屋㊃38／㊃295 423
清水用人　㊂562 ㊃675
　用人格　㊂127 424
清　水　領　㊂247
絞　油　屋　㊄307
下石原宿(甲州道中)　㊂582
下板橋宿(中山道)　㊄219
下田(湊)　薪水食料等仕入所㊂146 222。アメリカ商人引移㊂362／㊂157 175 194 229 323 325 334 362 376
下田御用所　㊂389 394
下田条約　㊂376 380
下田鎮台支配所　㊂174
下田奉行　役高・役料・席次・諸大夫㊂151。職掌㊂325 326。日米貿易交渉㊂362。下田条約締結㊂376／㊂243 326 338 354 376 377 387 388 402 412 429 430 485
下田奉行組同心　↓同心
下田奉行組与力　↓与力
下田奉行支配組頭　㊂257 391 395 429
　支配下役　㊂427
　支配下役元〆　㊂427
　支配調役　㊂427 470
　支配調役出役　㊂470
　支配調役並　㊂427 470
　支配調役並出役　㊂427
下妻(城)　㊄426
下鳥沢宿(甲州道中)　㊂486
下之休息所　↓休息所
下梅林坂門　㊃502 ㊄230
下初狩宿(甲州道中)　㊂486
下花咲宿(甲州道中)　㊂486
下布田宿(甲州道中)　㊂582
下宮(家茂乗馬)　↓馬
下　屋　敷　㊂283
四　文　銭　↓銭
咬𠺕吧(ジャガタラ)都督呈書　㊂189〜191
地　役　人　㊄174 222 309
借　米　渡方制㊂165 255 471 ㊃16 75 616 643 ㊄369 376 379 402 431
奢侈(倹約)　↓倹約令
シ　ャ　ム　㊂441
車　輪　船　㊂295
上　　海　㊂333
銃　↓鉄砲
銃　　手　㊃961 962 966 977 ㊄222 267　↓兵卒
柔　　術　㊂692 ㊃387 410
銃　　卒　㊄104 113 153 309　↓兵卒
銃　　隊　調練㊂363 467 521 ㊃153 304 401 595 742 ㊄8 52 145 158 200。編制㊃455 961 ㊄60 61 322。長州征伐㊃927 940 965／㊃455 884 ㊄75 89 132 154 176 195 197 202 220 258 296 301 309 318
　騎銃隊　㊂454
　西洋銃隊　㊃904
銃隊改役　㊄175 383
銃隊御雇　㊄251 258
銃　隊　頭　㊄113 183 262 676
銃隊頭改役　㊄42
銃隊頭並　㊄62 110 264 276
銃隊差図役　㊄118
　差図役勤方　㊄118
　差図役頭取　㊄117
　差図役頭取勤方　㊄117
銃隊奉行　㊄62 71 126
　奉行支配　㊄107
戎　服　令　㊄61 81 112

じゅう——しょう

十万石以上の面々 ㊃585 599
宗門改 任命㊂47 468 473 479 494 ㊃676
宗門改人別 ㊂540
宗門掛 ㊃418
宿駅 上洛、旅行中止㊃514。疲弊㊄168 225 254／㊂134 236 605 837
宿助郷 ㊃653
宿村役人 ㊂412
守護職 ↓京都守護職
朱座 ㊂79 ㊄227
儒者 ㊂140
　奥儒者 ㊂671 ㊃522 794
儒者勤方 ㊃534
儒者見習 ㊂160 ㊃18 673
酒造令 ㊂737 803 ㊃321 ㊄252 253
　上酒試造上け株 ㊄252
出火 京都大火㊂157 158。見物禁止㊂732 ㊃24。出火登城㊂350 637 827 896／㊂157 158 282 283 738
出役 ㊃408
種痘所 ㊂786
巡見(使) ㊂240 301 571 ㊃450 ㊄258
順動 ↓軍艦
書院番 芸術㊃724 749 827／㊂433 631 ㊃524 804 ㊄59 93 117 ↓両番
書院番頭 歩・騎兵組編成㊃556／㊃317 319 524 ↓両番頭・三番頭
書院番組々頭 ㊃524 ↓両番組(与)頭
書院番組同心 ↓同心
書院番組与力 ↓与力
　与力無足見習 ↓与力無足見習
書院番所 ㊂433 631
攘夷 決策勅書㊃469。打払令㊃582。期限 ㊃590
松栄院(用達) ↓御広敷用達
松栄院用人 ↓御広敷用人
　並用人 ↓御広敷用人並
松応寺(岡崎) ㊃697
翔鶴 ↓軍艦
正覚寺(浅草) ㊂427
小学校取建御用 ㊃534
勝願寺(鴻巣) ㊄2
蒸気機関 ㊃307
蒸気機関学 ㊃630
蒸気車 ㊂140
蒸気船 長州征伐㊃924 928 935／㊂121 135 137 189 190 296 333 353 369 435 441 518
蒸気船器械 ㊃65
蒸気飛脚船 ㊄254
彰義隊 ㊄402 413 419 435
将軍職辞退 ㊄293 308 335
定光院(高野学侶方) ㊂38 48
浄国寺(下野) ㊂53
定式普請 ㊄76
庄司陣所 ㊃926
商社会所
　大坂中之島商社会所 ㊄244
小銃 ㊂263 ㊃317 927 ㊄71 297 ↓小筒・鉄砲
清浄光寺(藤沢) ㊃563 681
上酒試造上け株 ↓酒造
丞相薨去㊃658
常照院(増上寺) ㊃512 532
上正寺(相模) ㊃681
上水 ㊂417
硝石 ㊂264 ㊃609 ㊄142 214
硝石仮会所 ㊄142
商船 ㊂189 ㊃99
昌泉院(根津権現別当) ㊂39
常善寺(草津) ㊃710
照尊院(日光山惣代) ㊂39
勝達寺 ㊃924
焼酎 ㊂533

正徳小判(武蔵判)　↓小判
商　人　㊂115 606 ㊄181
樟　脳　㊂533
上　納　金　本丸普請㊂715 733 734 736 742 752 764 773 795 803 804 817 821 830／㊂83 113 114 152 375 563 640 ㊃53 54 ㊄222 309 354　↓軍役金・兵賦金
上納地(小石川請負)　御払㊂444
上　納　米　㊂306
庄野宿(東海道)　㊂477
乗　馬　令　㊂294
菖　蒲　皮　㊂467
常福寺(瓜連)　㊃13
定普請同心　↓同心
昌　平　橋　㊄324 329
昇　平　丸　㊂347
小　砲　㊃841
消　防　㊃643
消防大名　㊃328
称名寺(武蔵金沢)　㊂147
醤　油　㊄301
上　洛　家茂㊃388 495 561 678～987。供奉㊃391～395 398 403 404 407～410 414 417～420 432 435 441～443 453 454 458 463 467 468 471 475 477～479 481 486 487 489 494 506 508 511 512 517 518 521 522 527 529 542 546 574 584 630 771 794 ㊄94 153 155 203 210 254 275 517。留守㊃391～394 396 398 432 452 465 497～499 521。宿割㊃392 428 535 542。旅館勤番㊃394 418 419 433 543／㊃390 391 398 411 437～439 469 477 482 490 511 518 547 561 562 575 630　↓長州征伐
焼　榴　弾　㊃866
『書紀集解』　㊃887
『書　経』　㊃872～874 877
職人(江戸)　㊂299
諸組弓鉄砲見分　㊂363
食　用　掛　㊂107
諸侯会議　㊄283
諸国不作　㊄45
諸士法度　㊂218 ㊂621
諸　色　↓物資
所　司　代　↓京都所司代
諸品高価　↓物資
書　籍　㊂606 ㊃341
書物(籍)　㊂425
　西洋書籍　㊂611
書物同心　↓同心
書物奉行　㊄59 77
書物奉行格　㊃219
白川(家茂乗馬)　↓馬
白河宿(奥州道中)　㊂782
白　川　城　㊄196
白坂宿(奥州道中)　㊂797
白沢宿(奥州道中)　㊂554
白須賀宿(東海道)　㊂477
白野宿(甲州道中)　㊂113 581
白　帷　子　㊂320
白　書　院　㊃229
白　目　㊂619　↓銅
親衛狙撃隊　㊃460
新　開　場　㊂159 201 360 ㊄87
真覚院(目黒瀧泉寺)　㊂39
宸　翰　㊃655
新　組　㊃805
新組与力　↓与力
信解院(目黒瀧泉寺)　㊂39
清国(唐国)　㊂333 335 391 436 505
新座敷造替　㊂578
真字二分判　↓二分判金(文政真文二分金)
新宿(甲州道中)　㊄219　↓内藤新宿
新庄(家茂乗馬)　↓馬
『真書太閤記』　㊃876
新　撰　組　㊄336 344 347 364 365

新銭座　㊂763
進達書　㊃671
新田会所（神崎川下手・春日之出）　㊃591
新田畑開発　㊂359
真　鍮　㊂619 814
真鍮職　㊂620
真鍮銭　↓銭
真鍮地　㊂619
真鍮ハけ　㊂619
新徴組　㊃630 651
真如院（東叡山）　㊂681
親王院（高野山）　㊂133
親　王　薨去㊃658
人馬（五街道・脇往還）　㊄288
新橋廐　↓廐
人馬徴発禁止　㊂124
人馬賃銭　五街道㊄256 293 300。甲州道中㊂58 113 245 246 486 553 554 565 581～583 817 ㊃282 559 632。東海道㊂58 113 127 128 165 176 227 245 246 284 332 477 565 566 581 591 598 607 784 816 ㊃30 280 282 559 632。奥州道中㊂113 332 471 553 554 581 782 797 ㊃280 282 559 632。中山道㊂30 113 245 246 284 295 316 423 452 471 497 553 554 581 817 848 849 ㊃30 147 256 282 559 632。日光道中㊂227 249 299 321 322 423 581 816 848 849 ㊃148 256 282 559 632。美濃路㊂227 288 452 471 581 ㊃45 46 282 559 632。佐屋路㊂565 566 581 ㊃282 559 632。日光壬生道㊂582 ㊃282 559 632。日光例幣使道㊂582。日光御成道㊂582。水戸佐倉道㊂582。甲府柳町㊂246。武役の人々、下賜令㊄258。布衣以上、下賜令㊄275。払方令㊄293。諸国脇往還㊄300。遠国御用、下賜物改正㊄330。脇往還㊄293 300／㊄254～256 258 275～277 419
人馬賃銭割増　五街道㊄256 288 293 300。脇往還㊄288 293 300。東海道諸宿㊂565 ㊃282 559 632。品川宿㊂176 565 607 ㊃282 559 632。川崎宿㊂176 607。神奈川宿㊂176 607。保土ケ谷宿㊂176 607。戸塚宿㊂176 607。藤沢宿㊂176 607。平塚宿㊂477。大磯宿㊂816。小田原宿㊂113 581 784。箱根宿㊂113 581 784。三島宿㊂113 581 784。沼津宿㊂245。原宿㊂245。吉原宿㊂176 607。蒲原宿㊂113 581。由井宿㊂245。興津宿㊂245。江尻宿㊂245。府中宿㊂246。丸子宿㊂246。岡部宿㊂58 565。藤枝宿㊂246。島田宿㊂246。金谷宿㊂246。日坂宿㊂113 581。掛川宿㊂284 ㊃30。袋井宿㊂816。見付宿㊂246。浜松宿㊂58 565。舞坂宿㊂227。新居宿㊂227。白須賀宿㊂477。二川宿㊂113 581。吉田宿㊂58 565。御油宿㊂246。赤坂宿㊂246。藤川宿㊂113 581。岡崎宿㊂477。池鯉鮒宿㊂477。鳴海宿㊂477。熱田宿㊂816。桑名宿㊂477。四日市宿㊂165 598。石薬師宿㊂113 581。庄野宿㊂477。亀山宿㊂477。関宿㊂332 ㊃280。坂の下宿㊂113 581。土山宿㊂58 565。水口宿㊂477。石部宿㊂477。草津宿㊂477。大津宿㊂246 565。伏見宿㊂127 565 591。淀宿㊂127 565 591。枚方宿㊂128 566 591。守口宿㊂128 566 591 ㊃282 559 632。彦根宿㊂581。横川宿㊂581。中山道諸宿㊃282 559 632。板橋宿㊂246 ㊃282 559 632。蕨宿㊂295 ㊃147。浦和宿㊂295 ㊃147。大宮宿㊂295 ㊃147。上尾宿㊂295 ㊃147。桶川宿㊂295 ㊃147。鴻巣宿㊂295 ㊃147。熊ヶ谷宿㊂471。深谷宿㊂471。本庄宿㊂471。新町宿㊂471。倉賀野宿㊂471。高崎宿㊂471。板鼻宿㊂246。安中宿㊂553。松井田宿㊂246。坂本宿㊂246。碓氷宿㊂817。軽井沢

じんば

宿㊂246。沓掛宿㊂246。追分宿㊂246。小田井宿㊂295㊃147。岩村田宿㊂295㊃147。塩名田宿㊃246。八幡宿㊂246。望月宿㊂246。芦田宿㊂246。長窪宿㊂423。和田宿㊂497。塩尻宿㊂497。洗馬宿㊂848 849。本山宿㊂848 849。贄川宿㊂553。奈良井宿㊂295㊃147。藪原宿㊂295㊃147。宮之越宿㊂553。福島宿㊂497。上松宿㊂497。須原宿㊂497。野尻宿㊂497。三留野宿㊂553。妻籠宿㊂497。馬籠宿㊂497。加納宿㊂246。河渡宿㊂284㊃30。垂井宿㊂295㊃147。関ヶ原宿㊂246。今湏(須)宿㊂316㊃256。柏原宿㊂452。醒井宿㊂316㊃256。番場宿㊂316㊃256。鳥居本宿㊂316㊃256。高宮宿㊂316㊃256。愛知川宿㊂316㊃256。武佐宿㊂554。守山宿㊂113 581㊃282 559 632。日光道中諸宿㊃282 559 632。千住宿㊂299㊃148 282 559 632。草加宿㊂581。越ヶ谷宿㊂581。粕壁宿㊂848 849。杉戸宿㊂581。幸手宿㊂581。栗橋宿㊂581。中田宿㊂246。古河宿㊂581。野木宿㊂581。間々田宿㊂581。小山宿㊂581。新田宿㊂581。

小金井宿㊂581。石橋宿㊂581。雀宮宿㊂581。宇都宮宿㊂227。徳次郎宿㊂321 322㊃256。大沢宿㊂816。今市宿㊂423。鉢石宿㊂581㊃282 559 632。奥州道中諸宿㊃282 559 632。白沢宿㊂554㊃282 559 632。氏家宿㊂332㊃280。喜連川宿㊂113 581。佐久山宿㊂332㊃280。太田原宿㊂332㊃280。鍋掛宿㊂471。越堀宿㊂332㊃280。芦野宿㊂332㊃280。白坂宿㊂797。白河宿㊂782㊃282 559 632。甲州道中諸宿㊃282 559 632。内藤新宿㊂582㊃282 559 632。下高井戸宿㊂582。上高井戸宿㊂582。国領宿㊂582。下布田宿㊂582。上布田宿㊂582。下石原宿㊂582。上石原宿㊂582。府中宿㊂582。日野宿㊂582。横山宿㊂582。駒木野宿㊂817。小仏宿㊂817。小田(原)宿㊂246。与瀬宿㊂246。吉野宿㊂246。関野宿㊂246。上野原宿㊂486。鶴川宿㊂554。野田尻宿㊂554。犬目宿㊂554。下鳥沢宿㊂486。上鳥沢宿㊂486。猿橋宿㊂486。駒橋宿㊂486。大月宿㊂486。下花咲宿㊂486。上花咲宿㊂486。下初狩宿㊂486。中初狩

宿㊂486。白野宿㊂113 581。阿弥陀海道宿㊂113 581。黒野田宿㊂113 581。駒飼宿㊂582。鶴瀬宿㊂582。勝沼宿㊂582。栗原宿㊂582。石原(和)宿㊂582。甲府柳町㊂246。韮崎宿㊂582。台ヶ原宿㊂582。教来石宿㊂583。蔦木宿㊂583。金沢宿㊂583。上諏訪宿㊂583。美濃路諸宿㊃282 559 632。名古屋宿㊂581㊃282 559 632。清須宿㊂581。稲葉宿㊂288㊃45 46。萩原宿㊂227。起宿㊂452。墨俣宿㊂471。大垣宿㊂471㊃282 559 632。佐屋路諸宿㊂566㊃282 559 632。岩塚宿㊂581㊃282 559 632。万場宿㊂581。神守宿㊂581。佐屋宿㊂581㊃282 559 632。水戸佐倉道、新宿㊂582。八幡宿㊂582。松戸宿㊂582。日光例幣使道、玉村宿㊂582。五料宿㊂582。柴宿㊂582。木崎宿㊂582。太田宿㊂582。八木宿㊂582。簗田宿㊂582。天明宿㊂582。犬伏宿㊂582。富田宿㊂582。栃木宿㊂582。合戦場宿㊂582。金崎宿㊂582。日光御成道、岩淵宿㊂582。川口宿㊂582。鳩ヶ谷宿㊂582。大門宿㊂582。岩槻宿㊂582。

日光壬生道諸宿㊃282 559 632。飯塚宿㊂582㊃282 559 632。壬生宿㊂582。楡木宿㊂582。奈佐原宿㊂582。鹿沼宿㊂582。文挾(狭)宿㊂582。板橋宿㊂582 ㊃282 559 632
人馬遣方　宿駅取扱令㊄225
人馬遣高　㊃653
人馬継　㊂134
新番　隊中十六人本城に加う㊂2。番入㊂339 340 502 830 ㊃387。芸術㊂625 ㊃580 722 735 736 739 742 743 747 749 751 757 763 764 766 770 849 854 865 877。玉造講武所稽古日割㊃718。下坂、人足手当令㊃804。銃隊編成撰挙人名書出令㊄59。奥詰銃隊㊄97 117
新番頭　㊃319 460 556
新番頭格　㊄263
新番組(与)頭　㊃764 ㊄59
新番所　㊂295 ㊄115
新番所溜　㊂123 127
新番所前溜　㊂91 295
新葺屋町(神田)　㊄71
真福寺(愛宕下)　㊂531
親兵　㊃470
新部屋溜　㊂295
新砲兵　㊄201
新砲兵頭　㊄113
新砲兵差図役　㊄133 151
差図役頭取　㊄133
新町宿(中山道)　㊂471
神武天皇陵　㊃619
進物取次上番格　㊃186 672 ㊄86 220
取次番　㊃80
進物番　㊂113 ㊃379 ㊄115 116 211
進物番出役　㊃54 55

す

酢　㊄301
水泳教授方出役　㊂822
水泳教授方手伝出役　㊂822
随身番長　㊂777
瑞西(スイス)　㊄253
水道橋　㊄324 329
スェーデン　㊂447
末姫用達　→御広敷用達
末姫用人　→御広敷用人
末広師　㊃572
姿川(日光道中壬生通)　㊃323
杉戸宿(日光道中)　㊂581
数寄屋表坊主　→坊主
数寄屋頭　宇治御使㊃36 101 627。廃止㊄175／㊂80 84 570 668 ㊃165 393 448 525 804 ㊄62
数寄屋橋門　㊄41 290 323 393
数寄屋坊主　→坊主
数寄屋坊主組頭　→坊主組頭
数寄屋露次之者　→露次之者
スクーネル船　㊂392
スコフト・ベイ・ナグト(イギリス、官名)　㊂194
筋違橋門　㊃384 ㊄41 279 323 393
錫　㊂109 264
煤納　㊄172
雀宮宿(日光道中)　㊂581
砂時計　㊂129
須原宿(中山道)　㊂497
墨俣宿(美濃路)　㊂471 ㊃702
炭焼場所見廻御用　㊄129
スームビング号(オランダ船)　㊂190 191
受領国名遠慮(山城守)　㊄173
駿河台　㊄252
『駿台雑話』　㊃876
駿府加番　㊃362

駿府勤番 ㊂145 ㊄222 309
　勤番組頭 ㊄264
駿府小普請 ㊄222
駿 府 城 地震修復 ㊂384 524 557／㊂273 ㊃564 686
駿府城代 ㊄260 261
駿府定番 ㊄105
駿府町奉行 ㊄222 262 309
駿府町奉行組与力 ↓与力
駿府目付 ㊂12 90 208 240 408 462 516 530 574 839
駿府目付代 ㊂188 387 615 796

せ

精 鋭 隊 ㊄397
精鋭隊頭 ㊄392
精鋭隊頭取 ㊄397
精鋭隊並 ㊄397
静寛院宮御膳所御台所頭 ↓台所頭
静寛院宮御広敷御用達 ↓御広敷用達
　御広敷用人 ↓御広敷用人
静寛院宮付医師 ↓医師
静寛院宮広敷之頭 ↓御広敷之頭
　広敷番之頭 ↓御広敷番之頭
誓願寺(浅草) ㊂40 ㊃264
線教院用達 ↓御広敷用達
清見寺(興津) ㊃563 684
晴光院用達 ↓御広敷用達
晴光院用人 ↓御広敷用人
　用人並 ↓御広敷用人並
正字小判 ↓小判(安政小判)
政事向改革 ㊃317 318 321
政事向総裁職 ㊃345
誠順院奥詰医師 ↓医師
誠順院付用人 ↓御広敷用人
　用人並 ↓御広敷用人並
誠順院用達 ↓御広敷用達
誓 詞 令 ㊄173
『聖蹟図志』 ㊃876
誠 忠 隊 ㊄427
征長(軍) ↓長州征伐
征長先鋒惣督 ↓長州征伐
製 鉄 所 ㊄151
製鉄所改役 ㊄164
製鉄所調役 ㊄151
　調役下役 ㊄165
製鉄所奉行 ㊄133 136 262 272
製鉄所奉行支配 ㊄151
製鉄所奉行並 ㊄133 264 276
精 鉄 銭 ↓銭
製鉄奉行 ㊄137
征 東 使 ㊄397 408
精姫医師 ↓医師
精姫付用人 ↓御広敷用人
セイヘール(役名) ㊂426
歳 暮 ㊄172
歳暮御内書渡 ㊂142
西洋医学所 ㊃367 555 ↓医学所
西洋医術 ↓医術
西 洋 語 ㊂794
西洋銃隊 ↓銃隊
西洋諸国 ㊄363
西洋書籍 ↓書籍・洋書
西洋太皷 ㊃931
西洋地理学 ㊄135
西洋之式法 ㊄203
西 洋 法 ㊂57 ㊃304
西 洋 砲 ㊂521 544 559
西洋砲飾付 ㊂421
西洋砲術奨励 ↓砲術
西洋砲薬製方 ㊃112
西洋流調練 ↓調練
西洋歴史学 ㊄135

せいり――ぜんば

『征旅筆記』 ㊃792 841 842 901 923 924 963
『征旅筆記付録』 ㊃921 922
清和源氏 ㊂289
世界絵図 ㊂748
関ヶ原宿(中山道) ㊂246
石州路征長軍 →長州征伐
関宿(東海道) ㊂332 ㊃280
関　所 ㊂174 ㊄27 223
　松戸関所 ㊄233
関所掛目付 →目付
石　炭 ㊂288 347 ㊄280
石炭会所 ㊄280
関根(家茂乗馬) →馬
関野宿(甲州道中) ㊂246
石版の絵 ㊂140
関村(家茂乗馬) →馬
関宿(城) ㊄426
セケレターリス・フハン・スタート ㊂430
世尊院(千駄木) ㊂39
摂海御台場 →台場
摂家家領 ㊄288
摂　政 ㊄339
節　分 ㊄172
銭 ㊂375 ㊃8 849 →寛永通宝・天保通宝・文久永宝・貨幣
真鍮銭 ㊂838 849 ㊃849
精鉄銭 ㊂838 849
大小銭 ㊂375
鉄銭 ㊂369
銅四文銭 ㊃540
銅小銭 ㊃849
耳白銭 ㊃849
銭座(難波) ㊄352
責　馬 ㊃718
施薬院(京都) ㊃711
泉岳寺(高輪) ㊂19 ㊄100
船具運用学 ㊃630
浅間惣社(富士本宮) ㊂618
千光院(山門惣代) ㊂39
泉　山 ㊃852
専修寺門跡(伊勢) ㊃88
千住宿(日光道中) ㊄219 327
膳　所 ㊂106 ㊃299 450 526
膳所台所頭 →台所頭
　台所頭格 →台所頭格
膳所台所頭並 →台所頭並
膳所台所組頭 →台所組頭
膳所台所組頭助 →台所組頭助
膳所台所小間遣 →小間遣
膳所台所人 →台所人
膳所台所陸尺 →陸尺
膳所六尺 →陸尺
仙台(藩) ㊃599
千田川(中山道) ㊃282
銑　鉄 ㊂375
仙洞故院 ㊃658
仙洞御所 ㊂157
善導寺(館林) ㊃130 ㊄156
千　人　頭 席次㊃532。芸州出張㊃889。千人隊之頭改称㊄58／㊂79 ㊃213 438 525 536 870
千人頭見習 ㊃213
千　人　組 ㊃819 863 884 889 902
千人組大隊 ㊃595
千　人　隊 ㊃723 741 927 ㊄58 258
千人隊之頭 ㊄58
千人同心 ㊃526 645 664 ㊄58
千人槍隊 ㊃915
専念寺(長門) ㊃956
洗馬宿其外村々 ㊄214
撰場世話役 ㊃525
膳　番 ㊃246 380

膳番介 ㈣246

膳番当分介 ㈣246

膳番元掛り ㈣246 985

千引(家茂乗馬) ↓馬

線姫付用人 ↓御広敷用人

膳奉行 ㈣495 524 667

格 ㈤571 ㈣727 783

先鋒総督府 ↓官軍

泉涌寺(京都) ㈣83 146 658 757 804

そ

草加宿(日光道中) ㈢581

宗光寺(下野) ㈢39

総裁 ㈢308 337 339

惣持寺(能登) ㈢40

草字二分判 ↓二分金(文政草文二分金)

掃除之者 ㈢317 ㈣727 805 ㈤299

奥右筆所掃除之者 ㈣526

黒鍬掃除之者 ㈤81

小普請方掃除之者 ㈤298

掃除之者頭 ㈤299

掃除之者組頭 ㈤299

掃除之者世話役 ㈤299

奏者番 代参制㈢16 ㈣618。参勤㈢371。廃止

檜術 ㈣506 512 516 517 556 624 629 630 722 738 794 357 ㈤108 270 317～319

騒擾 ↓一揆

増上寺 霊廟・宝塔普請修復㈢4 46 103 202 203 229 349 693 766 848 ㈣85 158 164 178 ㈤17 48。三山代参制㈢15～17。法事㈢161 195 238 756 779 810 ㈣177 23 69 228 237 3 14 15 17 104 211 350 427 486 ㈤7 38 152 195 231 40 235 530 538 632 700 ㈣72。病

増上寺方丈 盆料下賜㈢193 399 518 787 ㈣113 347。病気㈢672 116

増上寺大僧正 ㈤174 328

増上寺花岳院 ↓花岳院

増上寺名代 ㈢412 730

増上寺霊屋 ㈤132

造船学 ㈤630

惣督府 ㈤403 421 435

惣名主 ㈢177

惣髪令(制) ㈢166

蔵法寺(白須賀) ㈣695

操練所(江戸) ↓海軍操練所(江戸)

添番 ㈢304

添奉行 ㈢193 ㈤95 127

添穂植付地所改 ㈢576

そぎ袖 ㈢157

『続王代一覧』 ㈣853

測量学 ㈤630

狙撃隊 ㈤410

狙撃隊頭 ㈤410 423 427

狙撃隊頭並 ㈤410 431

狙撃隊組(与)頭 ㈤433

狙撃隊頭取 ㈤433

租税 ㈣440

外桜田門 ㈣290 323 393 422

側御用取次見習 任転出見習㈢29

側御用取次 任転出㈢29 ㈣415 646 425 428 432 458 464 468

側衆 代参制㈢17 379。御役金㈤261。上洛㈢1 2 29 45

側衆格 ㈢54 82 140 260 431 636 ㈣984 275

側衆御用取次 ㈢475 522 793

側用人 ㈢934 1 592 72 371 104 ㈣428。任免㈢415 487 522 646 738 795 ㈣337 339 796

『孫子』 ㈢872

損亡(筑後柳川) ㈢312

そんも――だいじ

損毛(常陸麻生)　㊂495

た

鯛(味噌漬)　㊂385 ㊄57
泰栄院様御付奥詰医師　↓医師
退役願　㊄387
『大学』　㊃868 870 872 874
台ヶ原宿(甲州道中)　㊂582
代替規式別帳　㊂45 54
代替礼　㊂32〜34
代官　㊂412 428 730 ㊃790 811 967
代官石原清一郎陣屋　㊃566
大監察　㊃840〜842
代官所
　馬喰町御用屋敷詰代官所　㊄271
大行院(出羽)　㊂148
大工
　御手大工　㊂727
　作事方御手大工　㊃526 ㊄298
大工頭　㊂46 104 113 394 ㊃389
　熱田大工頭　㊂229
大工棟梁
　小普請方改役大工棟梁　㊃52
　小普請方改役並大工棟梁　㊃33
　小普請方大工棟梁　修復行賞㊃46 78 108 122 131 192 229 239／㊃228
大工棟梁並
　作事方支配棟梁並　㊃119
大工棟梁見習　㊃158
大工見習
　畳大工見習　㊃51
大君　㊂389 395 397
大君殿下　㊂434
代検見　↓検見
大厳寺(生実)　㊃412
太鼓　㊂126
大護院(浅草)　㊄163
大光院(新田)　㊂40 ㊃130
大宮寺(武蔵)　㊃256
太鼓坊主　↓坊主
太鼓役　㊃804
　押太鼓役　㊃525 984 ㊄60
代参制　㊂15〜17
台師
　御召台師　㊄83
大赦　㊃447 449 ㊄360
大樹寺(三河)　㊂384 410
大乗院門跡　㊂154

大聖寺(三河) ㊂56
大小銭 ↓銭
大臣薨去 ↓丞相
大政院(下総) ㊂829
大政奉還 ㊄283
『大政奉還上意書』 ㊄282
大船 製造㊂29 57 58 192 196 217 219 583／㊂134 323 586 824 ㊃99
大山寺(相模) ㊂741 ㊄114
大総督 ㊄431 432
大総督宮 江戸会議㊄403／㊄402 414 425 426 428
大総督府 ㊄407
大総督府参謀 ㊄428 429
台付遠目鏡 ↓望遠鏡
大棟梁 ㊃527
大徳院(高野山) ㊂589 590
大徳寺(京) ㊂40
台所改役
　表台所改役 ㊄96
台所頭
　奥膳所台所頭 ㊂84 151
　表台所頭 ㊂570
　表台所頭(西丸) ㊂38 84 570
　膳所台所頭 ㊂570 727 ㊃495 524 804
　膳所台所頭(和宮〈静寛院宮〉) ㊃205 210 ㊄212
台所頭格
　膳所台所頭(天璋院) ㊃205 ㊄212
　膳所台所頭格 ㊃221
　膳所台所頭格(和宮) ㊃205
　膳所台所頭格(天璋院) ㊃205
台所頭並
　膳所台所頭並 ㊂84
台所組頭
　表台所組頭 ㊃222 ㊄96
　膳所台所組頭 ㊃525 804
　台所組頭(西丸) ㊂38
台所組頭助
　膳所台所組頭助 ㊄382
台所人
　表台所人 ㊃51 191 214 519 ㊄60 131
　膳所台所人 ㊃51 119 525 804 ㊄60 131
　膳所台所人(天璋院) ㊃51 119 228
台所人格
　表台所人格 ㊃214
台所人無足見習
　表台所人無足見習 ㊃51 228
台所番 ㊃155
台所向之者
　台所向之者(西丸) ㊂570
台場 ㊂37 59 106 177 763 818
　安治川台場(大坂) ㊂360
　大坂近海台場 ㊃535
　木津川台場 ㊂360
　品川(御殿山下)台場 普請㊁18 19 24 195 196 235／㊁18 63 173 232 518 622 623 ㊄225
　島津第台場 ㊂20
　摂海台場 ㊃588 ㊄170
　長崎台場 ㊂183
　西宮台場 ㊃589
　箱館台場 ㊃128
　兵庫湊台場 ㊃589
　松帆崎台場 ㊃594
　目印山台場 ㊃589
　由良港最寄弁岩屋辺台場(淡路島) ㊂248
帯佩大的 ↓弓
大風雨 ↓暴風雨
大ブリタニヤ国 ↓イギリス
太平山 ㊃646 670 674 676
『泰平年表』 ㊃853
『太平年表後篇』 ㊃876
大砲 献上㊂53。製造㊂57 263。調練稽古

㊂763 767 ㊃317 630 718 722 737 819 828 884 923。長州征伐㊃926 927 929～932 936 956 959 960 963／㊂41 135 499 ㊃813 841 ㊄77 284 ↓大筒
火縄砲 ㊃927
山砲 ㊃866 932 936
百五十封度筒 ㊃131
大砲方 ㊃741 923
大砲組 ㊃724 760 863 ㊄26
大砲組差図役 ㊃554 557
差図役下役 ㊃527
差図役勤方 ㊃552～555
差図役頭取 ㊃554 557 847
差図役頭取勤方 ㊃552～555
差図役並 ㊃557
大砲組之頭 ㊃492 502 761 ㊄26
大砲組之頭並 ㊃761
大砲隊 ㊃922 978 ㊄344
隊名 ㊄405
大名領分 ㊄288
大紋色目 ㊂562
大門宿(日光御成道) ㊂582
大里浦合戦 ↓長州征伐
大輪 ㊃871
台湾 ㊂437

鷹 ㊄230
鷹餌飼場 ㊄46
鷹餌鳥請負人 ㊄230
高崎宿(中山道) ㊂471
鷹匠 ㊃154 447 475 ㊄60
鷹匠頭見習 ㊂83 355 570 ㊃221 295
鷹匠組頭 ㊃229 ㊄59
鷹匠見習 ㊃154
高田藩 ㊃955
高田藩兵 ㊃931 963
鷹捉飼場 ㊄184 275 289 297
鷹野方並 ㊃126
鷹之鳥 ㊂509
鷹場(三家方) ㊄289
鷹番 ㊄297
高宮宿(中山道) ㊂316 ㊃256
打毬 ㊃763
武田八幡宮(甲斐) ㊂105
竹橋門 ㊂730 ㊃498 ㊄290 393 424
足高 ㊂30 ㊄174 260
足扶持 ㊂30 ↓扶持
太政官 ㊄434
畳替之令 ㊃427
畳方改役 ㊃121 193

畳方手代 ↓手代
畳大工 ㊃121 193
畳大工見習 ↓大工見習
畳奉行 講武所創建御用㊂292。御畳替令㊃427／㊂112 113 394 ㊃349 ㊄60
畳奉行格 行賞㊃7 52 85 147 156 188／㊃29 90 193 388 496
畳減方令 ㊃349
太刀金具師 ↓金具師
田付組ミニー隊 ㊃595
田付流 ㊂156
竪川(江戸) ㊃226
田中城(駿河) ㊃689
棚倉城(陸奥) ㊄125 163
種物 ㊂176 177
田之浦陣所 ↓長州征伐
田之浦戦 ↓長州征伐
田畑開発 ㊂321
足袋
　夏足袋 ㊃377
旅扶持方 ↓長州征伐
玉川上水 普請・修復㊂89 412 491 601 749 765 823 ㊃52 85 156 308
玉川渡船賃銭 ↓渡船賃銭

たま～ちゅう

玉　薬　(九)966
玉薬方　(九)965 966
玉薬組　(九)965 966
玉薬奉行支配向之者　(九)965
玉薬奉行手付硝石製造掛り　(九)965
玉造（家茂乗馬）　→馬
玉造勢残党　(三)97
玉村宿（日光例幣使道）　(三)582

溜詰　存意書(三)410。外国使節登城着服制　勤割合(四)371／(三)24 189 275 293 301 320 361。参

溜詰格　(五)577 800　外国使節登城着服制　勤割合(四)371／(三)25 430 506 512 516 629 (四)318。参

田　安　(四)643　→三卿
田安奥詰　(四)183
田安家老（亀之助殿家老）　(五)261
家老並（亀之助殿家老並）　(五)419
田安構内厩前門　(四)612
田安郡奉行　(三)252
田安小十人頭　(三)453
田安小姓　(三)153
田安小普請支配雇　(四)174
田安側用人格　(五)199

田安番頭　(四)153　(五)199
田安物頭　(四)371　(五)13 199
田安物頭格　(三)810
田安門　(三)730　(四)7 408 410　(五)151 310
田安屋形　(三)498　(五)290 393 424
田安用人　473　任免・転出(四)252 (五)2 112 113 199／(四)153
用人見習　(三)227
用人格（物頭格）　(三)562 655 664 831 (四)252
垂井宿（中山道）　(四)295 147 703
多羅尾民部出張陣屋　(四)565
短筒　→鉄砲
弾薬　(五)200
弾薬箱　(九)931 932

ち

知恩院　(四)146
知行所　(四)31 45 (五)15 455 676 (四)142 177 233 286 376 378 436
知行高　(五)266
知行取　(四)455 43 272　→地方取
知行物成　(五)309

筑後隊　(九)922
築造兵　(四)347
千曲川　(五)559 633
地誌調出役　(四)91
地誌調所出頭取　(四)91
千島　(四)99
致仕令　(四)331
地図　(三)425　海浜図（アメリカ）　(三)140
智積院権僧正　(三)40
千引（家茂乗馬）　→馬
茶　(四)475
茶宇縞　(三)140 461 488 589 592 (四)305
茶吟味詰方　(五)175
茶巾餅　(四)429
着具　(四)170
着実弾　(四)866
着人　(四)174 222 309
着発弾　(四)866
茶船　(五)987　(四)11
茶舟支配人（淀）　(四)701 966
中軍調練　(四)779

中間押 ㊃562
中間頭 ㊃525 804
中間組頭 ㊃526
中間体の者 ㊂294
中間目付 ㊃191 437 526 562
　目付見習 ㊄149
注進書 ㊂694 696 697
注進状 ㊂693
鋳銭 ㊂375
中大名 ㊂327 420 768
『中庸』 ㊃873
町打場
　大森村町打場 ㊂12 365 495 763
朝鶴 ↓軍艦
長鯨 ↓軍艦
丁字 ㊂571 ㊄162
長州黒船 ㊄352
長州征伐(第二次) 出陣供奉㊃687 688 691 692 701 734 791 799 810 812 817 823 825 826 832 848 856 893 895 907 910 916 943 966 ㊄84 248 296。防長賊徒本国脱走潜伏取押㊃706。征長軍㊃808 809 811 〜813 822 906 910 914 917 938 943 954 ㊄34。従軍(旅)扶持・代銀㊃721 810 〜812 824 825 906 954 ㊄296。軍目付㊃808 809 814 889 910 922 923 925 926 928 934 938 939 941 986 ㊄18。征長先鋒惣督㊃809 910 917。陣中令㊃812。万石以下㊃816 822 908 929 954 966。万石以上㊃822 897 908 937。海陸出張割合令㊃822。広島糺問㊃840。国泰寺裁許㊃901 903。討入指揮㊃906。討入期日㊃908。問罪師勅許・発遣㊃916 917。遊撃隊㊃961。兵事見合㊃985 ㊄18。行賞㊄158 〜161。防長処置令㊄200／㊃786 792 862 889 893 896 897 899 914 919 922 〜932 934 〜936 938 〜943 955 〜960 963 ㊄34 151 326 ↓上洛
　石見口戦(石州路征長軍) ㊃917 923 928 943 954 ㊄34
　大島口戦 ㊃928
　大野村戦(安芸) ㊃921 922 929 〜932 935 955 963
　玖波戦(安芸) ㊃959
　小倉(領)口戦 ㊃939 927
　大里浦合戦 ㊃939
　田之浦陣所 ㊃926 927
　田之浦戦 ㊃924
　出島普門寺戦(周防) ㊃922
　益田村戦 ㊃925
　門司陣所 ㊃926
長州藩処分勅許 ㊃986 ㊄200 201
鳥獣遊猟(鳥猟渡世) ㊂175 ㊄275
朝鮮 ㊂388 401 437
朝鮮信使 ㊂186 296 388 401 406 409
提(挑)灯奉行 ㊃525 674 983 ㊄60
朝廷 ㊂505 ㊃657 658 ㊄283 384 396
町人 上納金(御用金)㊂59 177。大船所持許可㊃99／㊂606 773 787
　大坂町人 ㊂113 〜115
長府城 ㊃926 927
長防之図巻物 ㊃891
朝陽 ↓軍艦
鳥類図(アメリカ産) ㊂140
調練 ㊂11 20 24 43
　騎戦調練 ㊂155
　先手調練 ㊃718
　西洋流調練 ㊂285
　長柄調練 ㊃741 827
　旗調練 ㊃827
　吹上方撒兵調練 ㊃923
　持小筒組調練 ㊃724 737 741 765 769 819 863 884
　持組調練 ㊃718
調練場 ㊂207
　越中島調練場(深川) ㊂467 468 763 775 ㊃65 82
　大塚調練場 ㊂763

講武所付属調練場 ㊂467 ㊃295
　撤兵調練場 ㊄200
勅　書 ㊃469 577
勅　諚 ㊃329 337 474 ㊄282 415
池鯉鮒宿(東海道) ㊂477 ㊃698
地理学
　西洋地理学 ㊄135
散　判 ㊃442
鎮撫使 ㊄397 398 403

つ

築地取広げ ㊃658
追討使 ㊄384 401
『通航一覧』 ㊂105
『通行一覧続輯』 ㊂312
通詞(通辞) ペルリ口上書和訳㊂136／㊂97 129 171 429 430 516
通　商 ㊂96 444 ↓貿易
通　弁 ㊂96 397
　御用頭取 ㊄35 213
　翻訳御用 ㊄35
通弁官(アメリカ) ㊂395 429 629 630
使　番 諸国巡見廃止㊃450 ㊄258。役金㊄264。目付当番之儀心得㊄376／㊂760 ㊃317 495 524 764 892 ㊄61 271 276 356 425
使番屋 ㊃918
柄巻師 ㊂571 ㊃222 921
『通鑑綱目』 ㊃880
『通鑑擥要』 ㊃735
月切駕籠 ↓駕籠
築地海軍所 ↓海軍所
月輪東山陵(泉涌寺) ↓東山陵
春屋(平川口門外) ㊄292
筑波山の乱(事件) ↓天狗党の乱
辻　番 ㊂731
辻番所 取締事項㊂294／㊂511 531 612 740 ㊃544
津城(伊勢) ㊂221
蔦木宿(甲州道中) ㊂583
土御門家 ㊄161
土山宿(東海道) ㊂58 565 ㊃566
筒 ↓鉄砲
筒袖(異風) ㊃104
筒磨方
　御召筒磨方 ㊄85
津　浪 ㊂375 565
鍔　師 ㊂571 ㊃220 222
妻籠宿(中山道) ㊂497
鶴ヶ崎(家茂乗馬) ↓馬
鶴ヶ沢(家茂乗馬) ↓馬
鶴川(甲州道中) ㊂58 565 ㊃282 559 633
鶴川宿(甲州道中) ㊂554
鶴瀬宿(甲州道中) ㊂582
鶴巻(家茂乗馬) ↓馬
津和野城(石見) ㊂247

て

手当金 ㊄296
帝　鑑　間 ㊂624 ㊃229
帝鑑間席 ㊃467 ㊄343
貞粛院用人(慶喜夫人) ↓御広敷用人
ティヤナ船(ディアナ号) ㊂334
出　稼 ㊂585
出島普門寺戦(周防) ↓長州征伐
手　代
　勘定役格手代 ㊃30
　小普請方手代 ㊃239 ㊄298
　材木方手代 ㊃78
　作事方手代 ㊃526 ㊄95
　代官手代 ㊂412 ㊃509 873 877
　畳(方)手代 ㊃46 131 229 ㊄95

破損奉行支配手代　㊃873 877 ㊄204
手代組頭　㊃50
　小普請方手代組頭　㊄298
手代組頭助　㊃50
　小普請方手代組頭助　㊃239
鉄　㊂264 619
手付　㊂412 ㊃509
　外国奉行手付出役　㊃66
　海陸備向掛手付　㊃635
　学問所教授方手付手伝出役　㊄89
　軍事掛手付　㊄398
　講武所奉行手付　㊃80
　寺社奉行手付　㊄400
　寺社奉行並手付　㊄418
　代官手付　㊂412 ㊃509
　代官手付出役　㊂576 ㊃519
　代官手付当分出役　㊃191
　玉薬奉行手付硝石製造掛り　㊃609
　手付当分出役(代官)　㊃191
　天文方手付出役　㊃92
　日光奉行手付出役　㊃35 101
鉄山　㊂375
鉄銭　↓銭
鉄砲　舶来小銃類(長崎廻)売捌㊂623。舶来六拾発込之御筒㊃726。横浜(舶来の小銃)　買入令㊄86／㊂11 128 140 421 600 756 ㊄174 223 275 295 416　↓小銃・小筒
　イギリス式模造騎銃　㊃764
　ゲエール銃　㊃931
　馬上銃　㊂499
　六挺仕掛短筒鉄砲　㊂140
鉄砲鍛冶師　㊃107 161 ㊄86
　御召鉄砲鍛冶　㊃527 ㊄83
鉄砲方　行賞㊂95 156 226 301 302 357 482 544 583 ㊃107 231 232。任・免・転・卒㊂160 583 766 ㊃964 ㊄78／㊃290 393 524 567 718 723 741 828 ㊄33 36 56
　大坂鉄砲方　㊂37
鉄砲方組同心　↓同心
鉄砲方組与力　↓与力
鉄砲方兼帯　㊂168 171
鉄砲方見習　行賞㊂95 156 226 302 482／㊂286 766
　大坂鉄砲方見習　㊂37
鉄砲方与力無足見習　↓与力無足見習
鉄砲角場(三丸)　㊂110 ㊃309
鉄砲玉薬奉行　支配替㊃286。役金㊄265／㊄33 73 142 276
鉄砲組　㊃383
鉄砲(炮)稽古　↓砲術稽古(調練)
鉄砲指物　㊂473 ㊃330
鉄砲師　㊂201 ㊃107
鉄砲洲町奉行役所　↓町奉行役所
鉄砲製造改役　㊄210
　改役下役　㊄210
鉄砲製造奉行　㊄210
鉄砲製造奉行支配　㊄83 86
鉄砲台師　㊃107
鉄砲玉奉行組同心　↓同心
鉄砲玉奉行組与力　↓与力
鉄砲簞笥奉行　㊃286
鉄砲見分　㊂521
デネマルカ　㊂447　↓丁抹(デンマーク)
出役　㊃408
寺田屋事変　浪人鎮静㊃338
テレガラーフ　↓エレキトル・テレガラーフ
天下茶屋　㊃729 866 867 933 934 936
天狗党の乱　警衛取締令㊃644～649 670 671 674 676／㊃427 428 634～640 662 663 ㊄149 308 325　↓水戸浪人・浮浪徒
天現寺(麻布)　㊂222
篆刻師　㊄173 202
天子　㊄178

伝　習

海軍伝習 ㊂190 ㊄400 ㊄274
三兵伝習 ㊄290
陸軍伝習 ㊄203

伝習兵

横浜伝習兵 ㊄202

伝習兵屯所

江戸伝習兵屯所 ㊄202

伝習砲兵 →砲兵

天守勤番之番所 ㊄146
天守台下番 ㊂346 ㊄146
天守台脇之門 ㊄146
天守番 ㊄40 ㊄131
天守番頭格 ㊃155 229 232 340
天守院侍 →御広敷侍
侍見習 →御広敷侍見習
侍無足見習 →御広敷侍無足見習
膳所台所頭 →台所頭
膳所台所頭格 →台所頭格
天璋院膳所台所頭 →台所頭
天璋院膳所台所頭格 →台所頭格
膳所台所人 →台所人
膳所台所人 →台所人
天璋院広敷伊賀者 →伊賀者
広敷添番 →御広敷添番
広敷添番格 →御広敷添番格
広敷添番並 →御広敷添番並

天文方 ㊂350 748
天文 ㊂748
天 ㊂582
天明宿（日光道）㊂253
丁抹（デンマーク）→デネマルカ
伝馬船 ㊃987
天保五両判 →五両判
天保通宝（百文銭）㊂375 838 ㊃849 →貨幣
天保小判 →小判
天保大判 →大判
天保一分銀 →一分銀
天保一分金 →一分金
天秤分銅量具 ㊂140
天徳寺（西久保）㊂312 451 592 ㊃412／㊂17 40 ㊃122 140
伝通院 法事 ㊂19 39
天台宗 ㊂19 39
伝奏屋敷 ㊃238
天奏 ㊄337 339
天神丸 ㊂145
天　神 ㊂145

天文方手付出役 →手付
天文方見習 ㊃23
典薬頭 ㊂943 949 ㊄313
天竜川（東海道）渡船賃銭 →渡船賃銭
天竜寺（四ッ谷新宿）㊂427
広敷之頭 →御広敷之頭
広敷番頭 →御広敷番頭
広敷用部屋書役 →御広敷用部屋書役
（広敷）用達 →御広敷用達
（広敷）用人 →御広敷用人
（広敷）用人格 →御広敷用人格

と

銅

荒銅 ㊂264 606 619 814 849
囲銅 ㊂619
唐銅 ㊂619 814
古地銅 ㊂619 620
古銅 ㊂619
屑銅 ㊂619 620
古銅切 ㊂619 620
質銅 ㊂619
東叡山 →寛永寺
銅置所 ㊂369
東海寺（品川・東海禅寺）㊂40 ㊃544 561 679
東海寺住持 ㊃561 680
東海道 ㊂37 514 522 547 796 982
東海道先鋒総督府 →官軍
東海道総督 →官軍

東海道鎮撫総督府　→官軍
刀　剣　㊂606
銅小銭　→銭
銅　座
　江戸銅座出張役所　㊃369
　大坂銅座　㊂619 620 ㊃369
　長崎銅座出張役所　㊃369
討薩上表　㊄353
銅　山　㊂619 ㊃369
東山道惣督　→官軍
東山道総督府参謀　→官軍
堂島米相場　→米相場
銅四文銭　→銭
堂　上　家領㊄288／㊃800
東照宮　㊃172 ㊄110
　久能山東照宮　㊂273 384 502
銅　職　㊂620
唐　人　㊂339
同心(組同心)　㊂756 ㊃450 509 804 ㊄204 248
　浦賀奉行同心　㊂209
　エンルモロヤフ詰合同心　㊂382
　大坂町奉行組同心　㊂214
　大番組同心　㊃718 ㊄199
　海軍所付同心　㊄242
　外国奉行支配同心　㊄259
　水主同心　㊄242
　腰物方同心　㊃526
　堺奉行組同心　㊂214
　先手組同心　黒鍬之者へ帰番㊃608。撤兵下命㊄73 74／㊂731 ㊃110 214 519 520 526 873
　作事方定普請同心出役　㊃214
　寺社奉行支配同心　㊄400 401
　下田奉行組同心　㊂184
　書院番組同心　㊃526 718
　定普請同心　㊃229 ㊄96
　書物同心　㊄77 146
　鉄砲方組同心　㊂192 ㊃519 526 ㊄86 110
　鉄砲玉薬奉行同心　㊄132
　納戸同心　㊃526
　二条定番同心　㊃519
　二丸同心　㊄146
　箱館奉行組同心　㊂203 271
　旗奉行組同心　㊄73
　火消役同心　㊄418
　火付盗賊改同心　㊃479
　普請方同心　㊄298
　持組同心　㊂731 ㊃519 ㊄74 100
　鎗奉行組同心　㊄73
同心組頭改役勤方
　細工所同心組頭改役勤方　㊃162 526
同心見習
　浦賀同心見習　㊃539
東泉院(駿河)　㊃563
東漸院(駿河)　㊃684
『東遷基業』　㊃876
東禅寺(高輪)　㊃96
東禅寺事変　㊃141～145
唐船(風聞書)　→唐船(カラフネ)
盗賊押込　㊃518
盗賊追捕　㊂85
道　中　筋　㊃442 547
道中奉行　就任㊂186 479 494 ㊃122 351 359 ㊃676／㊂412 466 519 ㊃313 395 469 522
道中目付　㊃140
銅ハけ　㊂619
同　朋　㊃525 ㊄62
同朋格　㊂727
　西丸同朋格　㊂38
同朋頭　行賞㊂84 570 650 ㊃229。触切紙㊃323／㊂626 ㊃393 525 804 ㊄62
　西丸同朋頭　㊂38 84
同朋頭見習　㊃840

とうま――とんや

唐饅頭 ㊂429
遠目鏡 ㊂149 ㊃781 →望遠鏡
桐油 ㊃414 477 480
胴乱 ㊄297
唐和明礬会所 →明礬会所
硎師 ㊂571 ㊃220 222 527 921
常盤橋門 ㊄290 323 393
徳音院(駿河) ㊃548
徳川方軍 ㊄339 346~348
徳川家(氏) ㊂410 ㊄402 404
徳川家名 ㊄433
徳川祖宗 ㊄421 435
徳次郎(良)宿(日光道中) ㊂321 322 ㊃256
徳丸原 ㊃317
徳山藩兵 ㊄352
土圭間 ㊂812 ㊄56
土圭間肝煎 ㊂727 ㊄56
土圭間坊主 →坊主
土圭間坊主肝煎 →坊主肝煎
土圭役 ㊄56
時計役坊主 →坊主
土佐藩 ㊃590 599 ㊄201 336 337
土佐藩兵 ㊃584 ㊄352
外様大名 ㊂310 ㊃371
土佐丸(川船) ㊃589
土州藩 →土佐藩
登城 ㊃180
年寄 →老中
渡船賃銭割増 五街道㊄256。東海道諸宿㊃282 559 632。六郷川㊂204 566 618 ㊃282 559 632。馬入川㊂277 566 734 ㊃282 559 632。富士川㊂58 565 566 ㊃282 559 632。天竜川㊂374 566 ㊃282 559 632。今切(渡し)㊂227 ㊄256。熱田宿(渡し)㊂816 ㊄256。四日市宿㊂165 598。横田川㊂566 750 ㊃282 559 633。中山道諸宿㊃282 559 632。千曲川㊃282 559 633。河渡川㊂246 ㊃282 559 633。日光道中諸宿㊃282 559 632。房川㊂384 ㊃282 559 633。奥州道中諸宿㊃282 559 632。鬼怒川㊂340 ㊃282 559 633。甲州道中諸宿㊂174 ㊃282 559 632。玉川㊂174 ㊃282 559 633。美濃路諸宿㊃282 559 632。佐屋路諸宿㊃282 559 632。日光壬生道諸宿㊃282 559 632
戸田勢 ㊃963
栃木宿(日光例幣使道) ㊂582
栃木町(下野) ㊃646
戸塚宿(東海道) ㊂176 607 ㊃563 680 ㊄317
鳥取藩 ㊃599
鳥羽街道 ㊄345
鳥羽城(志摩) ㊂247
鳥羽・伏見の戦 ㊄345 352
富田宿(日光例幣使道) ㊂582
留切 ㊃149
留物方(奥右筆) ㊂84
供押 ㊃562
供連 ㊂27 180 674 ㊃57 102 740
供連掛 ㊂186
虎之間 ㊄115
虎之(ロ)門 ㊃384 ㊄41 279 323 393
鳥居本宿(中山道) ㊂316 ㊃256 704
酉洲新田(酉島新田)堤通 ㊃591
鳥子紙 ㊂742
鳥見 ㊃475 482 ㊄60 131
鳥見組頭 ㊄60
鳥見見習 ㊃482
トルコ ㊂193 447
ドンバ(ハ)ルトン船 ㊃986 ㊄11
問屋 ㊃226

な

内海警衛　↓海防
内海台場　↓台場
内国事務局　㊄433
内藤新宿(甲州道中)　㊂582 ㊄327　↓新宿
苗種物(米国)　㊂176
長柄調練　↓調練
中奥小姓　㊂244 626 ㊃401 724
中奥番　㊂244 838 ㊃401 724 ㊄59
仲買　㊃226
中川番所　㊂367 ㊃197 ㊄156 246
長窪宿(中山道)　㊂423
長崎　㊂194 334 444 606 ㊄128
　絵図　↓絵図
長崎会所調役頭取　㊂10
長崎警衛　㊂378
長崎港　㊂376 585 ㊃792
長崎製鉄所器械見取絵図　↓絵図
　製鉄所総絵図　↓絵図
長崎台場　↓台場
長崎鎮台　㊂189
長崎銅座出張役所　↓銅座
長崎奉行　外国使節応接㊂88 388。祖法変革㊂338。渡航手続㊄246。役金㊄262／㊂13 165 236 324 332 376 378 ㊃341 ㊄276
長崎奉行支配組頭勤方　㊃593 665 ㊄382
　支配調役並　㊃94
長崎奉行所　㊂61
長崎奉行並　㊄264 276 392
長崎町年寄　㊃21
長崎丸　㊃932 ㊄311
長沢村(相模)　㊂235
中島新田会所(大坂)　㊃591
中島茶屋　㊂710
中山道　㊃37 109 514 522 982
中山道宿　㊂113 246 284 295 316
中仙道筋往還道橋普請見分目論見　↓普請
中山道惣督府　↓官軍
中田宿(日光道中)　㊂246
中田関所　㊄233
長局(一丸)　㊂93 106 112 ㊃192 ㊄58 321
中土佐丸　㊃772
中之口番　㊂825
中野八幡社(武蔵)　㊃256
長袴　㊂320 ㊃377
中初狩宿(甲州道中)　㊂486
中矢来勤番所　㊃641
長刀　㊂592
名古屋宿(美濃路)　㊂581
名古屋城　㊃699
名古屋藩　↓尾張藩
名古屋丸(尾張藩船)　㊃565
奈佐原宿(日光壬生道)　㊂582
那須紙　㊂501 ㊃333
菜種　㊃633 ㊄307
夏借米　↓借米
夏足袋　↓足袋
浪華城　↓大坂城
難波銭座　↓銭座
難波杢目羹　㊂429
那覇(琉球国)　㊂13
鍋掛宿(奥州道中)　㊂471
ナポレオン・カノン　㊃819 866
生干　㊂554
生干鱈　㊂835
生麦事件　償金㊃601
鉛　㊂264
ナヨロ(蝦夷地)　㊂382
奈良井宿(中山道)　㊂295 ㊃147
奈良惣代　㊄227

奈良奉行　㊄262
鳴物停止　㊃658
鳴海宿(東海道)　㊂477 ㊃698
南京条約　㊂333
南禅寺(南禅寺五山惣代)　㊂40
納　戸　行賞㊂55 107 110 347 422 572 ㊃56 59 182。職掌㊂197 ㊃430 ㊄137／㊂499 739 793 832 ㊃39 153 161 524 673 804 ㊄62 154
納 戸 頭　職掌㊄137 183。役金㊄265／㊂21 ㊃524 ㊄276
『納戸勘定仕上げ目録』　㊂106 107
納戸組頭　行賞㊂55 107 347 422 572／㊃524
納戸諸留帳　㊂422
納戸同心　↓同心
納戸役所　㊄203
南部領分海岸防禦　↓海防
南部領分津波　↓津波
南鐐一朱銀　↓一朱銀
南鐐上銀　㊂105

に

新潟開港　㊄297 334
新潟奉行　㊄262
新潟奉行支配定役　㊃50
　支配調役　㊄366
新宿(水戸街道)　㊄219
贄川宿(中山道)　㊂554
西蝦夷地　↓蝦夷地
西　丸　普請㊂59 103 104 109 111～113 ㊃628
西丸明御殿　↓明御殿
西丸裏御門　㊄322
西丸大奥女中　↓大奥女中
西丸大手下馬前　↓下馬前
　大手門　↓大手門
　大手門番　↓大手門番
西丸表台所頭　↓台所頭
西丸表火之番　↓火之番
　表火之番組頭　↓火之番組頭
西丸表坊主組頭　↓坊主組頭
　表坊主組頭格↓　坊主組頭格
西丸表右筆組頭　↓右筆組頭
　表右筆組頭助　↓右筆組頭助
西丸徒目付　↓徒目付
　徒目付組頭　↓徒目付組頭
西丸切手門番之頭　↓切手門番之頭
西丸下作事方普請小屋場　↓普請小屋場
西丸玄関　㊄176
西丸御殿　㊃603 ㊄409
西丸諸職　㊂39
西丸太鼓坊主　↓坊主
西丸台所組頭　↓台所組頭
　台所向之者　↓台所向(人)之者
西丸同朋格　↓同朋格
　同朋頭　↓同朋頭
『西丸日記』　㊂573
西丸賄頭　↓賄頭
西丸火之番　↓火之番
西丸目付　↓目付
　目付助　↓目付助
『西丸右筆所日記』　↓右筆所日記
西丸留守居格　↓留守居格
西宮台場　↓台場
西 番 所　㊄47 53 54 196 280
二重橋外詰所　㊄229
二 朱 金　通用停止、引替㊂303 755 756 ㊃639 ㊄202／㊂106 126 198 293 294　↓貨幣
二 朱 銀　通用停止、引替㊂52 227 303 304 434 554 647 828。吹立㊂605～607／㊂640　↓貨幣
二条勤番　㊃517
二条在番　㊂175 367 ㊃87 368
二 条 城　㊃417 566 712 773 793

二条定番同心　→同心
二条定番与力　→与力
二条城門番之頭格　㊃674
日伊条約　㊄253
日英協約　㊂212
日英通商条約　㊂519 609
日仏通商条約　㊂538 618
日米通商条約　㊂505
日米貿易交渉　㊂362
日米和親条約　㊂147
　和親条約議定　㊂146 147
　和親条約附録調印　㊂174 175
日葡通商条約　㊂781
日蘭和親条約　㊂222
日輪寺(浅草)　㊂589 ㊃22
日露(魯)国境　㊂96
日魯通商条約　㊂517 614
日記掛　㊃124 330 351 676
日記差物　㊂540
日記浜掛り　㊃359
日光警衛　㊃638 671
日光社家　㊂39
日光地役人　㊃645
日光准后　㊃423 528 ㊄150 211
日光修復　㊂385 ㊃22 27 29 30 35 90 100 101 125 160 165 169 193 287 296 370 420 664 ㊄125
日光修復惣奉行　㊃313 324
日光修復奉行　㊃478
日光新宮　㊂787 828 ㊃113 347
日光中堂　㊃457
日光奉行　㊄262
日光奉行支配吟味役　㊃106 194
日光奉行手付出役　→手付
日光門跡(主)　祈禱料㊂131 219 256 367 422 472 497 706 776 809 ㊃13 89 170 268 405 ㊄199。盆料㊂193 399 518 787 ㊃113 ㊄220／㊂15 19 39 95 128 155 176 211 235 544 662 ㊃294 ㊄248 305〜307 315 388 395
日光門跡家来　㊂39
日光例幣使　㊃579
日光例幣使道　㊂582
日坂(新坂)宿(東海道)　㊂113 581
日章旗　→国旗
日蝕　㊂299 ㊃89
新田宿(日光道中)　㊂581
二丸　㊃235 299 ㊄58 322
　大奥御殿　→大奥御殿
　玄関　㊄176
　小人　→小人
製薬所出役　㊃51
銅御門勤番所　㊄197
同心　→同心
中仕切門　㊄146
長局　→長局
火之番　→火之番
留守居　→留守居
留守居格　→留守居格
二分(判)金　吹立㊂293 294 755 756
安政二分金　㊂293 294 ㊄202
文政真文二分金(真字二分判)　㊂52 227 434 554 610 647 758 828
文政草文二分金(草字二分判)　㊂52 227 303 304 434 554 610 647 758 828
万延二分金　㊂755 756
荷船　㊂219
日本　国境㊂99 383。下田条約締結㊂376。版図㊂457／㊂334 390 391 397 435 457
　金　→金
　銀　→銀
　語　㊂175
　国惣印　→国旗
　国帝　㊂135 189
　政府　㊂176 189 393 434 ㊃788

惣船印　↓国旗
大君(殿下)　㊂174 430
『日本外史』　㊃739 875
『日本輿地図』　㊃629
『入棺覚』　㊂4
女房奉書　㊃568 858 870
韮崎宿(甲州道中)　㊂582
韮山形船　㊂301
楡木宿(日光壬生道)　㊂582
庭　掛　㊃705
庭番(庭之者)　転・任・兼㊃207 413 ㊄146 405／㊃165 524 793 794 ㊄56 60
休息御庭之者　㊂727 ㊄146
休息御庭之者支配　㊂727 ㊃524 794 804
人足方取締　㊃125
人足方元〆見習　㊃119
人足賃銭　㊄326
人足寄場　㊄149 318 325　↓人寄場
寄場掛　㊃359 368
寧　波　㊂333

ぬ

塗　師　㊃527
沼津宿(東海道)　㊂245
沼　津　城　㊂247 ㊃683
沼津城惣絵図　↓絵図

ね

『ネウヨルク物産記』　㊂140
願　届　書　↓願書料紙
年　貢　㊂350　↓物成
金　㊂640
役銀　㊄334
年　始　㊃196
年中御礼日　㊄157

の

能　将軍宣下祝儀㊂81 85 86。家定婚礼内祝祝儀㊂319。奥能㊂664／㊃40 48 57 62 276
農　兵　㊃684 ㊄171 350

野木宿(日光道中)　㊂581
熨斗目着用令　㊂336
熨斗目廃止令　㊂320 ㊃377
野尻宿(中山道)　㊂497
能代(家茂乗馬)　↓馬
野代(家茂乗馬)　↓馬
野田尻宿(甲州道中)　㊂554
『後　鑑』　㊂105
野比村(相模)　㊂235
ノールェーデン(ノルウェー)　㊂447

は

馬医 ㊃414 525 804 ㊄84

拝借金 ㊂30 238 ㊃28 29 ㊄99 171 ↓恩貸金

陪臣(家人・家来) 講武所㊂287 787 ㊃465。蕃書調所㊂314 495。軍艦教授所㊂353 370。海軍操練所㊃675／㊂181 495 609 623 ㊃304 365 366 381 ㊄23 86 162 ↓藩士・万石以下、以上陪臣

梅心院(初瀬) ㊄106

拝領屋敷 ㊄386

梅林坂留守居組 ↓留守居組

羽織 ㊄156

『芳賀氏雑記』 ㊃901

萩城 ㊃841

萩原宿(美濃路) ㊂227

幕府 ㊃656 913 914 ㊄337 339

博労頭 ㊂274

馬喰体之者 ㊂294

馬喰町(江戸) ㊂107

貸付金 ↓貸付金

御用屋敷 ↓御用屋敷

御用屋敷詰代官所 ↓代官所

ハけ銅 ㊂620

ハけ吹職 ㊂619

箱館 阿蘭陀船入港許可・交易㊂222 444。田畑開発初収納米㊂321 350。出稼、移住、商売許可㊂585。外国人地所貸渡㊂593。自由貿易許可㊂606。目付支配向立合御用差止㊄128／㊂146 157 175〜177 194 276 325 334 362 369 376 436

箱館産物会所 ↓産物会所

箱館台場 ↓台場

箱館鎮台 ㊂325

箱館通宝 ㊂369

箱館奉行 新置・席次・役高・役料・役金㊂187 ㊄262。(東西蝦夷地・島々共一円)上預所㊂269。艦船誂方取扱㊃341。海外諸国御免之印章㊄246／㊂324 325 338 376 387 388 593 797 ㊄276 291

箱館奉行仮抱入与力 ↓与力

箱館奉行組同心 ↓同心

箱館奉行支配組頭 ㊂200 205 321

支配組頭勤方 ㊃97 129 179 665 ㊄182

支配定元〆 ㊃129

支配諸術教授方 ㊃129

支配調役 ㊂202 205 321

支配調役並 入選㊂271。蝦夷地志料編纂㊂803／㊂205 383 822 ㊃19 97 129

支配出役調役下役 ㊂271

支配出役同心 ↓同心

支配通弁御用 ㊄35

箱館奉行並 ㊃619 ㊄264 276

箱根宿(東海道) ㊂113 581 784

箱根山 ㊂229

橋 普請㊂350 604 ㊃109 123 155

麻疹 ↓麻疹(マシン)

麻疹病人 ↓麻疹病人(マシンビョウニン)

端反笠令 ㊂286

橋場町御用油絞所(浅草) ↓油絞所

馬車 ㊄42

馬術掛 ㊃705 783

馬上剣術 ↓剣術

馬上銃 ↓鉄砲

馬上之火元見 ㊂732

蓮池御金蔵 ↓御金蔵

蓮池門 ㊄230

櫨 ㊂475

長谷寺(小十人巡羅屯所) ㊃651

破損手代 ↓手代

破損奉行 ㊃725

破損奉行支配手代　↓手代
畑岡(家茂乗馬)　↓馬
旅籠　㊄256 300
旗調練　↓調練
旗奉行　㊃44
旗奉行組同心　↓同心
旗奉行組与力　↓与力
旗本　拝借金(恩貸金)・下賜金㊂30 ㊃28。勝手向困窮戒飭㊂31 114。学問所入学㊄150。絶家妻子親族扶助米㊄249。采地土着令㊄373 378／㊂32 62 207 289 298 299 353 369 ㊃304 414 450 460 631 675 ㊄61 104 435
鉢石宿(日光道中)　㊂581
八王子岸(横浜)　㊂128
八丈織　㊂44
八丈縞　下賜㊂416 ㊃56 175 276 432 435 783
八丁堀(江戸)　㊂444
バッテイラ　㊂131 135 ㊃589 594 604 605 987
鳩ヶ谷宿(日光御成道)　㊂582
花色小袖　↓小袖
花形落雁　↓落雁
花巻(家茂乗馬)　↓馬
羽生陣屋(上野)　㊄304
馬場(三番町)　㊂428
馬場先門　下馬心得令㊃390。開閉人数増令㊄290／㊃498 ㊄323 393 422
浜大手橋　↓大手橋
浜海軍所　↓海軍所
浜吟味役　㊃215 ㊄60
蛤御門の変　↓禁門の変
浜御殿　㊂46 ㊃52 309 ㊄188
浜御殿地　㊄146
浜御殿奉行　㊃354 ㊄59 76
浜田城　㊃926
浜田藩　㊃923 924
浜田藩兵　㊃923 928
『浜松旧跡聞書』　㊃693
浜松宿(東海道)　㊂58 565 ㊃565 693
浜松城　㊃692
　絵図　↓絵図
破免之場所　㊄92
早打鉄砲　↓鉄砲
林奉行格　㊃206 ㊄127
早盤木　㊂166
原宿(東海道)　㊂245 ㊃684
張紙　㊂471
バルラコウタ号(英国軍艦)　㊂333
藩　㊃966 967 986
番改　㊂367 419 ㊃166 401
番医師　↓医師
番医師並　↓医師
藩鑑　㊂105
番頭　㊂127 ㊃108 318 449
番方　老衰致仕令㊃331。役替・頭々列座尋廃止㊃336。番入、親類新規提出㊃341。忰番入令㊃489。歩、騎兵組編成㊃556。野試合㊃739／㊂43 127 170 248 271 442 444 459 765 766 ㊃323 411 ㊄243
判金　↓五両判
番組　㊃442
番組頭　㊃847
番外科　↓医師
万国公法　㊃882 885
蛮語国訳　㊂58
『万国綜覧』　㊃876
『万国普通暦』　㊃856
藩士　㊃786 ㊄283　↓陪臣・万石以下、以上陪臣
番衆　㊂174 731
番衆与力　↓与力
蕃書　㊂293 294
蕃書稽古　㊂495

蕃書調所　修業令㊂294。入学・修業許可㊂294。開設㊂314。引移㊃188。移転、改称㊃316／㊃293　340　415　445　485　749　794　㊄495
　蕃書調所勤番　42　㊃279
　勤番組頭㊂281　㊃316　279
　勤番組頭勤方㊂279　㊃279
蕃書調所句読教授方㊃772
　句読教授方出役㊄135
蕃書調所玄関番㊃428
蕃書調所下番㊃279
蕃書調所下役㊃279
蕃書調所調役㊃279
　調役組頭㊃279
　調役組頭勤方㊃279
蕃書調所総裁㊂303
蕃書調所付の者㊃428
蕃書調所頭取㊃314
　頭取助㊃155
蕃書調所取次㊂428
蕃書調所門番㊂428
蕃書調所屋敷㊃427
蕃書調役教授方出役㊃281
蕃書調役出役㊃598　㊄132

半鐘㊂126
半蔵(口)門㊂730　㊃498　㊄277　291　393　424
番　船㊂133　㊃328
番場宿(中山道)㊃316　㊄256
頒暦調所(浅草)　↓暦調所

ひ

東　印　度㊂436
東印度支那日本海水師提督㊂136
東蝦夷地　↓蝦夷地
東山陵(月輪、泉涌寺)㊄136
日稼の者㊂107
飛脚(水戸藩)㊄50
火消人足㊃283
火消役　臨時奉書火消令㊃328。役金㊄263／
　組頭㊃530
　同心　↓同心
　与力　↓与力
火消屋敷㊂106　㊃339　349　530　㊄229
肥後(藩)㊂126　166　㊃237
肥後(藩)㊄599
肥後(藩)蔵屋敷　↓蔵屋敷
肥後藩兵㊂214　㊃924　928　↓熊本藩兵

彦根宿(東海道)㊂581
彦根城㊃704
彦根藩㊃955
彦根藩兵㊃931
秘事筒伝授　↓鉄砲
尾　州　↓尾張
ヒストオル　↓ピストル
ピストル㊃781　829
備前(藩)㊃599
備前藩兵㊃584
飛騨郡代㊄266
直　垂㊂550
火付盗賊改　任・免・転㊂80　155　200　271　363　421　422　478　499　620　744　㊃34
　同心　↓同心
　与力　↓与力
一橋家老㊂802　㊃261
一橋近習番㊃975
　近習番助㊃975
一橋近習㊃975
　近習頭取㊃975
一橋郡奉行㊄383
一橋小姓㊃974　975
　小姓頭取㊃974
一橋小普請組支配㊃249

ひとつ――ふうか

一橋御門 ㊄290 323 393 422
一橋側用人番頭格 ㊂849
一橋付 ㊂617 ㊃469 575 972 ㊄4 ↓三卿
一橋長柄奉行 ㊃249
一橋番頭用人 ㊃249 ㊄259
　番頭格用人 ㊂849 ㊃249
一橋広敷用人格 ㊃974
一橋物頭 ㊄151 308
一橋用人(刑部卿殿用人) ㊂61 242 381 849 ㊃249 395 404 435 972 ㊄259
　用人過人 ㊃435
　用人見習 ㊂352 ㊃210 249
　用人雇 ㊃975
人宿 ㊃442
人寄場 ㊃852 ↓人足寄場
雛人形 ㊂282
火縄砲 ㊃927 ↓大砲・鉄砲・銃・筒
檜材 ㊂247 ↓材木
日野宿(甲州道中) ㊂582
火之番 ㊃541
　浅草御蔵火之番 ㊃339
　奥火之番 和宮付㊃206 207／㊃119 155 381 ㊄127
　表火之番 転出㊃539 674 ㊄80 202／㊂122 825 ㊃11 162 190 525
猿江材木蔵火之番 ㊃339
西丸表火之番 ㊃220 238
西丸火之番 ㊃11
二丸火之番 ㊃131 230 235
本所蔵火之番 ㊃339
紅葉山火之番 ㊃84 89 119
火之番組頭 ㊂315 ㊃58 81 155 188
　西丸表火之番組頭 ㊂38
日の丸 ↓国旗
日の丸(白地) ↓国旗
日之丸(船印) ↓国旗
日の丸幟 ↓国旗
火之元令 ㊂56 219 226 233 282 302 303 443 551 635 729 782 813 824 825 ㊃273 277 424 513 768 818 886 ㊄398
日比谷門 ㊄290 323 393
火元見(馬上の) ㊃24
姫君様方御用人 ↓御広敷用人
百五十封度筒 ↓大砲・鉄砲
百姓 ㊂59 606 ㊃99 ㊄171 390
百姓家作 ↓家作
百人組 ㊃480
百人組頭 ㊃480
百人組番所 ㊃480
百文銭 ↓天保通宝
日雇 ㊃531
病院 ㊃726 ㊄405
兵庫開港 ↓開港
兵庫奉行 ㊄221 262
兵庫湊台場 ↓台場
評定所 ㊂388 ㊃238 363 368 ㊄144
評定所一座 ㊂324 338 387
評定所書役 ㊃672
　書役並 ㊄114
　書役見習 ㊄98
評定所留役 ㊃145
評定所触書認方御用出役 ㊃106
屏風 ㊂347
兵粮 ㊂123 ㊃685 963
兵粮方 ㊃688
枚(牧)方宿(東海道) ㊂128 566 591 ㊃791
平川門 ㊄422
平塚宿(東海道) ㊂477 ㊃681
広島藩 ↓安芸藩
広島藩兵 ↓安芸藩兵

ふ

448 521 614 618 630 653 664 ㊄39 170 182 187 199 222 225
253 299
風災 ㊂565
風説書 ㊂339
風聞書 ㊂336 337
深谷宿(中山道) ㊂471
武鑑 ㊂606
武器 ㊂41 245 609 ㊃482 ㊄223
吹上方散兵 →撤兵
吹上方兵士 ㊃731
吹上方砲術稽古 →砲術調練
吹上下奉行 ㊄68
吹上新御門 ㊃502
吹上添奉行 ㊃191 ㊄68
　見習 ㊃190 191 ㊄68
吹上之者 ㊃923
吹上奉行 創置㊄68。役料・役金・席次㊄68
263／㊃395 ㊄65 276
　見習 ㊃190
吹上砲術方 →砲術方
吹上砲隊 →砲兵(隊)
吹上門 ㊄209
福井藩 →越前家(藩)
服忌分限 ㊂540
服忌分限帳掛り ㊃124
服忌令掛 ㊃351
福島宿(中山道) ㊂497
福州(清国) ㊂333
武具奉行 ㊃984
福山藩兵 ㊃923 924 928
袋井宿(東海道) ㊂816 ㊃690
武芸稽古 ㊂12 ㊃453 454 ㊄171
武家方奉公人 ㊃385 443
武家諸法度 ㊂217 621
武家屋敷 ㊂219 302 ㊄386
武家融通金 ㊂23
布佐村陣屋(下総) ㊄333
藤枝宿(東海道) ㊂246 ㊃564
藤川宿(東海道) ㊂113 581
藤沢宿(東海道) ㊂176 607
富士山(不二山) →軍艦
伏見勤番 ㊃517
伏見宿(東海道) ㊂127 565 591
伏見戦争 ㊄344～348 355 365 →鳥羽戦争
伏見奉行 ㊃713 772 779 791 807
富士見宝蔵番 ㊂40 ㊄131
　宝蔵番格 ㊃112 194 209 210 416 539 555 ㊄217
宝蔵番組 ㊄146
　宝蔵番之頭 ㊄146
武術掛 ㊃705 783
『武将感状記』 ㊃876
普請(令) ㊂810 811 ㊃348 ㊄42 354 →修復
普請改役 ㊃156
普請方 廃止㊄298／㊃7 147 188 614 ㊄324
普請方改役 ㊃7 52 156 614 ㊄298
　改役格 ㊃52
　改役出役 ㊃53
　改役代 ㊃188
　改役勤方 ㊃53 85 147 614
普請方仮役 ㊃85
普請方吟味役格 ㊃50
普請方下奉行 ㊄298
　下奉行書役 ㊃614
　下奉行出役 ㊃52
普請方同心 →同心
普請方役所 ㊄156 324
普請方役所門番人 ㊄298
普請小屋場(西丸下作事方) ㊂782
普請定小屋(辰の口) ㊂178
普請奉行 ㊃331
普請役 仏英其外国々御用派遣㊃186。ペルリ箱館入港立合㊂160／㊃50 214 526 805

㊄164
普請役格 ㊃539
普請役代り ㊃526 873
普請役見習 ㊃50
普請役元〆 ㊃50
譜代大名 参勤割合㊃371／㊂310 415 430 506 624 ㊄382 435
譜代場 ㊃384 675 ㊄213
二川宿(東海道) ㊂113 581 ㊃695
二子山 ㊂229
札差 ㊂123
扶持 ㊃721 810〜812 824 825 906 954 966 ㊄75 174 260 296 378 ↓足扶持
扶持方 ㊂30 ㊄321 376 426
扶持米 ㊂476
府中宿(東海道) ㊂246 582
物価 ㊃28 411 659 812 ㊄224 256 266 337 ↓米価
　材木其外之諸色直段 ㊂299 300 ㊄93
仏器 ㊂264 619
仏像 ㊂264 619
船(銅製端船) ㊂140
船改 ㊃197 ↓川船極印改・番船
　品川沖入津船 ㊄351
船改所 ㊃751
船改人 ㊃219
船打大筒 ↓砲術
船打稽古(調練) ↓砲術
船打砲術 ↓砲術
舟会所 ㊃591
船方改正 ㊂189
船具運用学 ㊃630
船印 ㊂192 586 824 ↓国旗
船手 外国使節登城着服令㊂784 785 788 ㊃24 275 293 302 320／㊂512 630 ㊃328 340
　大坂船手 ㊃587
船手組之者 ㊃197
船手見習 ㊂483
船便 ㊄168
船役人 ㊃226
文挾(狭)宿(日光壬生道) ㊂582
踏絵 ㊂61
普門院(京都) ㊃555
芙蓉間(詰)役人 外国使節登城着服令㊂784 785 788 ㊃24 189 275 293 302 320 361／㊂512 630
ブラジリ ㊂447
フランケット ㊃781
フランス(仏蘭西) 交易㊂606／㊂339 436 437 530 ㊄200
　アドミラール ㊄369
　教師 ㊄356
　軍艦 ㊂334 530
　公使 ㊃789 ㊄369
　使節 ㊂530 531 538 618 645
　書記官 ㊃787
　船 ㊂502 614
　全権ミニストル ㊃787〜789
　ミニストル 登城㊃320 322 ㊄364 369／㊃829 939
ブリタニア ↓イギリス
ブリントート火門 ㊃927
古地銅 ↓銅
古銅 ↓銅
　切 ↓銅
古銅吹方役所 ↓古銅吹方役所(コドウフキカタヤクショ)
　吹所↓古銅吹所(コドウフキショ)
フレガット船 ㊂88 173
プレシデント ㊂391
プロイズ ㊂447
孛漏生(プロシヤ) ㊄253 ↓プロイズ
浮浪徒 ㊃671 674 676 ↓天狗党の乱・水戸浪人

文学　陪臣等新規召出㊄23／㊂244 404 497 541 ㊄150
文久永宝(四文銭・文久銭)　㊃849　↓貨幣
文久改元　㊃28
分限帳掛　㊃351
分郷　㊂360
文政一朱銀　↓一朱銀
文政金銀　文政度文字金銀㊂25 227 303 434 554。文政金㊂610 758。文政度の文字金㊂647 828。文政度の文字銀㊂647 828
文政真文二分金　↓二分金
文政草文二分金　↓二分金
文武教育　㊃42
文武修業(奨励)　㊂30 31 ㊃283

へ

丙寅万国普通暦　㊃856
米価　㊂476 ㊃907 ㊄45 94　↓物価
兵学　㊄135
兵学書　㊂606
米穀　㊂476 ㊃226 914
兵卒　㊄222 309　↓銃手(卒)
米麦　㊂823
兵賦　㊃455 515 643　↓軍役
兵賦金　㊃455 466 515 643 ㊄142 186 309　↓軍役金・上納金
ヘキサンス(十八ポンド大砲)　㊂135
別手組　芸術㊃735 736 757 759 766 828 869。長州征伐㊃927 960 963／㊃804 ㊄209
　外国奉行支配別手組出役頭取改方　㊃623
別手組改方　㊄258
別手組改役　㊃800
別手組出役　初見㊃760。市中巡羅㊄310／㊃871 872 ㊄156 175 258 316
　出役頭取　㊄114
　出役頭取取締　初見㊃669。役金㊄265／㊃886 ㊄6 110 112 162 228 276
　出役頭取取締並　㊃887 ㊄113 265 276 414
　出役取締　㊄141
別手組頭取　初見㊃757／㊃760 766 871 912 ㊄258
　頭取取締　初見㊃757。剣術㊃759 766／㊃783 964 ㊄33 37
別屋敷　㊂283
紅糸　↓糸
紅茶巾餅　㊂429
部屋住　㊂295 ㊃408 ㊄72 93 280
部屋住勤仕並寄合　↓寄合
部屋留帳　㊂629 640 677 708
白耳義(ベルギー)　㊄253
伯耳義使節　㊃943
へるへとわん　㊂651 653 ㊃308
ペルリロ上書　㊂136
ペルリ書翰　㊂11 129 136

ほ

布衣以下　㊂174 ㊃411 709 726 ㊄378
　之面々　㊃483 937 ㊄384
　之者　㊃542 ㊄391
　役人　㊂442 ㊃323 331 ㊄266
布衣以上　㊂23 174 ㊃411 865 ㊄379 432
　之面々　㊂802 ㊃326 368 483 724 854 937 ㊄82 275 418
　之者　㊄391
　之役人　政治変革、武備充実の上意㊃318。老衰致仕令㊃331。親類書用紙其他令㊃341。足高・役知・役料・役扶持・役高・役金㊄260 266～268／㊂415 431 442 506 765 ㊃449 753
宝永一分金　↓一分金
宝永小判　↓小判
貿易(交易)　禁制品㊂606。外国貿易税則㊃306

ぼうえ――ほうへ

357／㊂222 354 457 473 605 609 620 743 748 ㊄202
↓通商
望遠鏡 ↓遠目鏡
　遠望鏡 ㊂433
　台付遠目鏡 ㊂140
鳳閣寺(青山) ㊄385
砲艦 ↓軍艦
芳香散 ㊂533
奉公人 ㊂740 ㊃442
宝光坊 ㊃867
暴瀉病 ㊂533
宝珠院(安房) ㊂54
砲術 御秘事御筒伝授㊂32／㊂58 110 495 692 ㊃731 741 827 905 910 921
　西洋砲術奨励 ㊂37
　鉄砲二発打 ㊃765 769
　早打鉄砲 ㊂93
砲術奥詰 ㊃794 860
砲術掛 ㊃705 783
砲術学(海上) ㊃630
砲術方 ㊃975
　吹上砲術方 ㊃794 805 879
砲術調練(稽古) ㊂11 62 298 299 ㊃153 ㊄200
　大砲(筒)調練(稽古) ㊂12 122 763 767 ㊃317 630 718 722 737 819 828 884 923
　鉄砲稽古 ㊂12 161 216 245 ㊃630
　吹上方砲術稽古 ㊃827
　船打大筒(砲術)上覧 ㊂209 226
　船打稽古(調練) ㊂62 155
放生寺(牛込) ㊃185
坊主 ㊄137
　奥坊主 家茂遺金下賜㊄56／㊂46 650 727 ㊃522 804
　表坊主 ㊃526
　肝煎坊主 ㊂668
　御用部屋坊主 ㊂650 727 ㊃523 804 ㊄56
　数寄屋表坊主 ㊄175
　数寄屋坊主 ㊃526 804 ㊄175
　太鼓坊主 ㊃235
　太鼓坊主(西丸) ㊃235
　土圭間坊主 ㊂650 727 ㊃523
　時計役坊主 ㊂650 727 ㊃522
坊主肝煎
　土圭間坊主肝煎 ㊃523
坊主組頭
　奥坊主組頭 ㊂46 650 727 ㊃522 ㊄56
　表坊主組頭 ㊃97 125 526
　表坊主組頭(西丸) ㊂38
坊主組頭格
　数寄屋坊主組頭 ㊃126 165 174 234 526
　奥坊主組頭格 ㊂650 727 ㊃92 ㊄56
　表坊主組頭格(西丸) ㊂38
坊主見習
　表坊主見習 ㊃39
坊主無足見習
　表坊主無足見習 ㊃92 234
鳳瑞丸 ㊄428
法蔵寺(三河) ㊃565
防長征伐 ↓長州征伐
防長賊徒 ↓長州征伐
防長追討 ↓長州征伐
ポウハタン号(米国船) ㊂136 173
褒美(令) ㊃368 369
褒美願帳 ㊃359
暴風雨 ㊂301
砲兵(隊) 改称㊄26 201。伏見戦争㊄346～348／㊄82 86 202 203 258
　伝習砲兵 ㊄311
　吹上砲隊 ㊃835
砲兵改役 ㊄395
砲兵頭 役高・役金・席次㊄222 263／㊄26 33 36 62 276

格　㊄78
　並　㊄264 276
砲兵方　㊄390
砲兵差図役　㊄285
　差図役下役　㊄161
　差図役下役並勤方　㊄161
　差図役頭取　㊄59 219 285
　差図役頭取勤方　㊄395
　差図役並勤方　㊄159
砲兵勤方　㊄86 258
　勤方御雇　㊄258
砲薬製所　㊃93
牧牛　↓牛
墨形落雁　↓落雁
北陸道官軍陣営　↓官軍
北陸道総督　↓官軍
歩軍士官　㊂441
戊午密勅（勅諚之趣）　㊃474
保字一分判　↓一分金
保字小判　↓小判
戊辰戦争　㊄352
細袴　㊄157
保土ケ谷宿（東海道）　㊂176 607 ㊃680
ホートホーウイッスル（忽微砲）　㊃927

歩兵　㊃718 813 927 928 966 ㊄248 280 284 299 308 311 317 325 346〜348 356
　勘定所付属御抱歩兵　㊄406
歩兵頭　初見㊃451。役金・役高・席次㊃502 ㊄263／㊃761 ㊄33 36 62 276 426
　格　㊄276 354 408
歩兵頭支配　㊄377
歩兵頭並　初見㊃492。役高・役金・席次㊃502 ㊄264／㊃761 ㊄33 36 62 276
　並格　㊃919 ㊄91 264
　並介　㊄187 285
歩兵方　㊃765 769
歩兵組　脱走㊄426。身分・給料㊃455。諸所勤番㊄47 53 54 195 196 230／㊃455 819 902 ㊄222 267 318
　組改役　㊄187 188 299 404
歩兵差図役　㊃538 557
　差図役改役　㊄285 289
　差図役格　㊄398
　差図役下役　㊃520 521 ㊄160 389
　差図役下役並　㊃520 521 ㊄161
　差図役下役並勤方　㊄160
　差図役下役並勤方雇　㊃931
　差図役勤方　任㊃538 539 552 554／㊃537 671 ㊄159

　差図役頭取　㊃538 556 847
　差図役頭取改役兼勤　㊄185
　差図役頭取勤方　任・転・免・戦死㊃538 539 551 931 ㊄322 373 431／㊃536 ㊄159 165
　差図役並　㊃538 557
　差図役並勤方　初見㊃537／㊃539 554 ㊄93 153 183
歩兵隊　㊃460 556 959 963 ㊄344
歩兵屯所　㊃515 ㊄252
歩兵奉行　初見㊃451。役高・役金・席次㊃502 ㊄261／㊃467 761 ㊄33 36 62 71 275
歩兵奉行格　㊄431
歩兵奉行支配　㊃557
歩兵奉行並　任・免・転㊄74 143 185 331 379 389／㊃964 ㊄33 36 262 276 284
歩兵役　㊄75
帆前之商船　↓商船
彫物師　㊂571 ㊃220 222 921
ポルツモーツ（米国軍艦）　㊂437
ポルトガル（葡萄牙）　㊄253
　使節　㊂781
　人　㊂390 439
本郷菊坂田町出火　㊂713
本郷御守殿　↓御守殿

ほんじ—まちひ

本寿院御用部屋書役　→御広敷御用部屋書役

本寿院広敷御用部屋書役　→御広敷御用部屋書役

本寿院仕丁　→御広敷仕丁・仕丁

本寿院侍並　→御広敷侍並

本寿院侍　→御広敷侍

本寿院用人　→御広敷用人

本寿院用達　→御広敷用達

用人並　→御広敷用人並

本庄宿（中山道）㊂471

本所蔵　修復㊂350 ㊃18 189 202／㊄19 239 349

本所蔵火之番　→火之番

本所深川火事場見廻　→火事場見廻

本所深川諸橋　→橋

本　陣　391

誉田八幡宮（河内）㊃257

本統寺（桑名）565

本　丸　普請㊂638 691 715 730 733 734 736 739 742 752 759 760 764 773 777 779 795 803 804 810 811 813 815～818 821 824 825 830 835～837 839 847 848。火災㊂634～638 744～749／812 ㊃42

本丸目付助　→目付助

本丸元下勘定所　→勘定所

本門寺（池上）㊄40 349 ㊃402 421

翻訳御用㊄91 214

翻訳書㊂293

ま

舞坂宿（東海道）㊂227 254

前沢（家茂乗馬）→馬

前橋城（上野）163

賄　㊄317 721

賄　頭　家定・代替㊂21。葬送法事御用㊂ 家茂前髪執㊄727／㊂350 570 ㊃22 529 541

西丸賄頭　㊃38

賄頭格　㊂155 ㊃469 490 ㊄189

賄頭並　㊂155

賄吟味方習　㊃524 536 804

賄吟味方下役　㊃525

賄方見習　㊄155

賄組頭　㊄525 804

賄御酒方世話役　㊃525 ㊃525 ㊄97

賄御酒方部屋書役　㊃525

賄御酒役部屋書役　㊃525

賄御酒役　525

賄調役　㊃727 ㊃525 ㊄804 ㊄96

御酒役世話役　㊃525 ㊄525 ㊄96

調役吟味役書役　㊃525

賄新組一同　㊃526

賄六尺新組　→陸尺

六尺新組　→陸尺新組

蒔絵師　㊃214 527

蒔絵師見習　㊃51 119

幕奉行　㊂286 387

馬籠宿（中山道）㊂779 ㊂497

真菰　㊂359

麻疹　㊂335 423

麻疹病人　㊃332 349 352 423

益田村戦　→長州征伐

町医師　→医師

町入能　㊃276

町打場　→町打場（チョウウチバ）

町打場（チョウウチバ）㊃107 565

町会所　㊃107 565

町会所積金　565

福高袴　㊃156

町年寄　㊃177

町名主　㊃107

町場村（武蔵）陣屋　㊄274

町火消　㊃349

町火消人足　㊃339

まちぶ——まんご

町　奉　行　恩赦者取扱㊂12 157 234 754。火之元令㊂56 180 219 226 302 303 443 551 731 740。役高・席次・役金㊄260 261／㊂71 123 299 482 567 610 ㊃300 ㊄275 291　↓三奉行
町奉行組与力　↓与力
町奉行支配組頭　㊄381
　支配組頭勤方　㊄381
　支配定役　㊄381
　支配定役元〆　㊄381
　支配調役　㊄381
　支配調役並出役　㊄381
町奉行所(北番所)　㊂444 ㊄300
町奉行並　㊄287
町　役　人　㊂424 444 612
町　屋　敷　㊄386
松井田宿(中山道)　㊂246
松江藩蔵屋敷　↓蔵屋敷
松　　材　↓材木
松坂(家茂乗馬)　↓馬
松戸宿(水戸佐倉道)　㊂582
松戸関所　↓関所
松帆崎台場　↓台場
松　　前　㊂173 369 375
松　丸　太　↓材木
松山藩兵　㊃924
間々田宿(日光道中)　㊂581
丸岡城(越前)　㊂555
丸子宿(東海道)　㊂246
万延一分金　↓一分金
万延大判　↓大判
万延改元　㊂736 757
万延小判　↓小判
万延二分金　↓二分金
万石以下　拝借金割合・勝手向困窮戒飭㊂30 31 114。領分知行村替内願禁止㊂44。知行蔵米、引替禁止㊂45。舶来武器類㊂609 623。乗切登城許可㊃300 325。養子縁組令㊃326。兵賦㊃455 515 643 ㊄142。諸役人、番方、枠番入令㊃489。馬喰町貸付金、拝借㊃497。系譜提出㊃672。軍役、人数割改正㊃977。御役御免、部屋住御切米、隠居御役料、御役金下賜令㊄42。軍制改正・銃卒差出令㊄104。遠国御用御手当米金返納督促令㊄247。三兵伝習制㊄290。唐太開発奨励㊄298／㊂37 110 128 180 282 ㊃57 99 367 377 410 461 482 498 499 508 513 515 582 658 751 967 ㊄81 112 157 158 225 309 330 357 401 449
万石以下御供之面々　手当賄方令㊃721 771 773 790 803 818。銃隊編成㊃961／㊃709 718 806 812 831 933 937
万石以下家来
　出張之面々　㊃968
　進発御供之面々　㊃896
万石以下地方取之面々　㊄182 252
万石以下知行所　㊂412 476
万石以下知行取之面々　㊄224 266 267 271 286
万石以下陪臣　㊂780 ㊃227 326　↓陪臣藩士
万石以上　大船製造許可、言上制㊂29 219。領分知行村替内願禁止㊂44。舶来武器類購入許可㊂609 623。諸大名留守居不慎、注意令㊃344。国事犯姓名調査㊃449。朝勤令㊃586。家督官位御礼、上洛㊃657。系譜提出㊃672。農兵取立㊄171。生糸改方儀御料改所㊄229。唐太開発奨励㊄298／㊂11 126 128 166 180 262 505 510 798 ㊃328 341 363 376 377 397 407 429 435 482 508 513 582 658 672 751 937 ㊄158 171 194 204 243 277 330 381 394
万石以上御供之面々　㊃806 812 933 961
万石以上諸家陣屋　㊃15

万石以上陪臣 ㊂780 ㊃227 →陪臣・藩士
万石以上門番 ㊃499 511 ㊄243
万石以上領分 ㊂412 476
満徳寺(上野) ㊂40
万年樋 ㊂46
万福寺(石見) ㊃924

み

蜜柑
紀州蜜柑 ㊂641
八代蜜柑 ㊂101 102 236 237 577 671〜673 848 851 ㊃250〜252 255
三島宿(東海道) ㊂113 581 784 ㊃563 683
三島宿一小隊 ㊃683
三島宮(伊豆) ㊂351
水油 ㊂743
湖村(信濃) ㊂434
水野勢 ㊃924
見世物 ㊃767
味噌 ㊄301
味噌漬鯛 ㊂385 ㊄57
御台様御用人 →御広敷用人
御台様広敷番頭 →御広敷番頭
道普請 ㊃109 123 155
道村(家茂乗馬) →馬
見付宿(東海道) ㊂246 ㊃682 690
みつまた(三椏) ㊂475
水戸小川館 →小川館
水戸家(藩) ㊃599 →三家
水戸家来 ㊄49 50 233
三留野宿(中山道) ㊂553
水戸屋敷 ㊂367 379 406
水戸浪人 ㊃15 17 96 97 465 634 635 639 640 644〜649 662 663 670 674 676 729 →浮浪徒・天狗党の乱
水口宿(東海道) ㊂477
水口城(近江) 家中町郷大破 ㊂239
南革屋町辺出火(大坂) ㊃879
南槙町(江戸) ㊂444
ミニイ銃 ㊃437
ミニイ筒 ㊃881
ミニストル ㊂435 441 445 446 458
美濃紙 ㊄219
美濃紙帳 ㊄234
美濃郡代 ㊄266
美濃路宿 ㊂227 288
壬生宿(日光壬生道) ㊂582
見廻組 ㊄347 364 410
見廻組之頭 ㊄375 410
見廻組之者 ㊄385
見廻組与頭 ㊄410
耳白銭 →銭
宮家家領 ㊄288
宮津藩兵 ㊃924
宮之越宿(中山道) ㊂553
妙顕寺(武蔵新曽) ㊃201
妙心寺(京) ㊂40
明礬会所 ㊂296
味醂 ㊄301
弥勒寺(本所) ㊂364
『明史稾』 ㊂361

む

武蔵判(正徳小判) →小判
武佐宿(中山道) ㊂554 ㊃708
無宿者 ㊃15
宗忠明神 ㊃944
村替 ㊂45 414 650 786 839 ㊃40 355 440 445
無量院(日光山) ㊃450
室町(江戸) ㊂444

め

明光丸　(四)九一五　九一八　九六〇

名生(家茂乗馬)　→馬

メキシコ　(三)四四七

目

目印山台場　→台場

目付
軍艦操練所御用向引請諸取扱(三)五九七。神奈川在勤制(三)六〇五　六二一。御用部屋・若年寄廃止、献上物使者取扱(四)三二六　三六〇　三六二。奏者番廃止、土圭間入(四)三八四。諸国巡見廃止(四)四五〇　(五)二五八。長崎、箱館、神奈川立合御用廃止(五)一二八。製鉄所取建、支配向立合御用差止一五一。役所替(五)一六一　一六九。席次・役金(五)二六〇　二六三。評定所式日其外、立合使用令(三)三五六。表黒裏金御印付陣笠使用令(五)三七六　四一五　四一六　四三五　四九五　五二四　五七八　七二五　七六〇　七九〇　八一八／(三)六　一二　二二　四五　一三一　二一四　二三四　二三八　二四四　二九九　三一七　三二七　三四八　三六七　四〇二　四一二　四一五／六二一　六二九　六三〇　七六〇　八一八　二九九

西丸目付　(三)三三一　三六〇　六〇六　六〇七　六三五

関所掛目付　(五)二二三　三二九　三三〇

軍制掛目付　(四)四六七　五五六

海防掛目付　(三)四五五～四六七　(五)四九五　六二七

目付印鑑　(五)四九　五〇

目付方　(五)六二

目付家来　(五)九八三

目付支配書役　(五)四〇二

目付支配諸役所　(五)一六一　一六九

目付支配向之者
支配無役　(三)五七六

目付助(介)　任・免・転(三)一〇一　三五二　三七七　三八九　三九六　四〇一　四〇六／(四)一二五　一二七　一六九　一九九　五一二　五三九　五五六　五七九　五九一　六二四　六七〇　七一八　七六八　七八二　九五二　九五八　(五)六五　七三。本勤同様、勤務

目付部屋

西丸目付助　(三)一六一　一六七　一六九／(四)四二八　四五三　四九五　四九六　五二四　八六二　九〇九　(五)一六六　三七六

免直　一九　一八七

も

真岡陣屋(下野)　(五)三〇九

門司陣所　→長州征伐

『孟子』　(五)八六八　八七〇　八七一　八七三　八七七

持　(四)四四

持頭　(四)一八三

持格　(四)一八三

持組　(五)七二三　九一五

持組同心　→同心

持組与力　→与力

与力見習　→与力見習

持小筒組

持小筒組差図役　(四)五二〇　六五三　七一〇　(五)二六　→調練

差図役頭取　(四)五三八　六一〇

持小筒組並　(四)七六一

持小筒組之頭　(四)六一七　七六一　八三七　(五)二六

持小筒組之(之)頭並　(四)四九二　五〇二　八三八

持小筒調練　→調練

望月宿(中山道)　(三)二四六

持筒(令)　(四)三六三

持同心　→同心

持与力　→与力

元飯田町(江戸)　(三)四四四

元込騎銃砲　(四)八八一

元込筒　(四)八六四

元表右筆所　→右筆所

元清水付支配　→清水付支配

本山宿(中山道)　(五)八四八　八四九

物書役　(五)二九八

物頭　(五)一二七

物成　(三)一八二　二二四　二五二　二六六　→年貢

物成調帳　(五)二八六

籾蔵(柳原)　(三)三五一

紅葉間　㊄115
紅葉山
　三山代参制　㊂15～17
　御宝蔵入口門　㊄146
　下門　㊄230
　火之番　↓火之番
　霊屋修復　↓霊廟修復
守口宿(東海道)　㊂128 566 591
守山宿(中山道)　㊂113 581 ㊃709
モルチール(臼砲)　㊃931
問罪之師　㊃916 917
門跡家領　㊄288
紋付　㊂607
紋付時服羽織令　㊄273
門番　㊃541

や

焼印札之判鑑　㊄230
八木宿(日光例幣使道)　㊂582
薬園御用出役　㊃126
薬園奉行
　小石川薬園奉行　㊄59
　駒場薬園奉行　㊄60
役金(制)　㊂166 ㊄260 273
役所　㊂421 ㊄42 104 161 162 167 177 266 676
役船　㊄334
役高　㊄266
役知　㊄260
益知　㊂533
役人　誓詞㊃427 550／㊂216 260 ㊃108 326 328 383 385 489 ㊄8 243 410
役扶持　↓扶持
役名之場所出役　㊃408
八雲丸　㊃928
役料　米金渡方令㊃16 166 616 643。廃止㊄260／㊂30 165 255 471 ㊃75 802 ㊄167 174 379
ヤーゲル筒　㊃846 875
屋敷　㊄272
屋敷改　㊄156
屋敷替制　㊃93
屋敷帳　㊂425
ヤセン筒　㊂135
野戦砲　㊃939
野戦連砲　㊂611
　連砲列車　㊂850
八代蜜柑　↓蜜柑
柳　㊃203
柳之間席　㊃467
柳之間二之間　㊄161
柳橋　㊄328
簗田宿(日光例幣使道)　㊂582
八幡(山城綴喜郡)　㊃751
八幡宿(水戸佐倉道)　㊂246 582
流鏑馬　㊂2
藪原宿(中山道)　㊂295 ㊃147
山口城　㊃841
山崎船改所　㊃751
山下口門　㊄279 393
山下門　㊃384 ㊄41 323
山城守(官名遠慮)　㊄173
山田奉行　㊄260 261
山本町(神田)　㊂444

矢　来 ㊃215
矢来門 ㊃498 502 ㊄422
鎗奉行 ㊃44
鎗奉行組同心　→同心

ゆ

由井宿(東海道) ㊂245
遊撃隊　銃隊編成名称㊃961。若年寄取扱㊃964。編成㊄51。席次㊄118 119。勤番㊄197／㊃930 931 ㊄10 79～81 117 284 286 293 309 311 325 331 344 346
遊撃隊頭 ㊄262 276
　頭並 ㊄52 264 276
遊撃隊肝煎 ㊄391
遊撃隊剣術教授手伝 ㊄150
遊撃隊調方頭取 ㊄265 277
　調方頭取並 ㊄354
遊撃隊頭取 ㊄78 265 277
　頭取並 ㊄79
遊撃隊当番所 ㊄81 358
遊撃隊並 ㊄119 258
　並雇 ㊄258
遊撃隊之頭 ㊄51
遊撃隊雇 ㊄236 258
右筆組頭 ㊃519
　西丸表右筆組頭 ㊂570
右筆組頭格 ㊂641
右筆組頭助
　西丸表右筆組頭助 ㊂570
右　筆　所
　元表右筆所 ㊄161 167 169
右筆所日記
　西丸右筆所日記 ㊃235
右筆部屋縁頬替席 ㊄161
弓(帯佩大的) ㊂687
弓場始 ㊂121 ㊃262
弓矢鑓奉行 ㊃286

よ

洋　銀 ㊂614 640
養　蚕 ㊃19
養子縁組令(万石以下) ㊃326
養子制(令) ㊃675 ㊄387
洋　書 ㊂611
洋書調所 ㊃316 326 533
洋書調所教授方出役 ㊃554
　教授職 ㊃493 494
洋書調所書物御用出役 ㊃519
洋書調所頭取 ㊃319
　頭取出役 ㊃447
用　人 ㊃971
溶姫付奥詰医師　→医師
溶姫付御用人　→御広敷用人
横川宿(東海道) ㊂581
横田川(野洲川) ㊂566 750 ㊃282 559 633
横　浜 ㊄296
横浜港 ㊃656 657 792
横浜伝習兵　→伝習兵
横浜町 ㊂615
横浜村 ㊂136
横山宿(甲州道中) ㊂582
吉田宿(東海道) ㊂58 565
吉田城(三河) ㊃695
吉田橋(三河) ㊂499
吉野宿(甲州道中) ㊂246
吉原宿(東海道) ㊂176 607
吉原宿一小隊 ㊃684
与瀬宿(甲州道中) ㊂246
寄場奉行 ㊄200
寄場役所 ㊂367

四日市宿(東海道) ㊂165 598
四ッ谷(口)門 ㊃384 ㊄41 279 323 393
淀宿(東海道) ㊂127 565 591
淀　城 ㊄352
淀茶舟支配人 ↓茶舟支配人
寄　合 ㊂170 174 444 765 ㊃341 401 411 466 625 531 ㊄22 47 59 91 114 157 222 266 267 293 311 331 350 401
　奥向寄合 ㊃460
　勤仕並寄合　座班令㊃327 ㊄72／㊄311 331
　部屋住勤仕並寄合 ㊄72
寄合医師 ↓医師
寄合肝煎 ㊂244
寄合役金 ㊂107 ㊃225 ㊄266
与力(組与力) ㊂756 ㊃509 804 ㊄204 614
　大坂町奉行組与力 ㊂214 ㊃76
　大番組与力 ㊂485 ㊃718 873 ㊄131 197 198 ↓番衆与力
　遠国与力 ㊄222 309
　京都町奉行組与力 ㊃241
　堺奉行組与力 ㊂214
　先手組与力 ㊂731 ㊃110 143 525 ㊄73 74 100
　下田奉行組与力 ㊂184
　書院番組与力 ㊃520 525 555 718 ↓番衆与力
　新組与力 ㊃539
　駿府町奉行組与力 ㊃558
　鉄砲方組与力 ㊂192 ㊃525 539 ㊄85
　鉄砲玉薬奉行組与力 ㊃555
　二条定番与力 ㊃527 ↓番衆与力
　箱館奉行組与力 ㊃191
　旗奉行組与力 ㊄73
　番衆与力 ㊃317 460
　火消役与力 ㊄418
　火付盗賊改与力 ㊃479
　町奉行組与力 ㊃146 238
　持組与力 ㊂731 ㊃539 555 ㊄74 100
与力(組与力)格 ㊃794 ㊄81 86
与力(組与力)見習
　持組与力見習 ㊃539
与力(組与力)無足見習
　大番組与力無足見習 ㊄197
　書院番組与力無足見習 ㊃555
　鉄砲方組与力無足見習 ㊄85

ら

雷　気 ㊃681
羅漢寺(本所) ㊂302 775 776
落　雁
　糸巻落雁 ㊃723
　墨形落雁 ㊃968 969
　花形落雁 ㊃968 969
烙　弾 ㊃866
蘭　語 ㊂175
　訳司 ㊂175
　訳文 ㊂376
蘭書翻訳 ㊂748
蘭方医書 ㊂748 749

り

鯉魚門(リイムン、太平丸)御艦 ㊃605
陸　軍 ㊃640 923 924 928 931 932 965 ㊄324 420 421
陸軍御用 ㊃826 938 ㊄189 286 287
陸軍御用途 ㊄354
陸軍三兵 ㊄351
　三兵之教師 ㊄200
陸軍士官 ㊂441 ㊄384
陸軍修行人教授方頭取並 ㊄80
陸軍所 ㊄81 230 245 290
陸軍所修行人教授方 ㊄80
　修業人教授方頭取 ㊄77
修行人教授所頭取 ㊄354

りくぐ――るすい

修行人教授役　㊄133
修行人教授役頭取　役金㊄263 264／㊄82 91
陸軍総裁　㊃479 517 ㊄143 162 212 276 286
陸軍付調役　㊄377
調役組頭　㊄377
調役下役　㊄377
調役並勤方　㊃872
陸軍伝習　↓伝習
陸軍奉行　初見㊃451。役高・席次㊃502／㊃467 556 761 ㊄71 303
陸軍奉行支配　㊃557
陸軍奉行並　初見㊃741。役金・席次㊄77 260 261／㊄33 36 62 275 294
陸軍奉行並組　㊄60 132 220
陸軍奉行並組世話役　㊄81
陸軍奉行並支配　㊄133 287
支配組頭　㊄78
支配世話取扱　㊄80
陸路御供之面々　㊃979〜983
陸軍副総裁　㊄366
陸軍副総裁並　㊄395 410
利益院(江戸)　㊃22
留学生　㊄184

竜眼肉　㊂424 794 ㊃361
琉球国　㊂13 385
琉球人　㊂471 477 479
流行病　㊂565 ↓風邪
榴弾　㊃866
竜拈寺　㊃565
竜脳　㊂533
凌雲院(東叡山)　㊂39 170 356 357 488 494 ㊃75 312 329 675 ㊄165 179 197
両替(屋)　㊂501 607 750
両卿(田安・一橋)　㊂21 ㊄249
両国御召場　㊃226
霊山寺(本所)　㊄180
料紙(願書)　㊄219 234
領事官　㊂480 484
『良将達徳鈔』　㊃876
了仙寺(下田)　㊂171 175
領知高　㊄433
両頭取　㊃860
両番　番入㊂2 161 282 306 497 770〜772 785 811 822 ㊃102 132〜135。芸術㊃580 722 723 735 736 739 740 742 743 751 753 757 759 763 764 766 770 849 854 865 874 877／㊃475 ↓書院番・小姓組
両番頭　本丸付㊂2。文武修業監督令㊂244。勤向㊃461／㊂775 ㊃65 396 411 725 742 764
↓書院番頭・小姓組番頭
両番組(与)頭　外国使節登場着服令㊂512 629 784 785 788 ㊃24 189 275 293 303 320 361／㊂630 ㊃319 725 ↓書院番組頭・小姓組組頭
領分　㊄233 ↓知行所
『陵墓一隅抄』　㊃876
粮米　㊄296
粮秣　㊃914
臨済寺(駿府)　㊃336
臨時取計向伺書　㊄280
臨時入用金銀米　㊂343
臨時普請　㊃155 439 ↓定式普請

る

留守居　関所・取扱免㊄223。席次・役金㊄260 261。海軍奉行並支配陸軍奉行並支配組共支配㊄287／㊂45 293 302 304 311 312 373 ㊃435 ㊄275
二丸留守居　㊄276
留守居格　㊄397
西丸留守居格　任・転㊃183 ㊄77 82。役金㊄263／㊃290 351 392 459 ㊄276 354

梅林坂留守居組④318

留守居支配組頭③362 392④502

留守居組並④199 423

留守居番④311

番格④242

ルーブル（拡声器）⑤129

れ

霊巌島⑤444

霊長院（京）④56

霊廟修復（紅葉山）③349 762 763 789 816④72 152

霊明院③625

暦算③748

暦師④856

歴史（開成所日講）⑤135

暦調所（浅草）④158

『烈祖成蹟』④876

連枝方③291

蓮祥院（下野）④647 648 678

簾中様御用人　→御広敷用人

ろ

蠟③475 743

老中（年寄）　三山代参（制）①7 8④384 38。対客幷面談刻限②43④448⑤防御用取扱③206。使者差出方令③375。度々見廻令③363。参詣、大広間詰切令④398。老中支配③502 286 375 377 386 388 392 396 402 423。役金260／③48 51 52 76 77 113 136 137 152 212 222 205。月番停止②212。泊相止令⑤2 5 11 54~56 82 83 89 125 127 140 141 158 259 262~264 286 294 300 325 431 595 629 630 104 299 363

老中格　任・転385 475 608 800 807 906 938 123 153 321 352／⑤385 391 764 796 135 204 →執政

牢人取締④260 345

六尺（陸尺）④671 673 674 729 898

御風呂屋六尺③727④450 794 56

奥六尺④46 62

表六尺④450 526

膳所台所陸尺⑤382

膳所六尺④526

賄六尺④450 526

六尺組頭

奥六尺新組③317

六尺新組③727⑤522 56

賄六尺新組③450

六所大明神（三河）④143 148

六孫王権現③289

六挺仕掛短筒鉄砲　→鉄砲

ロシア（魯西亜）国境交渉③99 383。交易③606 154 190 193 194 243 334 436

軍艦⑤612

コンシュル④362

使節　長崎応接③87 96／⑤511 512 516 614

人殺害⑤615

船　長崎渡来③11。破損、海岸修理許可②229 235③213。露船大坂兵庫入港／③125 168 169 178 223 229 382 502④64

露地（路次）之者

数寄屋露次之者④450 805⑤526

『論語』④868 870 873 874 877

わ

和学所 ㊂415
和学所出役 ㊃91
和学所頭取 ㊃91 ㊄265
若年寄 代参制㊂16 ㊃384。対客㊂43 ㊃448。海防御用取扱㊂206。目見以下褒美取扱㊃368。泊相止令㊄205。役金㊄260／㊂5 55 56 82 83 89 125 127 140 258 259 262 ～264 286 294 404 431 475 497 595 630 ㊃104 299 385 475 608 906 ㊄204
　格 ㊃938 ㊄168 173 261
　並 任・転㊄179 185 207 297 349 366／㊄261 345
若年寄支配 ㊃341 479 ㊄6 68 244
　支配の面々 ㊃368 ㊄391
若菜糖 ㊂429
和歌山藩 →紀州家(藩)
和歌山藩兵 →紀州藩兵
和親交易条約(通商条約) ㊂513 530
華盛頓(ワシントン) ㊂435
綿 ㊃19 203
和田倉御門 ㊃390 ㊄290 323 393 422
和田宿(中山道) ㊂497
和中散 ㊃729 933 934 936
蕨宿(中山道) ㊂295 ㊃147

徳川実紀索引　幕末篇

一九七七年（昭和五十二）三月三十日　第一版第一刷発行
二〇〇三年（平成十五）六月　十　日　新装版第一刷発行

編　者　徳川実紀研究会

発行者　林　英　男

発行所　株式会社　吉川弘文館
郵便番号一一三―〇〇三三
東京都文京区本郷七丁目二番八号
電話〇三―三八一三―九一五一〈代〉
振替口座〇〇一〇〇―五―二四四

印刷＝平文社　製本＝誠製本

徳川実紀索引　幕末篇（オンデマンド版）

2019年9月1日　　発行

編　者　　徳川実紀研究会
発行者　　吉川道郎
発行所　　株式会社 吉川弘文館
　　　　　〒113-0033　東京都文京区本郷7丁目2番8号
　　　　　TEL 03(3813)9151(代表)
　　　　　URL http://www.yoshikawa-k.co.jp/

印刷・製本　株式会社 デジタルパブリッシングサービス
　　　　　　URL http://www.d-pub.co.jp/

ISBN978-4-642-70186-0　　　　　　　　　Printed in Japan　2019

JCOPY〈出版者著作権管理機構　委託出版物〉
本書の無断複写は著作権法上での例外を除き禁じられています．複写される場合は，そのつど事前に，出版者著作権管理機構（電話 03-5244-5088，FAX 03-5244-5089, e-mail: info@jcopy.or.jp）の許諾を得てください．